移動を生きる

フィリピン移住女性と複数のモビリティ

Living in Motion

Filipino Migrant Women and their Multiple Mobilities

小ヶ谷千穂

OGAYA Chiho

有信堂

i

移動を生きる：フィリピン移住女性と複数のモビリティ／目次

序章　本書の問題意識 ——————————————————— 3

第1部
国際移動と社会移動の交差するところ
：フィリピンからの人の移動とジェンダー

第1章　「移動の女性化」と移民研究の課題 ——————— 11

1-1　「女性の移動」から、「ジェンダーと移動」という課題へ　11

(1) 80年代初頭における移住女性研究の課題：モロクワシチ論文の示唆 (12)　(2) 移住女性への構造的アプローチ (14)　(3) 移民ネットワークと移住女性 (15)　(4) 「ジェンダーと移動」研究の進展 (17)　(5) 「移動主体」への注目 (18)

1-2　アジアにおける「移動の女性化」と移動する女性たちをめぐるまなざし　19

(1) 再生産労働の国際分業とアジア (19)　(2) アジアにおける女性移住労働者研究への示唆 (21)　(3) 「国際移動とジェンダー」研究と重層するフィールド (24)

1-3　複数のモビリティを考える：出稼ぎ立国フィリピンをケースとして　26

第2章　二つの世界を同時に生きる
：農村におけるジェンダー規範と海外就労 ——————— 30

2-1　「家族」「世帯」と女性の移動：理論的検討　30

(1) 「移動の女性化」をめぐる議論と送り出し側軽視の研究状況 (30)
(2) 家族・世帯の内部関係と女性の移動 (31)

2-2　海外出稼ぎのジェンダー化された理解：農村の事例から　32

(1) 農村部からの海外出稼ぎ：ヌエバ・エシハ州B地区の事例から (32)
(2) 送り出し世帯における海外出稼ぎの意味：世帯戦略の側面 (36)　(3) 世帯内関係による規定とジェンダー役割規範の動員 (37)　(4) ジェンダー関係へのインパクト：帰国の経緯に着目して (39)　(5) ジェンダー規範の選択的利用：主体の側からのもう一つの意味づけ (40)

2-3　女性のライフコースと海外出稼ぎ　41

(1)　「親孝行な娘」と、その世帯内におけるフレキシブルな位置（42）
(2)　結婚・出産をめぐる彼女たちの選択（45）　　(3)　国際労働移動の反復・継続とジェンダー規範へのインパクト（48）　　(4)　トランスナショナルなライフコースとジェンダー関係の再編（51）　　(5)　シングル女性たちにとっての海外出稼ぎと新たなモビリティ（54）

2-4　小括　55

第3章　複数のモビリティ：職業移動と国際移動の観点から ——— 59

3-1　職業移動としての海外就労：マリキナ市の事例から　59

(1)　「二つの社会を同時に生きる」ことの現実：問題の所在（59）　　(2)　国際労働移動における社会的移動とフィリピンの文脈（60）　　(3)　マリキナ市マランダイ町 M 地区の事例から（63）

3-2　「矛盾した移動」のジェンダー差　70

(1)　世帯内位置による、「矛盾」経験の相違（70）

3-3　小括　72

第 2 部

再生産労働の国際移転と新たなモビリティ

第4章　アジアにおける移住家事労働者の組織活動
：香港・シンガポール ——————————— 77

4-1　移住家事労働者という存在　77

(1)　アジアにおける「移動の女性化」（77）　　(2)　移住家事労働の特質とその制約（81）　　(3)　エスニシティによる新たな分断（83）

4-2　移住家事労働者の活動がもたらす新たなモビリティ：組織活動　85

(1)　香港・シンガポールでの移住家事労働者の取り組み（87）　　(2)　「移住［家事］労働者」としての地位向上（89）　　(3)　「家事労働者」の地位からの脱却（92）　　(4)　もう一つの上昇移動：志向性の循環としてのボランティア活動（95）

4-3　移動する女性たちが切り結ぶ新たな連帯　102

(1)　香港におけるインドネシア家事労働者の組織化に見る、エスニシティ横断的な連帯（102）　　(2)　シンガポールに見る、移住家事労働者とホスト社会の「市民社会」との接続（122）

4-4　小括　136

第 5 章　日本におけるフィリピン女性移住者の運動 ―――――― 142

5-1　女性たちの組織活動　142

(1) 日本における「移民／移動の女性化」と在日フィリピン女性 (145)
(2) 在日フィリピン女性の社会・組織活動：概観 (147)　(3) 移住女性組織の役割とその目的：キミナルの議論からの示唆 (149)　(4) 対ホスト社会のアイデンティティ戦略：内部批判から実践的な異議申し立てへ (150)　(5) コミュニティ内部の関係：リーダーシップの所在と「在日フィリピン女性」へのまなざし (152)　(6) 組織活動と家族・親族内交渉の相互作用 (156)　(7) 次世代への期待と自分たちの能力アピール：JFC への英語教育と地域の英語教育への参加 (158)　(8) 理念と現実のはざまで：求められる、「仲介」のローカルな「仲介」(159)　(9) 在日フィリピン女性の活動におけるトランスナショナリズム (161)

5-2　挑戦される日本の「家族」　164

5-3　小括　166

第 3 部
ローカル・ナショナル・グローバルの交差するところ

第 6 章　フィリピンの海外雇用政策と「女性化」 ―――――― 171

6-1　概観　171

(1) フィリピン人の国際移動 (172)　(2) 海外雇用政策に関わる政府機関 (174)　(3) フィリピン海外雇用政策の推移 (178)

6-2　「海外労働者の女性化」と政策変化　181

(1) 海外労働者の女性化と「労働者保護」の課題化：アキノ―ラモス政権下での海外雇用政策 (181)　(2) 「海外労働者の女性化」と「95年法」(184)

6-3　2000年以降の変化：ケア労働への需要と送り出し国フィリピンの生き残り戦略　194

(1) 国家の論理：「技能化」と「権利保護」ディスコースの一体化 (194)
(2) 市場―国家の共犯関係と移動する主体による戦略 (197)

6-4　小括　199

第 7 章　フィリピン社会と海外フィリピン人 ―――――― 204

7-1　フィリピン政府の在外国民政策　204

(1) 「海外フィリピン人」とは誰か：概観 (205)　(2) 1970年代から1990

iv

　　年代までのフィリピンの在外国民政策：揺れ動く「バリックバヤン」の境
　　界（210）　　(3)　「在外投票法」と「二重国籍法」の成立とその実施：2004
　　年5月の総選挙と海外労働者の逆襲？（213）　　(4)　在外国民政策と海外
　　雇用政策の接続：フィリピン国家の行方とフィリピン人ディアスポラ（216）

7-2　海外フィリピン人労働者とNGOアドボカシー　　217

　　(1)　移住労働関連NGOと政府の関係：フィリピン移住労働者権利ウォッ
　　チの事例（218）　　(2)　「興行」ビザをめぐる制度変更と、日比EPAによ
　　る介護士・看護師の受け入れをめぐって：移住労働者の「権利」の観点か
　　ら（222）

7-3　小括　　230

第8章　結論：ジェンダー化された「移動を生きる」人々 ——— 235

　　参考文献　　239
　　あとがき　　253
　　索引　　259

移動を生きる

フィリピン移住女性と複数のモビリティ

序章　本書の問題意識

　Castles and Miller（1993: 8）は、今日の国際移動の特徴として、①より多くの国が国際移動に関与してくるようになってきた「移民のグローバル化」、②国際移動の量的な増加を示す「移民の加速化」、③労働力移動、難民、定住移民といった多様なタイプの国際移動が一つの国において同時的に生じたり、1人の移動においてあらわれてきたりといった「移民の多様化」に加えて、④あらゆる国際移動において女性が重要な役割を担うようになる「移動の女性化」を挙げている。中でもアジアでは欧米とは異なり、先に移動した男性の「家族」として移動する「家族再結合型」による女性の移動よりも、短期労働契約に基づいた女性の単身移動が中心になっている。そして、こうした女性たちは家事労働とエンターティナーなど特定のセクターに集中している。こうした仕事は、たいていの場合ホスト社会における職業的ヒエラルキーの最下層にあり、それゆえ受け入れ国の女性から敬遠される職種である。そしてその多くが、女性の「従順さ」「愛情深さ」と結びついた「女性向きの」仕事とみなされ、特に移住女性に「適している」とされる（Lim & Oishi 1996: 29）。

　グローバリゼーションをジェンダーの視点から考えるとき、国境を越えて移動する移住労働者女性の存在はきわめて重要な研究対象である。再生産労働（reproductive work）の領域にまで国際分業が展開し、そこに大量の移住労働者女性が動員される「移動の女性化（feminization of migration）」は、何よりもまず移住労働者に占める女性比率の増加という形で、今日の国際労働移動を特徴づけている。「移動の女性化」をどのように従来の移民・国際労働移動研究の中に位置づけ、それらを組み替えていけるのか。そのためにはどのようなアプローチが必要なのか。1980年代半ばからの国際労働移動を特徴づけてきた「移動の女性化」がグローバリゼーションにおいて持つ含意はどのようなものなの

か――。本書はこうした問いに、フィリピンからの女性の国際移動の分析を通して接近を試みるものである。

　従来の移民研究においては、移民・移住労働者は男性であり、女性はその男性に同伴される家族移民としてとらえられてきた。現在でもこうした「家族移民」としての女性の国際移動の規模は依然として大きい。しかし今日のアジア地域において特に注目されるのは、家事労働職に代表されるサービス部門を中心にして、単身移動の移住女性労働者の流入が大規模に起こっていることである。もちろん家族再結合と単身移動という移動形態の違いは、基本的に受け入れ国・送り出し国双方の移民政策・海外雇用政策によって規定される。しかし両者の移動を移民過程における世帯構成、という観点からとらえると、その違いはきわめて大きな意味を持つ。同じ女性の移動であっても、家族再結合型の女性の移動は、基本的には世帯全体の国際的な移動に伴うものであった。女性が単身で移動することは、それによって世帯が国境を越えて拡大することを意味する。本書では、こうした女性の移動を契機とした国境を越えた世帯の拡大過程における、世帯内部関係のダイナミズムにも焦点を当てる。これまでの移民・国際移動研究において――特に日本における研究動向においては――送り出し社会側の文脈は相対的に軽視されてきた。しかし、今日の女性の単身移動を検討するには、送り出し側の文脈が重要な分析の対象となる。

　本書は、アジアにおける「移動の女性化」の代表的な送り出し国であるフィリピンからの国際移動（海外就労）の事例を通して、「人の国際移動（migration）」と「社会移動（social mobility）」の二つの「移動」概念をジェンダーの視角を用いて批判的に検討する。物理的・地理的な意味での人の国際移動は、今日の国際社会学において重要な研究対象となっている。多くの事例研究が積み重ねられてきたが、依然としてそれは「移民研究（migration studies）」や「エスニシティ研究」としての「人の国際移動」研究にとどまっており、古典的な社会学の中で重要視されてきた「移動」概念である「社会移動」を人の国際移動の中でどのように位置づけていくか、という理論的作業はほとんど行われてこなかった。また、日本の国際社会学における「人の国際移動」研究は、英米圏と比べても、著しくジェンダー視角を欠いてきた。本書は、上記のような理論

面での問題意識に基づき、「人の国際移動」を社会学において古くから議論されている「社会移動」の観点からとらえ直し、さらにそこに新たにジェンダー研究の視角を導入することで、「人の国際移動」と「社会移動」という二つの「移動」概念の双方を批判的に検討し、トランスナショナルな空間編成・ジェンダー関係・職業移動を統合した「複数のモビリティ（移動）の中に生きる」という新しい移動概念を構築したい。

　本書が全体を通して取り上げるフィリピン女性移住労働者、および送り出し国フィリピンは、世界で第2位の規模を誇る移民集団であり、今日の人の国際移動の中できわめて重要な存在である。日本社会にとっても近年のEPA（経済連携協定）での看護師・介護福祉士候補生の受け入れの開始や、在留外国人数がブラジルを抜いて第3位になるなど、重要な移住者カテゴリーである。

　フィリピンは現在世界218カ国に合法・非合法を合わせて約1,000万人以上の海外労働者がいるとされる東南アジア随一の送り出し国である。アメリカ統治下にあった経験上、20世紀初頭からすでに労働者の国際移動が見られていたが、1970年代から中東地域における雇用創出をターゲットとした海外雇用政策が本格的に推進されるようになった。80年代後半からは海外労働者に占める女性比率が6割を超え、アジア域内の香港やシンガポール、また中東へ向けた家事労働者の移動を中心に「海外労働者の女性化」が起こっている。「移住労働者の女性化」への送り出し社会側からのアプローチ、という本書の問題設定においてフィリピンは最適の事例であると考えられる。

〈本書の構成〉

　本書は移民・国際移動の理論的研究の批判的検討およびフィリピンの農村部・都市部における国際移動のジェンダー化された実態の分析を行う第1部、移動先での移住女性の組織活動の分析を行う第2部、フィリピンからの海外雇用政策・在外国民政策のマクロ・メゾ分析を行う第3部、そして全体をまとめる終章から構成される。第1部第1章では、移民研究の理論的課題としての「移動の女性化」および国際移動のジェンダー分析について整理・検討し、本書が提示する「複数のモビリティ（を生きる）」という概念を提示する。第2章

では、フィリピン農村部におけるケース・スタディを通して、ジェンダー間で異なる海外出稼ぎへの評価を詳細に検討し、ローカルなジェンダー規範と国際移動とがどのように接続しているのかを明らかにする。また、女性のライフコースと国際移動の関係にも着目することで、海外出稼ぎがその具体的な「職種」以上に、「社会移動」として新たな意味を獲得している側面と、それとローカルなジェンダー規範との相互作用について検討する。第3章では、フィリピン都市部におけるケース・スタディを通して、「職業移動」としての海外出稼ぎのジェンダー差を明らかにし、越境移動と社会移動の交差する海外出稼ぎが持つジェンダー化された意味について考察する。第2部第4章では、フィリピンからの女性の国際移動の主要な行き先である香港・シンガポール、および第5章では日本での移住女性たちの組織活動に着目し、第1部で議論した越境移動と社会移動の交差としての国際移動経験がアジアにおける移住女性にもたらす構造的制約を、女性たちおよびその周囲の社会運動がどのように乗り越えようとしているのか、そこにどのような新たな「移動／モビリティ」を見出すことができるのかを考察する。第3部第6章ではフィリピンの海外雇用政策およびフィリピン社会のマクロ・メゾ状況を取り上げ、海外雇用政策における女性労働者の存在が持つ含意を明らかにする。第7章ではフィリピンの在外国民政策、フィリピン社会における「女性海外労働者」に対するアンビバレントな評価、および市民社会の役割などを検討しながら、第1部・第2部で検討した女性労働者が置かれているミクロな水準の議論をさらに文脈づけると同時に、女性海外労働者を通して、ナショナルな国家政策がジェンダー化されたグローバルな事象と相互作用している現実、およびそれがローカルなジェンダー規範の再構築の過程とも密接に結びついていることを確認する。

　本書全体を通して、①人の国際移動、国際移動のジェンダー分析の理論的展開、②フィリピン農村部・都市部、および香港・シンガポール・日本における移住女性の実証研究、③フィリピンの海外雇用政策・在外国民政策分析と市民社会の役割、の三つの研究課題がそれぞれに相互連関しながら検討される。

〈本書の限界について〉

　なお、本書の記述の大部分は、筆者が調査研究を開始した1998年から2005年

の期間のフィリピンおよび海外フィリピン人の状況およびその時期までの先行研究に多くを負っている。そのため、2005年以降から2015年現在までの最新の状況までは必ずしもカバーしきれていない。日本との関係を含めて、本書が扱っている時期以降の海外フィリピン人およびフィリピン人労働者をめぐる環境は刻一刻と変化している。しかしながら、「移動の女性化」が顕著となった1980年代後半から2000年代前半までの時期をあらためて問い直すことで、国際移動のジェンダー分析にわずかでも貢献できることがあるのではないかと考え、論を進めていくことにしたい。

第 1 部

国際移動と社会移動の交差するところ
：フィリピンからの人の移動とジェンダー

第1章 「移動の女性化 (feminization of migration)」と移民研究の課題

1-1 「女性の移動」から、「ジェンダーと移動」という課題へ

　今日、女性の国際移動をめぐる研究関心は、国際労働移動研究において最も関心を集めている分野と言える。アジア、ヨーロッパ、北米それぞれの地域における移住女性研究、中でも家事労働者に焦点を当てた研究が1990年代後半から今日まで続々と発表されている[1]。

　移民史の分野を含めて、女性の国際移動をめぐる研究は70年代後半から80年代にかけて急速に関心を集めるようになった新しい研究領域である[2]。その中心的関心は、「これまで研究されてこなかった女性移民・移住女性労働者」を「主流の研究の中に位置づけること」であり (Kelson & Delalet 1999; Kofman 1999)、こうした問題設定は、今日まで引き続いていると言える。

　本章では、1980年代から主として欧米を中心になされてきた代表的な女性移民研究の流れを概観する中から、現段階で移住女性研究に求められている新たな研究課題を、特にアジアにおける移住女性労働者の現状との関係から提示してみたい。

　具体的にはまず、1980年代初期の M・モロクワシチ（Mirjana Morocvasic）の論文における移民女性研究への課題提示を検討する。ついで、モロクワシチの提示した課題に答える試みとして二つのアプローチ——構造的アプローチと移民ネットワーク論——による移住女性研究を概観した上で、近年注目を集めてきている移住女性の「主体（agency）」に着目するアプローチを検討する。

　議論を先取りすれば、移住女性研究における理論的な課題は差し当たり以下の2点に集約される。それは、①ジェンダー・階級・エスニシティ／人種の相

関、という理論枠組みをどのように実証分析に取り入れるか、②構造的条件と移動主体との関係をどのように提示できるか、である。この二つの課題に対して実証的に取り組む手がかりを、最後に筆者の研究対象であるアジアにおける移住労働者女性の現状から探ることとする。

　なお、ここで本章における用語について触れておきたい。移住労働者女性、移民女性、移住女性、など広く国境を越えて移動する女性たちに対する様々な研究上の呼称が存在するが、必ずしもそれらが個々の研究において厳密に定義されているとは言いがたい。たとえば欧米の議論においては、移動のプロセスよりも移動後の定住過程に関心が集中しているため、定住移民の意味合いの強い「Immigrant Women」が使用され、これに該当する訳語として「移民女性」が通常用いられている。一方で、契約労働をベースにした女性の単身移動が多いアジア地域においては、「Migrant Women（移住女性）」ないしは「Migrant Women Workers（移住労働者女性）」といった用語が用いられている。本章では、欧米の文脈を前提にした上で議論されてきたこれまでの移民・移住労働者研究（Migration Studies）を日本を含めた現代アジアの文脈から再考することを意図し、中でも移動のプロセスとそれが当該女性たち自身にもたらす影響に着目する立場から、家族移民型・単身移動型をおよびその境界にあるような外国人の配偶者としての女性の移動等を含む広義の概念として「移住女性（Migrant Women）」を中心的に使用する。ただし本章での最終的な目的はアジアにおける単身移動の女性労働者分析のための課題提示にあるため、適宜「移住女性労働者（Migrant Women Workers）」も使用する。つまり本章の目的は、アジアにおける「移住労働者女性」の現状を分析する上で従来の欧米での「移民女性」研究における蓄積をどのような形で応用し、最終的に現代の「移住女性」研究をどのように豊富化していけるのかを検討することにある。

(1)　80年代初頭における移住女性研究の課題：モロクワシチ論文の示唆

　"Women in Migration: beyond the reductionist outlook"（1983）の中でモロクワシチは、1970年代中頃からヨーロッパにおける移民をめぐる議論において少しずつ移民女性研究が開始されてきたことを受けて、当時の段階での移民女性をめぐる議論の整理を行っている。彼女は「社会における女性役割についての

第1章 「移動の女性化（feminization of migration）」と移民研究の課題　13

幅広いフェミニストの問題意識」および「経済的に重要な存在としての移民女性の認識」（Ibid.: 19）という二つの環境条件において、女性移民が「社会学的に可視（visible）」（Ibid.: 31）化されてくる過程を、「移民プロセスにおいてそれまで無視されてきた次元に光を当てる、という点で否定できないメリットを持っていた」（Ibid.: 19）と評価する。しかし同時にこうした研究過程における理論的欠点を以下のように批判している。

　女性移民が無視されてきた過程、つまり移民が「性別のない（sexless）」存在として理解されてきた前提には、そもそも移民女性とは「（男性）移民」の被扶養者、妻や母である、というステレオタイプ・イメージがある。それは「非生産的・文盲・孤立した・外界から隔離された・子だくさん」（Ibid.: 13）といったもので、むしろ「社会問題（social problem）」として言及されるのみで、彼女たちの労働の経済的貢献度や移民過程における役割については検討されてこなかった。しかし、女性移民への研究関心が生じたことによって、急激に女性たちの「個人的特性」に関心が集中するようになった、とモロクワシチは指摘する。そこでは、より「進化した」ホスト社会に移動することによって、女性たちが「伝統から解放される」とする言説が生まれる。しかし、こうした研究は、問題を受け入れ国における移民女性の適応、という角度からのみ議論し、「伝統」対「近代」という二項対立に陥り、しかも個別の女性移民の様々な伝統的背景に触れずにすべてを「伝統」として一般化する。モロクワシチは、こうしたパースペクティヴを非歴史的な「還元主義的で個人主義的（reductionist and individualistic）」（Ibid: 14）として批判し、それを乗り越える方法として、①個々の移民と移民プロセスとを関係づける必要、および②分析カテゴリーとしての移民女性を再定義する必要を強調する[3]。

　80年代初頭のモロクワシチの理論的検討は、現在においても多くの重要なポイントを含んでいる。中でも本章の課題との関係で重要なのは、彼女が①移民過程そのものから個々人を切り離した上で移民女性個人に注目するアプローチから、構造的な問題把握への注目を喚起している点、および②「移民女性」という分析カテゴリーの曖昧さの指摘と、それを解明する上でのジェンダー・階級・エスニシティ／人種の相関関係を具体的に解明する必要を説いている点、に求められる。

14　第1部　国際移動と社会移動の交差するところ

　モロクワシチの提出した上記の課題を受けて、移住女性研究はどのように展開したのであろうか。次に、①構造的アプローチ、および②移民ネットワーク論に依拠した移住女性研究を検討し、モロクワシチの問題提起の意義を深めることにしたい。

(2)　移住女性への構造的アプローチ

　モロクワシチが提出した二つの課題、すなわち①構造的な問題把握と②ジェンダー・階級・エスニシティ／人種の錯綜状況の解明による移民女性カテゴリーの再定義、という問題にかなり早い段階から応えるような研究としては、E・N・グレン（Evelyn Nakano Glenn）の功績を挙げることができる。彼女の理論構成は、エスニシティに基づく従属を説明する国内植民地論と、ジェンダーに基づく従属を説くマルクス主義フェミニズムの双方を批判し、両者の統合を目指すものである。グレンによれば、国内植民地論は人種・エスニック労働力を男性労働者と仮定することで、マルクス主義フェミニズムの家父長制理論は「女性」内部の差異を無視することで、ともに移民女性を無視してきた（Glen 1992）。グレンはアメリカにおける19世紀中葉から現在までのメキシコ系女性、中国系女性、日系女性、黒人女性、の白人家庭での家事労働に代表される有償労働と、エスニック・コミュニティ内部での結束を守る再生産役割を比較することで、階級、人種とジェンダーのそれぞれの抑圧装置の相互作用を明らかにする。グレンの議論は、モロクワシチによる二つの課題に、アメリカという移民社会の文脈の中で歴史的な手法をとることで応えようとしたものと言える。歴史研究の中から再生産労働と移民女性との関係に理論と実証の双方の面において早くから着目していたグレンの研究の意義は大きい。

　一方、どちらかというと女性労働論的な観点に基づいているグレンの移民女性研究に対し、よりダイナミックな形で途上国から先進国の世界都市への女性移住労働者の流れを示して見せたのはS・サッセン（Saskia Sassen）である。サッセンはすでに80年代初頭から、世界都市におけるサービス業・製造業などへの若年女性移住労働者の流入を、多国籍企業の資本移転との関係において議論していた（Sassen‐Koob 1984）。彼女によれば、多国籍企業が生産拠点をより労働コストの低い途上国の輸出加工区に移転し、そこに若年女性労働者が大量

第1章　「移動の女性化（feminization of migration）」と移民研究の課題　　15

にしかも短期的に雇用される。こうした大量の女性雇用によって、彼女たちの出身共同体の伝統的な労働構造が解体される。さらに女性労働者たちは工場労働によって「西欧化」の洗礼を受けたために短期契約労働制度によって解雇された後に出身の共同体に戻れず、行き場を失って先進国への移民のプールを形成する。これにより、「移動の女性化」が構造的に説明されるわけである（Sassen 1988〈森田ほか訳 1992〉）。

　グレン、サッセンによるアプローチが基本的にとるスタンスは、モロクワシチが主張した、「人の移動を個人の置かれている構造的文脈から把握する」アプローチに基づくものと言える。たとえばサッセンはゾルバーグ（Zolberg）を引用しつつ、「移民の流れの変化は、個々の移民の個人的な動機や、送り出し国と受入国との間の格差によるよりも、諸国家の地政学的な利害と行動によって説明しうる」（Sassen 1988〈森田ほか訳 1992: 65〉）と指摘する。また、世銀による構造調整政策やアメリカ国内の福祉政策・移民政策がアメリカへの家事労働者女性の移動をどのように規定しているかを分析した Chang（2000）においても、「ミクロな個人的動機による説明を否定する」ことに研究主眼の一つが置かれている（Chang 2000[4]）。

　しかしながら、こうした構造的なマクロ・アプローチにおいては、モロクワシチが指摘した「個々の移民と移民過程とを結びつける」という命題において、逆説的に今度は「個々の移民」の側への注目、すなわちマクロな状況におけるミクロな主体の埋め込まれ（embedded）方、構造的制約の中での移動主体の側の選択や戦略のあり様が見落とされがちになることもまた事実である。こうした観点から、マクロとミクロを取り結ぶより中間的な立場から女性の国際移動にアプローチするのが、移民ネットワーク論に依拠する移住女性研究である。

⑶　移民ネットワークと移住女性

　移民過程そのものの中で移民女性を検討する、というモロクワシチの問題提起に移民ネットワーク論の立場から応えるものとして1989年の M・ボイド（Monica Boyd）のレビュー論文 "Family and Personal Networks in International Migration: Recent Development and New Agenda"（1989）がある。ここでは、

16　第1部　国際移動と社会移動の交差するところ

90年代の移民研究へ向けてのアジェンダとして、移民ネットワーク論へのジェンダー概念の導入が唱えられている。実際、移民ネットワーク論は、移民研究において、マクロな構造と個々の移民の意思決定や移動メカニズムを取り結ぶ中間レベルの分析視角として有効な視点を打ち出している。その中に、ジェンダーの視角を取り込み具体的な分析を行おうとするのがボイドの立場である。

　彼女は「フェミニスト・パースペクティヴの組み込みは、女性と開発や、新国際分業や資本主義的生産様式の文脈の内部での女性の移動を強調する移民研究に限られている」(Ibid.: 656) と指摘し、具体的なジェンダーと移民ネットワークとの関係理解に向けては、①移民ネットワークにおける様々な変数と関係のパターンや強度が男女で同じか異なるかを検討し、②女性を分析することで既存モデルを豊富化・拡大することの必要性を主張する (Ibid.)。すなわち、構造的アプローチが中心をなしていた女性移民研究を、移民ネットワーク論や移民集団内部の分析にも展開することが主張されているのである。

　こうしたボイドの提起を適切に受けた90年代の研究としては、P・ホンダグニュ・ソテロ (Pierrtte Hondagneu-Sotelo) による、アメリカにおける未登録メキシコ移民コミュニティの研究、*Gendered Transition:Mexican Experiences of Immigration* (1994) を挙げることができる。そこでは、ブラセロ計画停止後から86年の移民法改正を経て今日にいたるまでの法的・制度的変化の中でメキシコからアメリカへの未登録移民の移動と定住プロセスにおいて女性がどのような役割を果たし、そこでジェンダー関係がどのように変動し再編されたのかが検討される。ソテロは、「マクロな構造変化はステージを用意するが、スクリプトを書くのはミクロなレベル」(Hondagneu-Sotelo 1994: 187) との観点の下、移動から定住にいたるプロセスにおけるジェンダー関係の再構築をフィールド・ワークから明らかにしている。

　ソテロの研究は以下の2点において特に意義を持っている。第1点は、移民研究における「ジェンダー」概念を女性移民のみに限定せず、男性との関係に適用したことである。彼女自身も著作の冒頭で、「ここでの課題は、ジェンダー関係が女性と男性双方の移動と定住をどのように促進し、制約しているのかを検証し始めること」(Ibid.: 3) であると指摘している。もう一つの意義は、既出のモロクワシチ論文の提起から引き続く、移住女性研究における構造と主

第1章 「移動の女性化（feminization of migration）」と移民研究の課題　17

体という課題に、移動から定住への時間軸を追いながらそこでの移動主体の意識や社会関係の変化を具体的に明らかにすることで、実証的に答えたことにある。

(4) 「ジェンダーと移動」研究の進展

　ホンダグニュ・ソテロに拠れば、1980年代後半から1990年代前半に、「女性と移動」研究は、「ジェンダーと移動（gender and migration）」研究の段階へと移行していった。「女性」を一枚岩としないフェミニスト・パースペクティヴの進展、特に人種、階級、ジェンダー関係の交差（intersectionality）をめぐる議論が進化しジェンダー関係の流動性が認識されるようになる。その中でジェンダー視角からの移動研究は、移動パターンのジェンダー分析と同時に、移動そのものがどのようにジェンダー不平等を再編するのか、という点に関心を集めるようなった（Hondagneu-Sotelo 2003: 7）。この段階の研究は、ジェンダー関係における軋轢や交渉に着目し、主流の移民研究が移動動機の主要な源泉とみなしてきた「集合的な移動の意思決定の場」としての「世帯（household）」内部を、ジェンダー視角から解体した。ジェンダーを中心とした権力関係のヒエラルキーが存在する場としての世帯を、女性の移動と関連づけて論じようとする立場には、主として国内移動を取り上げてはいるが、他にシルビア・チャント（Sylvia Chant）や、ダイアン・ウルフ（Dian L. Wolf）などがいる（Chant and Radcliffe 1992; Wolf 1992）。

　しかし、家族や世帯のレベルに関心を寄せたこの段階の議論は、結果としてジェンダーが家庭内領域に閉ざされたものであるかのような傾向を生んだ。こうした限界を乗り越えて現在出現しつつある第3段階が、ジェンダーを移民・移住の重要な構成要素の一つとみなすフェミニスト的研究である（Hondagneu-Sotelo 2003: 9）。

　この段階においてジェンダー視角からの移民・移動研究は、実践、アイデンティティ、制度など移動のあらゆる局面におけるジェンダーに基づく要素を、より総合的・立体的に把握する段階に至ったと言うことができる（Ibid.）。

　次節以降紹介するアジア地域を中心にした「ジェンダーと移動」研究においても、サッセン的なマクロ・レベルから、家族・世帯やコミュニティ、移民

18　第1部　国際移動と社会移動の交差するところ

ネットワークなどに分析水準を合わせるメゾ・レベル、そしてアイデンティティや意識の問題を扱うミクロ・レベルそれぞれにおけるジェンダーの作用とその変化とを総合的に把握しようとしている。こうした研究状況の到達点は、エーレンライヒとホックシールドの編集による *Global Women: Nannies, Maids, and Sex Workers in the New Economy* (2002) や、モロクワシチらがまとめた *Crossing Borders and Shifting Boundaries* (2003) など最近の論文集の中に見ることができる。特に *Global Women* は、家事労働、セックス・ワーク、さらにはメール・オーダー・ブライド（通信花嫁）なども含めたグローバルなレベルでの再生産労働の国際分業とジェンダー関係の再編という今日の状況を、それぞれ具体的な事例に即しながら平易かつ明確に論じている。

(5)　「移動主体」への注目

　構造的アプローチへの批判のもう一つの形態として、個々の女性の意識や語りへの注目するアプローチが挙げられる。これは90年代後半に入って様々な理論的影響を受けつつ確実に浸透してきたアプローチと言えるが、そこでは主として人類学的手法や言説分析から、「単なる構造的犠牲者」ではない移住女性たちのミクロな権力関係や自己意識などに研究関心が集まっている。

　たとえば香港におけるフィリピン人家事労働者を人類学的手法で研究したN・コンステーブル（Nicole Constable）は、*Maid to Order in Hong Kong:Stories of Filipina Workers* (1997) の中で次のように論じている。

　「これまでフィリピンからの出稼ぎ家事労働者に関しては、経済的必要や家族のプレッシャー、それにジェンダー役割や階級関係によって、しばしば困難で社会的に地位が低く、スティグマ化された職業で一生懸命働かなければならない、との義務感から説明がなされてきた」（Ibid.: 8）。しかし、「こうした焦点の当て方は、労働者たちの受動性（passivity）や力のなさ（powerlessness）を強調してしまう傾向があり」（Ibid.: 9）権力関係の共存や対抗の形を無視してしまうことにもなる、と彼女は論ずる。こうした支配的な言説に対するオルタナティヴとして、コンステーブルは「単に抑圧に抵抗するわけでも、それに甘んじるだけでもない家事労働者たち」を構造的条件、雇用主との関係、自分自身の家族との間での様々な権力関係におけるアクターとして、エスノグラ

フィックな手法で記述している[5]。

　こうした、移動する女性たちのミクロな現実に着目する中から女性の「主体」に注目しようとするアプローチの根底には、これまで一枚岩視されてきた「移住女性像」を解体していこう、という意図がある。既出のサッセンも、グローバル経済の中での女性の「主体性（subjectivity）」のあり方を、グローバリゼーションにおける女性研究の第三局面、として論じている（Sassen 1998）。こうした視点は、グローバリゼーションの中での女性概念の変容を強調する過程でもたらされた認識であり（Ibid: 91）、その中でも女性移民をめぐる議論は重要視されている。そこでは、国境を越えた新しい連帯、フェミニスト的主体（subjectivities）を含む新しい主体性（subjectives）を表象するメンバーシップやアイデンティティの編成などが主要な分析対象とされる（Ibid.）。

　こうした女性の国際移動研究における「女性主体」への注目は、モロクワシチが80年代初頭に批判した「還元主義的個人主義」とは質的にまったく異なっている。ここでは、むしろ構造的条件の中で主体がどのように形成され、そこでどのような微細な権力関係が構築され、それらがどのように解釈や意味世界を通じて再編されていくのか、さらにはミクロなレベルがマクロな状況とどのように接合し相互作用するのかを解き明かすことが関心の中心になる。さらにこの論点は、「移住女性」内部を分節化するという新たな課題へとつながるものである。そこには、モロクワシチが批判したような、受け入れ社会への「同化」「適応」を基準として単純に移民女性の「進化」を論じた西欧ベースの議論とは異なる性質の論理的基盤があると言えるだろう。

1-2　アジアにおける「移動の女性化」と移動する女性たちをめぐるまなざし

(1)　再生産労働の国際分業とアジア

　アジア域内における女性の単身国際移動は、1980年代中頃からのアジアNIES の経済力上昇を受け、特に家事労働者の移動を中心にして「移動の女性化（feminization of migration）」を大規模に引き起こしてきた。それは、「再生産労働の国際分業」としても説明される。再生産労働とは「生産的労働力を維持

20　第 1 部　国際移動と社会移動の交差するところ

するために必要とされる労働」(Parreñas 2001: 61) であり、具体的には家事労働、高齢者・成人・若者へのケア、子どもの社会化、家族紐帯の維持、ボランタリーなコミュニティ活動などを含む (足立 2005: 110)[6]。タン・ダム・トゥルン (Than-Dam Truong) は、「再生産労働」をさらに、①人間の再生産、②ライフサイクルを通じて人間を維持し支える活動——「性 – 情愛サービス (sex-affective service)」、「ケア経済 (care-taking economy)」、「人的資源の再生産 (reproduction of human resources)」など——、③社会システムの再生産、の三つの次元から成り立つものとして説明している (Truong 1996; 伊藤 1996)。

　受け入れ社会の女性たちの社会進出によって、こうした「再生産」部門の担い手が不足し、それを移住労働者女性が担うことで、国境を超えた女性間の階層化が進展しているのだ。日本におけるエンターティナーや結婚移民の問題も、まさにこの文脈に位置づけることができよう[7]。

　その中でも、出身社会であるフィリピンを視野に入れつつ、フィールド・ワークに基づきながら、「再生産労働の国際分業」を明快に論じた研究としてはラセル・パレーニャス (Rhacel Salazar Parreñas) の *Servants of Globalization* (2001) を挙げておくべきであろう。パレーニャスは、ローマとロサンゼルスで働くフィリピン女性移住家事労働者を対象として、再生産労働部門における労働者の国際配置が、端的には家事労働者を雇う先進国女性と、雇用される途上国出身の女性移動した女性たちの残された世帯・家族の再生産を負担する出身社会の別な女性、という「女性」間の分断としてあらわれることを提示した。また、出身社会フィリピンや、移動先のフィリピン人コミュニティを通じた女性移住家事労働者の「居場所のなさ (placelessness)」に着目することで、「再生産労働の国際分業」が、移動する女性を取り巻くジェンダー関係を再編・再強化している点にも触れている。

　シンガポールの地理学者、ブレンダ・ヨー (Brenda Yeoh) とシャリナ・ファン (Shirlena Huang) は、シンガポールで働く「人種化・ジェンダー化された他者」としてのフィリピン移住家事労働者のシンガポール社会における空間的位置づけや、シンガポールの国民国家形成における役割などを精力的に論じている。中でも、雇用主の女性と家事労働者との間での「母親業 (mothering)」をめぐるポリティクスについての論考は興味深い (Yeoh and Huang 1999)。ヨーと

ファンは、「家庭領域（domestic sphere）」をシンガポールの働く母親たちと、その子どもたちの世話をするために雇われている女性移住家事労働者との「コンタクト・ゾーン」であるとする。そこでは、異なる文化やバックグラウンドを持つ２人の女性——雇い主と家事労働者——が、雇用主の子どもに対して互いに「よき母」であろうとすると同時に、自らの子どもとは物理的・時間的に離れている、という共通の悩みを抱える同じ母親、として出会い、日々の交渉を行っていくのだ。

　単にマクロなレベルでの人の国際移動が「女性化」したというだけでなく、その現象が家庭内というきわめてミクロなレベルでのジェンダーに関わる交渉やアイデンティティと密接に結びついていることが、こうした一連の研究から明らかにされる。同時にそれは、グローバリゼーションの進展が、きわめてジェンダー化された形で個々人の日常生活のレベルにまで深く関わってきていることを示してもいる。

(2)　アジアにおける女性移住労働者研究への示唆

　それでは、具体的にアジア域内における女性の単身移動を分析する際に、これまで検討してきた理論的課題はどのように応用されるのであろうか。

　アジアにおける女性の国際労働移動は、特に家事労働者やエンターティナー、さらには性産業といった社会的再生産労働というその職種において関心が集まってきた。日本における外国人農村花嫁の問題も含めて、受け入れ社会の女性たちが厭う職種や、さらには彼女たちの社会進出の結果として担い手を失った家事労働部門を移住労働者女性が担うことで、国境を越えて女性内部での階層化が進展している点が、アジアにおける女性の国際労働移動をめぐる中心的議論である[8]。すなわち、本稿で検討してきたアプローチでいうと構造的アプローチが支配的なのである。しかしすでに見てきたように、構造的アプローチではメゾ、ミクロ・レベルでの変化や相互作用を把握しきれない。つまり、「移動の女性化」の構造要因を説明はできても、「女性化」自体の動態的な変化にまでは分析が進められていないのである。これはすなわち、構造そのものが内部から変化させられていく、という社会変動の観点が特にアジアにおける移住労働者女性研究においては弱いことを意味する。すでに検討した移民

ネットワーク論や移動主体そのものに着目するアプローチを踏まえた上で、現代のアジアに文脈に即した、社会変動の視角を組み込んだ具体的な研究課題を差し当たり二つ、挙げてみたい。一つは、①移住労働者女性の組織化とそこでのエンパワーメントの分析、および②帰国者を含めた送り出し社会側との関係の分析である。

　第1点目の課題は特に以下の意味において重要である。親族や友人のネットワークが移動から定住までの移住システムの大部分を支えている欧米の文脈とは異なり、アジアにおいては移動メカニズムの大部分が斡旋業者や政府機関などの斡旋組織によって規定されている商業型移住システムが支配的である（樋口2001）。商業型移住システムが支配的な受け入れ国では、エスニック・コミュニティの形成が阻害されているため、移住労働者のエンパワーメントにおける支援NGOの役割が大きくなる（同上）。こうした背景において、香港、シンガポールといった代表的な外国人家事労働者女性の移動先での活動は注目に値する。第4章で取り上げる香港では、外国人家事労働者を中心にした移住労働者を支援するNGO活動において、自身が家事労働者であるボランティア・スタッフが専従スタッフと同等の重要な役割を、カウンセリングやアドボカシー活動において担っている。また、香港における特徴でもある、外国人家事労働者の労働組合の活動は、移住労働者自身が主体的に自分たちの現状を訴え権利保護を求めると同時にエンパワーメントを図る上での重要な基盤となっている。香港における移住労働者の中で流入の歴史が最も古く、また数的にも多数を占めるフィリピン人に加え、インドネシア人、スリランカ人、タイ人、ネパール人といった複数のエスニシティが同じ家事労働者という職種に共存する状況下にあって、言語の壁を含めた各エスニシティ固有の問題がある一方で、エスニシティを越えた連帯の萌芽も見られている。そこでは、これまで基本的に雇用主側の受け入れ社会の女性との関係のみでとらえられてきた、移住労働者をめぐるジェンダーとエスニシティの交差が、階級とジェンダーを同じにする他のエスニシティ家事労働者との直接・間接的関係においても生まれている。

　また、シンガポールにおいては、主としてフィリピン人家事労働者を対象としたスキル・トレーニングが教会ベースで盛んに行われており、コンピュー

第1章 「移動の女性化（feminization of migration）」と移民研究の課題　23

ター、ナーシング・エイド、料理、裁縫といった様々なコースの指導は、同じ家事労働者ボランティアと同時に、エスニシティを同じにするフィリピン人プロフェッショナルによっても担われている。ここには、階級を越えたエスニシティに基づく連帯が生まれ、それが家事労働者女性のエンパワーメントを促している、といった構図も見られる。

　こうした社会集団への注目は、ジェンダー・階級・エスニシティの相関という移住女性をめぐる理論設定をアジアの文脈においてより動態的にとらえると同時に、ボランティア活動やそれを通じたエンパワーメントなど、移住女性の主体構築のあり方を検討する上でも、重要な研究対象であると考えられる。

　既出のパレーニャスは、移住家事労働者は、「矛盾した階級移動（contradictory class mobility）」――すなわち海外就労によって経済的には上昇するが、出身社会では決して就くことのないような家事労働職として働くことで職業的地位は下降する――を経験する、と論じている（Parreñas 2001: 150）。「海外に働きに出たことで新しい自分を発見した」「今は、家事労働者というよりも、（スキル・トレーニングの）裁縫講師という気持ちのほうが強い」と語るフィリピン女性たちの中に、こうした「矛盾」を乗り越えていく姿を見出すことはできないだろうか（小ヶ谷 2001c; Ogaya 2004b）。

　第2点目の課題は、より現代という文脈が重視される研究課題と言える。アジアにおける女性の単身移動は、就労先が複数国にわたったり、あるいはライフサイクルにおいて複数回、連続・非連続で移動が繰り返されるなど頻度や方向を含めた移動性そのものがきわめて高い。またそれと同時に、10年を超えて滞在が長期化する中で同じ家事労働者という地位にありながらも、上述したようなエンパワーメントに関わるような活動にコミットすることによって受け入れ社会において新たなアイデンティティを構築してきている層も確実に出現してきている。また、香港で見られているように、移住労働によって得られた貯蓄を帰国後に個人あるいは集団ビジネスに投資し、移住労働のオルタナティヴを形成する、という出身社会への再統合を視野に入れた移動形態もある。こうした移動サイクルの多様化を考慮するとき、送り出し社会との関係は無視できない。これまでの移民・国際移動研究においては送り出し社会側の文脈は相対的に軽視されてきた。たとえば、既出のサッセンによる「移動の女性化」メカ

ニズムの議論などは、送り出し社会側の共同体をやや静態的にとらえていると言わざるをえない。しかしながら、現代の文脈において、送り出し社会は受け入れ社会と同時的な「変化」の中にある。もちろん、その中には、移住労働の結果によってもたらされた「変化」が当然あるわけだが、交通・通信手段が発達し、国際電話や様々な送金システムなど、移住労働者を取り巻く様々なインフラストラクチャーが加速度的に発達する中で、新規に国際移動に参入する女性・男性にとっての移動の意味も多様化してきている[9]。こうした状況下で女性の移動がどのような文脈の中で意思決定され、他の世帯構成員及び移動主体によって認識され、さらにはどのような帰国のプロセスをもたらすのか、という一連の移民過程そのものが新たな研究対象となる。これは、主として受け入れ社会への定住にいたるプロセスを移動過程としてとらえてきた従来の欧米中心の移民論とは異なる視野を提供する。

　80年代初頭にモロクワシチが指摘したように、欧米を中心とした移民過程における女性の「発見」から始まった移住女性研究は、国際移動の複雑化を受けつつ、「移住女性」内部の差異を明らかにし、それらの相関・動態的な変化を分析する作業が要求される段階に来ているのである。

　すでに見てきたように、いつまでも「研究されてこなかった移住女性」という常套句は使えない研究段階に移住女性研究は到達している。「発見」「発掘」から「分析」の次元にいたることで研究を豊富化することが、移民・移動研究そのものに新たなパースペクティヴを提供することにつながるのではないだろうか。

(3)　「国際移動とジェンダー」研究と重層するフィールド

　社会学的観点からの国際移動研究は、もっぱらその関心を、「移民を受け入れ社会にどのように統合するか」という点に置いてきた（Brettel and Hollifield 2000）。これは、日本での「外国人労働者」をめぐる議論や、近年では「外国人の定住化」を分析する議論においても、多くの場合例外ではない。端的に言ってしまえば、移住者の出身社会、ひいては移動のプロセスそのものへの関心が相対的に欠如しているのである。

　しかしながら、「統合の対象」として移民や移住労働者を分析するという視

第1章 「移動の女性化（feminization of migration）」と移民研究の課題　25

点は、グローバリゼーションの進展の下でますます多様化・複雑化する人の国際移動の現実を前に、確実に転換を迫られている。たとえば、「二つの社会を同時に生きる」移民の社会・経済・政治活動に着目する「トランスナショナリズム」の議論の台頭などは、こうした社会学の限界を乗り越えようとする試みと言える（Basch et al. eds. 1994; Phizacklea 2003; Parreñas 2005）。移動する人々や送り出し社会の側は、主流の移民研究においてはこれまで「見逃され」、「無限の労働力供給源」と前提視されてきた。それに対して、越境移動のプロセスや移動する人々の多様な戦略と主体のあり様、さらに彼女ら・彼らを送り出す社会やコミュニティと国際移動の関係に着目するアプローチが近年増えている。

　他方、移動を通した新たな主体構築が帰国後に出身コミュニティにおいてどのように展開していくかについては、石井正子による興味深い研究がある（石井 2002）。女性の海外就労の研究蓄積が多いフィリピンにおいてもあまり論じられることの少ないムスリム女性の海外就労について石井は、同じイスラム圏であるサウジアラビアなど中東諸国に海外就労する場合が多いフィリピンのムスリム女性の場合、サウジアラビアへの移動は宗教的地位と経済的地位の双方の高まりを意味し、帰国後コミュニティ内部での発言力が増す、といった変化が見られると指摘している[10]。

　国境を越える「移動」は、地理的・空間的移動のみならず、時間的な変化やさらには移動する人々の社会的な地位や意識の変化、といったより広義の「移動」への関心を喚起する。この意味で、「移動」研究におけるフィールドは、時間・空間を越えて重層化しているとも言えるだろう。グローバリゼーションが「空間・時間概念の変化」（Cohen and Kennedy 2000〈山之内監訳 2003: 45〉）であり、またグローバリゼーション研究とジェンダー研究の接合が「近代のナショナルな領域性が崩れる中で、ジェンダー関係はいかに変容してきたのか」（伊豫谷 2001b: 22）という問いに収斂されるとするならば、「国際移動とジェンダー」という研究課題はグローバリゼーション研究の重要な一部分をなしていることもまた、ここに確認される。

　同時に、移動する人々について研究することは、彼女ら・彼らそのものだけではなく、その周囲を囲む送り出し社会・受け入れ社会双方の様々な階層・エスニシティ・ジェンダーの人々を同時に視野に収めることを意味している。移

動の中にある人々と、それを取り巻く、受け入れ社会・送り出し社会双方の（見かけ上は）移動しない人々との相互作用こそが、グローバルな事象のローカルな基盤として「国際移動とジェンダー」研究におけるフィールドの重要性をますます増大させていると言える。

　時間・空間において重層するフィールドを、移動する主体に寄り添いながら、ローカルな視点からとらえ直す——これが、「国際移動とジェンダー」という比較的新しい研究領域に現在課されている課題なのではないだろうか。

1-3　複数のモビリティを考える：出稼ぎ立国フィリピンをケースとして

　こうした蓄積を踏まえた上で、本書の第1部では、家族を帯同しないトランスナショナルな女性の単身移動が、出身社会とホスト社会の間を地理的に移動するそのプロセスにおいて、移動する女性たちにどのような新しい社会的位置を付与するのかを、特に出身社会側から照射することで明らかにしてみたい。

　そもそも、従来の社会移動研究におけるジェンダー差は長らく不問に付されており、ジェンダーの視点から、まず女性の社会移動をどのように分析するかは、今日の社会移動研究のパースペクティヴそのものを刷新する一つの重要な局面として国内外で広く議論が展開されている（Payne and Abbott 1990; 原・盛山 1999; 太郎丸 2002; 橋本 2003）。「女性の位置をどのように測るか」という社会階層論・社会移動論の関心は、上記の国際労働移動における女性移住者をめぐる問いと、強い親和性を持つ。

　前出のパレーニャス（Parreñas 2001）は、彼女たちが、国際労働移動を通して経済的な地位の上昇と職業的地位の下降とから同時に生じる「矛盾した階級移動（contradictory class mobility）」を経験する、と論じた。そこで問題とされるのは、「家事労働者」という出身社会では従事しない職業への「下降」移動が国境を越えた国際移動を契機に生じる、という局面である。

　しかし女性の位置の変化を、職業面での変化だけで把握しようとするには限界がある。むしろ、社会移動研究におけるジェンダー視角からの批判は、「職業」という基準のみでの女性の社会的位置の把握を乗り越えようとする試みで

あった（Dale 1990）。

　そこで本書では、社会移動研究においても、移住労働研究においても提出されている、もう一つのアプローチ、「世帯内関係」に着目するアプローチから、女性の単身移動が女性の位置にもたらす変化について検討することにする。

　ジェンダー視角を導入することで「階層化やモビリティについての定義を拡張する」ことを目指す Dale は、そのための切り口として、①個人を世帯内部の文脈に位置づけること、そしてそれを②ライフコースの観察を通して行うこと、を提示している（Ibid.）。

　移住労働研究においても、Chant and Radcliffe（1992）が、「世帯戦略」アプローチを刷新する「世帯内関係（intra-household' relations）」への注目を喚起している。このアプローチは、移動する女性の位置（position）を、送り出し世帯の内部関係や、それを支えるローカルなジェンダー規範との関係からとらえようとするものである。Sen（1990）の「競合関係（cooperative conflict）」としての世帯、という概念と親和性を持つこのアプローチでは、ジェンダーと世代、婚姻上の地位などに基づく多様な権力関係が交錯する世帯内関係が、どのように女性の移動の意思決定に影響するのか、さらには女性の移動が世帯内部でどのように評価されるのか、といった点が分析の俎上にのる。

　さらに本書では、Dale（1990）を参照しつつ、女性たちのライフコースと海外就労の反復・継続の交差を観察することで、「世帯内関係」アプローチを、以下の二つの観点から展開する。すなわち①海外就労の「継続性（continuity)」、および②結婚・出産に代表されるような女性のライフコース、の二つの軸の交差を、世帯内関係の変化ないしは再編を通して検討する、というのがここでの中心的な課題となる。

　上述したように、アジアにおける女性の国際移動は、家族を帯同しないその「単身」性に、一つの特性を持っている。そこには、香港やシンガポールに代表されるように、政策的にホスト社会への定着を阻止し、必要な労働力ではあるが常に「一時的な労働者」であり社会的な「外部」として滞留させる、という受け入れ社会側の論理があった。しかし、多くの実証研究が明らかにしているように、現在アジアにおける女性の単身移動は、短期契約の繰り返しという

28　第1部　国際移動と社会移動の交差するところ

形をとりながら、事実上「長期化」する傾向にあると言える。もちろん、何年を越えるとそれを「長期」と呼ぶのか、といった明確な基準を設定することは難しい。しかしながら、少なくとも契約を複数回更新し、さらには行き先国を変えながら、1人の女性が国境を越えて移動「し続ける」という状態は、珍しいものではなくなりつつある。しかし、こうした「単身での一時的滞在」の「長期化」についてジェンダーの観点から扱った議論は、筆者の知る限りあまり見られない。

　アジアにおける女性の国際移動における時間軸への関心がこれまで相対的に低かった理由の一つとしては、主として家事労働者として移動する女性たちの、ホスト国における職業移動が実質的に不可能に近かったことに起因していると考えられる。「住み込み」型の労働形態と、雇用契約に基づく滞在資格が、たとえ時間が経過しても彼女たちのホスト国における地位を変化させない制約となっている（小ヶ谷 2001d）。まさに「矛盾した階級移動」が解消されることはないという了解が、結果として時間軸への関心を遠ざけたのかもしれない。しかし、フィリピンのようにすでに海外雇用が政策的に展開され始めてから30年近い時間を経ている送り出し国において、その6割〜7割が女性とされる海外労働者の社会的位置を検討しようとするとき、時間的変化は、大きな関心の対象となる。

　海外労働者の社会移動については、フィリピンにおける関心はそれほど大きくない。また、その評価も様々で、新たなミドル・クラスの一つとしてカウントする論者もいれば、労働者の一形態とする指摘もある。しかし、ジェンダー視角を持ってのぞむのならば、海外労働者の「社会的位置」は、財産や職業、といった基準枠だけで計測するだけでは、把握しきれないだろう。今後本格的に海外労働者の「社会移動」分析に取りかかるとき、既存の階層／移動研究の刷新も視野に入れつつ、地理的モビリティと社会的モビリティとの接合をジェンダー分析し、さらにそれをトランスナショナルなスケールで把握する、という複雑で一見遠回りに見える作業こそが、求められてくるのではないだろうか。

第 1 章 「移動の女性化（feminization of migration）」と移民研究の課題　29

注

1） 代表的な研究としては Chin（1998）、Kelson & Delaet（1999）、Momsen ed.（2000）、Chang（2000）、Anthias and Lazaridis eds.（2000）、Parreñas（2001, 2005）、Oishi（2005）などを参照されたい。

2） 本章では移民史の蓄積には紙幅の関係上触れることはできない。主として社会・経済的側面から現代の女性の国際移動を把握している研究が主たる議論の対象となる。

3） また、女性移民の状況をジェンダー・階級・エスニシティ／人種の錯綜として把握しようとする議論においても、実際には中心的な関心はジェンダーにのみ集中している、という鋭い指摘もなされている。この論点は、今日の移住女性研究にも十分に当てはまる批判である。

4） ただし Chang は、移住女性の抵抗の形態として、北米における移民女性の組織活動に言及している。しかし、議論の中心はやはり政策と女性移民との構造的関係に置かれており、移住女性たちの抵抗的主体性に関する議論はそれほど深められていない。

5） 同様の立場から、オーストラリア人男性と結婚したフィリピン人女性の語りを通して彼女たちの主体性に着目している研究としては、Roces（1998）がある。

6） ここでの足立の定義は、1999年の国連女性の地位向上委員会に依拠している。「再生産労働」をめぐってのフェミニズム、経済学からの議論の整理については梅澤（2001）が参考になるだろう。

7） 日本国内では、日比カップルを中心にした国際結婚についての論考も重ねられている。日本の国籍法や出入国管理法といった法制度が、特に近年主流となっている夫—日本人、妻—外国人（特にアジア系）型国際結婚において、夫婦間のアンバランスを生み出す構造的要因となり、結果として国際結婚における DV やその他の諸問題を引き起こしていることが指摘されている（桑山 1995; 定松 2002）。また最近では、法改正問題を含めた「人身売買」の現状を明らかにする研究が精力的に出版されている（京都 YWCA・APT 編 2001; 吉田容子監修・JNATIP 編 2005; DAWN 2003〈DAWN-Japan 訳 2005〉）。労働者としてではなく、国際結婚による配偶者として国際移動を経験する在日フィリピン女性の組織活動についても、Suzuki（2002）や高畑（2002; 2003b）の研究がある。Suzuki（2002）は、在日フィリピン女性たちの組織活動を、自分たちに対する根強いステレオタイプを自ら書き換えようとする、日本社会に対するアイデンティティ戦略として論じている。また高畑（2003b）は、「家族の中の唯一の外国人」として暮らすフィリピン人女性の、地域コミュニティの中での活動とその実践的課題を積極的に紹介している。また、リサ・ゴゥと鄭瑛惠の『私という旅』（1999）は、第三世界フェミニズムの立場から、日本におけるフィリピン人女性の表象をめぐるポリティクスを論じており、日本の文脈において移住女性のアイデンティティを再考する上で重要な視点を提示している。

8） たとえば、Heyzer et al. eds.（1994）、Turong（1996）、伊藤（1996）など。

9） その一例としての、代表的な送り出し国であるフィリピン農村における女性の国際移動の意味づけに関しては、本書第 2 章で論じる。

10） フィリピンは地域的な多様性の多い国であることからも、先に述べた時間軸との関係のみならず、こうした海外就労の地域的偏差とジェンダー関係の変容、という研究課題を立てることも重要になってくるであろう。

第2章 二つの世界を同時に生きる：農村におけるジェンダー規範と海外就労

2-1 「家族」「世帯」と女性の移動：理論的検討

(1) 「移動の女性化」をめぐる議論と送り出し側軽視の研究状況

　「移動の女性化」をめぐって今日展開されている議論は、主として移動先の女性労働との関係から移住女性の労働を論じるアプローチが中心である。たとえば伊藤るりは、女性の国際労働移動をグローバルな性別分業構造の観点から取り上げた論者としてヘイザー（N. Heyzer）とトゥルン（T. D. Truong）を挙げている（伊藤 1996）が、本書の課題からすると、彼女らの議論は送り出し側の文脈と移動との関係までには及んでいない点で不満が残る。一方、女性の出移民の過程を問題にした論者としては第1章で紹介したサッセン（Saskia Sassen）が挙げられる。しかしながら後にも論じるように、途上国の若年女性たちはサッセンが言うように「共同体に戻れない」ほど出身社会の文脈から切り離されている、というよりも、出身社会の文脈での規範や価値観に規定され、時には自らそれを戦略的に動員しながら、グローバルな労働市場に登場していると理解される。また、彼女が輸出加工区での工場労働によって獲得されるとする「西欧化の洗礼」と呼ぶような経験の現代的な妥当性にも疑問が残る。端的に言えば、「移動の女性化」をめぐるジェンダー視角からの研究の現状は、その具体的な分析の場が移住女性労働者の受け入れ社会に集中し、送り出し社会側からの分析は希薄であると言わざるをえないのである。

　しかし、グローバリゼーションという過程において世界が緊密化する中での女性の単身国際移動、それによる世帯構造の変化、そして女性たちの移動経験そのものに着目するにあたっては、移動のもう一つの基点である送り出し側を

第2章　二つの世界を同時に生きる　31

も組み込む分析視角が求められる。今日の女性の単身国際移動をグローバリ
ゼーションという文脈において分析する上で目指されるのは、ジェンダーを取
り入れた移民・国際労働移動分析をさらに送り出し社会側の文脈を組み込んだ
形で展開するようなアプローチである。

(2)　家族・世帯の内部関係と女性の移動

　それでは、こうした要求を満たすアプローチとは具体的にどのようなもので
あろうか。ここで注目されるのは、送り出し世帯内部のジェンダー関係を分析
対象とするアプローチである。そもそも移民・国際労働移動研究において送り
出し世帯・家族は、社会過程としての移民現象に着目するアプローチの中で、
移民行動の意思決定基盤とネットワークの源泉として注目されてきた（Boyd
1989）。これは、移民現象を新古典派経済学的な賃金格差にのみ求める均衡ア
プローチと、他方で世界経済システムの文脈で理解する構造的アプローチの間
を取り結ぶものである。しかし意思決定基盤とされる世帯の内部は決して均質
なものではない。世帯内部をジェンダーや世代に基づく「協力的競合（coopera-
tive conflict)」（Sen 1990）関係としてとらえるならば、世帯内部における権力関
係やジェンダー関係のダイナミクスがいかに移動過程を規定しているのかとい
う点こそが探究されるべきなのである[1]。

　女性の単身移動と世帯戦略、およびそれを規定する世帯内関係に早くから注
意を払っている論者としては、チャント（Sylvia Chant）が挙げられる（Chant
and Radcliffe 1992）。彼女が指摘するように世帯の内部関係、特にそこでのジェ
ンダーに基づく分業が、誰が移動し誰がとどまるのかを決定し、さらにそこに
イデオロギー的な拘束が作用する。つまり世帯内部における権力関係や分業、
およびそれを支える社会文化的なジェンダー規範が移動の決定因として重視さ
れるのである。これを女性の単身移動と国境を越えた世帯の拡大、という論点
により引きつけるならば、女性の単身移動を規定する世帯内部関係と同時に、
内部規定そのものに女性の移動がもたらす変化が分析の対象とされなければな
らない。以上から、女性の単身国際移動を送り出し世帯との関係において検討
するにあたって、本章は以下の3点に焦点を合わせる。すなわち①世帯内の
ジェンダー関係は、女性たちの国際移動という世帯戦略をどのように規定して

32　第1部　国際移動と社会移動の交差するところ

いるか。②その際に、どのようなジェンダー役割規範が動員されているのか。③移動を通してジェンダー関係にどのような変化が生じるか。また一方で、こうした枠組みを相対化する視角として、行為主体によってジェンダー規範が選択的に利用されている側面にも注目したい。こうした観点からの分析を通して、アジアにおける「移動の女性化」を考える際の新たな視角を提示してみたい。

2-2　海外出稼ぎのジェンダー化された理解：農村の事例から

(1)　農村部からの海外出稼ぎ：ヌエバ・エシハ州B地区の事例から

　ここではフィリピン農村部における女性の海外出稼ぎの事例を具体的に検討していく。ここで取り上げる事例は、筆者が1998年3月から2000年7月まで調査を行った中部ルソン地方ヌエバ・エシハ（Nueva Ecija）州の農村部B地区における既婚・未婚女性の海外出稼ぎの事例である。中部ルソン地方は、マニラ首都圏に次ぎ、南タガログ地方と並ぶ海外出稼ぎ者の送出地方である。一般的に途上国からの海外出稼ぎは、農村—都市間移動を経た二段階移動としてとらえられてきた。しかしパーティエラ（Pertierra）などの研究を見る限りでも、現代フィリピンにおいては親族ネットワークや地縁・友人関係などを通した情報の蓄積によって、必ずしも都市部にのみ海外出稼ぎに関する情報が集中するのではなく、農村・都市を問わず社会全体に比較的広範に海外出稼ぎが浸透していると考えられる。本章で中心的に取り上げるB地区（バランガイ[2]）における海外出稼ぎの状況も、農村部における海外出稼ぎの浸透を示す一つの例と言える。B地区は中部ルソン地方ヌエバ・エシハ州の北部に位置する。調査時の1999年8月現在の人口は789人、世帯数193、1世帯平均人数4.1人、人口の3分の1（263人）が成人人口と推定される。職業構成は農業関連が9割を占める[3]、中部ルソンの典型的な米作農村である[4]。

　B地区においては99年8月の聞き取りの時点で、女性では、海外出稼ぎからの帰国者10人、現在海外出稼ぎを継続中の者が6人、現在渡航準備中の者が7人（内4人は帰国者と重複）ののべ23人、男性では継続中が3人と帰国者3人の海外出稼ぎが見られた。このほかに、渡航を計画したものの最終的に渡航しな

かった女性が既婚・未婚でそれぞれ 1 人ずついる。また、娘を頼ってカナダに渡り、現在はカナダ政府から年金給付を受けてフィリピンとカナダを往復生活をしている老夫婦もいる[5]。また、自分自身は海外出稼ぎ経験がない住人であっても、その兄弟姉妹や結婚して別の村や州に住む子どもの中に海外出稼ぎ者がいる人が大半であり、ほとんどの住人が何らかの形で海外出稼ぎに関与していると言っても過言ではない[6]。

B 地区における海外出稼ぎに見られた特徴は以下の 4 点にまとめられる。

①　中所得層に見られる海外出稼ぎ

女性の海外出稼ぎ者の場合、その配偶者や父親に、農村部の底辺をなす土地なし労働者は見られず、所有・借地を問わず耕作地を持つ農家層が海外出稼ぎ者の排出層である。男性の場合は出稼ぎ以前から農業ではなく、エンジニアなど海外とほぼ同じ職業に就いていた。このことから、B 地区における海外出稼ぎ者の排出層は、農村社会の最下層ではなく比較的中層において、特に世帯主以外の構成員を中心に見られる現象であることがわかる。同じヌエバ・エシハ州における村落構造研究においても、非農村的雇用の一形態として海外出稼ぎの増加、中でも非世帯主の出稼ぎが近年の特徴として挙げられており（梅原 1995）、中部ルソンの米作農村に一定程度共通した状況が見られる。

実際、海外出稼ぎは、農村社会の最下層である土地なし労働者にとって、渡航費用の準備という点で不可能な選択肢に近い。たとえば、筆者が聞き取りを行った土地なし農民層女性の間には、「お金があれば海外に働きに行きたい」という発言が見られた。

②　海外出稼ぎの傾向：既婚女性を中心にした「海外出稼ぎ者の女性化」

B 地区における最初の海外出稼ぎ者は80年にサウジアラビアへ渡航した既婚男性であったが、91年頃から女性の海外出稼ぎが見られるようになった。特筆すべきなのは90年代半ばから現在にいたるまで、新規渡航者のほぼ全員が女性である点である。なお女性海外出稼ぎ者の出稼ぎ時点での婚姻上の地位は、独身時と結婚後ともに海外出稼ぎに出ている 1 人を重複させると、未婚者が 7 人、既婚者が10人である。現在渡航手続き中の未婚者 1 人、既婚者 6 人を加えると、既婚者の数は16人となり、未婚者の 8 人を上回っている。

34 第1部 国際移動と社会移動の交差するところ

③ 既婚女性の国際移動の特質：国内移動との関係

　既婚女性の国際移動における相対的な多さは、国内移動とジェンダー、および婚姻上の地位と関連している。B地区では既婚男性や未婚男性、未婚女性の国内移動は広く見られたが、国際移動者が最大を占める女性の国内移動はほとんど見られなかった。一方、未婚男性の国際移動は見られなかった。未婚女性は海外出稼ぎの決定時にほとんどがバランガイの外（マニラや州内の地方都市、あるいは別の州）で就労し、いわゆる農村―都市二段階移動の形態を取っているのに対し、シングル女性の場合は二段階移動を経なくとも、農村部から直接海外へ移動するという経路がすでにできあがっていることがここに示唆される。利用するネットワークの性質は、既婚女性が親族関係（特に義理を含めた姉妹関係）をより多く利用していたのに対し、シングル女性の場合には友人からの誘いが相対的に多く見られた。相対的に国内移動の機会が少ない既婚女性のほうに直接国際移動の機会が開かれており、それが親族関係を通して実現されていることから、情報が集中する都市部を経由せずとも、海外出稼ぎに関する情報やリクルートの経路が親族間や地縁での口コミや紹介のネットワークを通して集積されていることがわかる。

④ 一国長期滞在の男性、複数国短期的移動の女性：海外出稼ぎの期間・方向のジェンダー差

　海外出稼ぎの期間という点ではジェンダーによる違いが目立っている。図2－1からわかるように、既婚男性の海外出稼ぎに10年を上回るものが見られるのに対し、女性の場合には1契約期間（通常は2年）のみでの帰国や契約途中での帰国が多いのである。もちろん、男女の海外出稼ぎの開始時期に約10年のずれがある点、および雇用形態が男性の場合には対企業契約であるのに対して女性の場合は通常2年間の雇用主との個人契約であることは考量されなければならない。しかし、海外出稼ぎの期間に見られるジェンダー差は、送り出し世帯における女性の国際移動の意味づけを考察する上で示唆的である。

　また、女性たちの就労／渡航準備先はマレーシア（6）、クウェート（6）、香港（4）、ブルネイ（3）、台湾（2）、UAE（アラブ首長国連邦）（2）、カタール（2）、サウジアラビア（2）、シンガポール（1）、アメリカ（1）など広範であり、半数以上が複数の国で就労したり、以前に就労した国とは別の国への

第2章　二つの世界を同時に生きる　　35

図2-1　B地区の海外出稼ぎの時間的経緯と婚姻上の地位

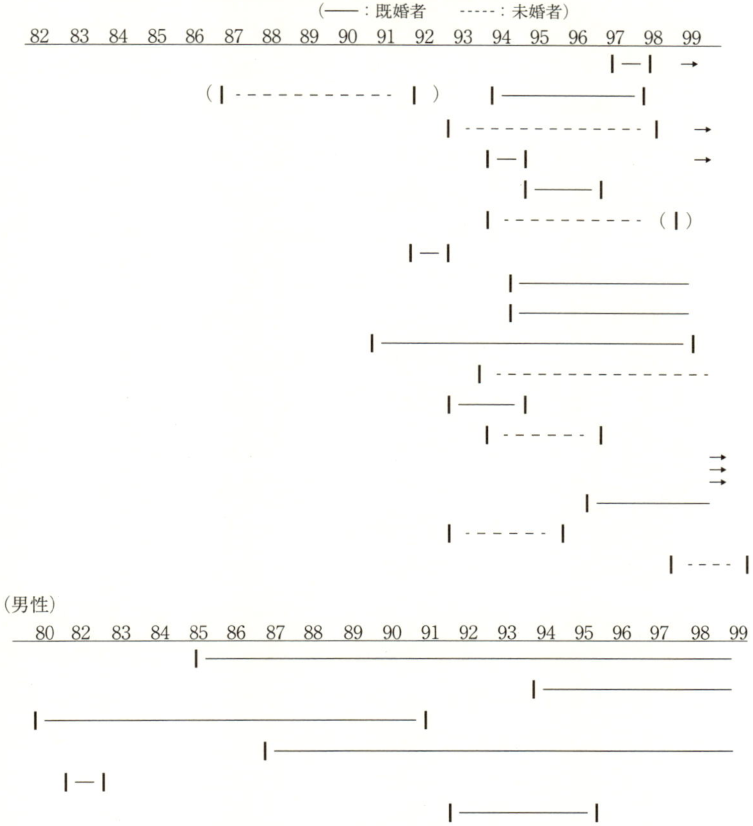

（――：既婚者　　-----：未婚者）

82　83　84　85　86　87　88　89　90　91　92　93　94　95　96　97　98　99

（男性）

80　82　83　84　85　86　87　88　89　90　91　92　93　94　95　96　97　98　99

渡航を準備している[7]。なお、渡航先と親族関係の広がりにはある程度一致が見られている。これに対して男性の就労先は全員がサウジアラビアであった。女性の海外での職業は家事労働者あるいはベビーシッター、介護労働者、販売業だった[8]。

　このように、中部ルソンの米作農村であるB地区における海外出稼ぎは村内の中・上層農家層の既婚女性を中心に90年代初頭から断続的に展開されている。以下では具体的なケースに即して、世帯内関係と女性の移動との関係を検討する。

(2) 送り出し世帯における海外出稼ぎの意味：世帯戦略の側面

　世帯戦略としての女性の移動と世帯の階層、および女性の学歴の関係については、国内移動研究ではあるが、トゥレーガー（Lilian Trager）の分析が示唆に富んでいる。彼女はフィリピンの地方都市に移動する若年女性とその家族との関係を分析し、娘を国内移動させる家族戦略には、①生活基盤を支えるためのもの、②生活上昇のためのものの2種類があるとした（Trager 1984）。トゥレーガーの研究においては世帯の階層性と密接に結びつく女性の学歴が世帯戦略を決定していたが[9]、B地区の女性たちの海外出稼ぎにおいては、世帯戦略の内容と戦略の明確さを最も大きく決定づけていたのは婚姻上の地位であった。既婚女性の場合には、ケース中最低学歴である小学校中退で、夫と死別した女性世帯主を除いては、彼女たちの送金が世帯の生存維持を支える主たる収入源であった、とされるケースは見られなかった。B地区における既婚女性の海外出稼ぎの目的は、①子どもの教育費のため、と②特定の目的を持たず漠然とより多くのお金を求めて、という二つに大別された[10]。トゥレーガーの区分にならえば、B地区における既婚女性の海外出稼ぎは、世帯の生活上昇戦略となる。世帯の生存基盤を支えるための海外出稼ぎ、という認識が見られなかったことは、前述のようにB地区の既婚女性海外出稼ぎ者の送出層が農村の比較的中層に位置しており生存維持が農業によって確保されうるという物質的条件、および以下で検討する、生存維持の担い手たるブレッドウィナーは男性である、とのジェンダー規範が規定要因となっていると考えられる。

　これに対してシングル女性の場合には、送金が家計の生存維持を支えている、とされる場合が見られた。地元で地方公務員をしている姉と2人で世帯のブレッドウィナー役割を果たしていた例と、海外出稼ぎ中に父親が死亡したことで娘がブレッドウィナーになった、という事例がこれにあたる。しかし両者とも1999年8月の時点では、自分の結婚資金を貯蓄するようになったり、あるいは結婚のために帰国を計画するなど、彼女たちのブレッドウィナー役割が必ずしも固定的なものではなかったことがうかがえる。また全体として既婚女性の場合には比較的明確に認識されていた海外出稼ぎにおける世帯戦略が、未婚女性の場合にははっきりと区分することができなかった。国内移動とは異なり、国際移動の場合は移動可能な層がある程度限られているため、学歴にもば

らつきが少ない[11]。そのために婚姻上の地位が世帯戦略を決定する大きな要因となっていると言える[12]。こうした婚姻上の地位に基づく世帯戦略の明確さの違いは、彼女たちの世帯内での位置、およびそこに動員されるジェンダー役割規範の差異と密接に結びついている。

(3) 世帯内関係による規定とジェンダー役割規範の動員

　それでは、海外出稼ぎ既婚・未婚女性たちの世帯内における位置をそれぞれに取り巻くジェンダー役割とはどのようなものなのであろうか。フィリピン低地農村部においては、「女性の地位が高い」とされる言説が存在する一方で、「男性＝ブレッドウィナー、女性＝家事の担い手と家計管理者」というジェンダー役割観が広く浸透していると言われる（Heinonen 1996）。一方での既婚女性の就労率の高さは、「夫を助けるよき妻」「家計を補助するサイドライン（＝副収入）の稼ぎ手」という文脈で評価され、こうしたジェンダー規範に矛盾しない形で読み込まれている。もちろん、基本的には双系制の土地相続や居住慣行があり、一見するとこうしたジェンダー規範による拘束が希薄に見える現実はある。しかしB地区の既婚女性たちの海外出稼ぎにおいては、こうした重層的なジェンダー規範が、海外出稼ぎの意思決定や出稼ぎ中、およびその後の評価といった各局面に応じて現実との微妙なズレを伴いながら動員されていた。たとえば、93年から1年半クウェートで働いていた既婚女性C（40歳。ハイスクール中退）は、「女は畑で働かないから、夫ではなく自分が海外へ行った」と話す。しかし彼女は実際、出稼ぎ以前も現在も、夫の耕作地でも働くほかに、近隣の農家で農業労働者として「サイドライン」を稼いでいた。また、94年にマレーシアで6カ月間家事労働者として働いていた既婚女性G（30歳。ハイスクール卒）は、当時「夫（0.5ヘクタールの借地農）より自分のほうが多く稼げた」が、「自分の送金は額の大きなサイドラインで、世帯の長であるブレッドウィナーは夫だった」と話している。彼女は雇用主との関係悪化によって結局帰国したが、現在もカタールへの渡航を準備している最中である。

　子どもの教育費を支える名目で95年からサウジアラビアの洋品店で働いている既婚女性D（41歳。職業学校修了）の場合、その送金は教育費に加えて一部夫の農業（4ヘクタールの所有地）にも投資されている。しかしながら、夫や息子

は彼女が世帯のブレッドウィナーであるとは考えておらず、あくまでも彼女は「息子の学費を支えてくれているだけ」という意味づけがなされていた。既婚女性の海外出稼ぎに対して「世帯のブレッドウィナーとして」という認識が見られなかったということは、たとえ稼得金額が多かったり、使途が生存基盤を支えるようなものであったとしても、「妻の稼ぎはサイドライン」とするジェンダー・イデオロギーが動員されていると言える。

　一方、シングル女性の場合、フィリピンにおいては親の娘に対する経済的期待が全般的に高く、それが娘たちの国内・国際移動を規定しているとの指摘がなされている。B地区においても既婚女性には「ブレッドウィナーとして」なされた海外出稼ぎが見られなかったのに対して、シングル女性の場合には上述したように、世帯のブレッドウィナーとして意味づけられた海外出稼ぎが見られた。93年からクウェートで洋品店に勤務している未婚女性V（31歳。カレッジ中退）は、公務員である姉と2人で世帯のブレッドウィナー役割を担っており、父親は「娘からの送金があるから借金をする必要がなく、送金がなければ死んでしまう」などと冗談めかして話している。これは、本来は父親の役割であるようなブレッドウィナー役割をシングル女性が担うことが、「親孝行な娘」といった規範として解釈されることで可能になっているものと考えられる。しかしながら99年の時点からは彼女はブレッドウィナー役割を姉にのみ託し、自分の結婚資金を貯蓄し始めており、ここにはシングル女性の海外出稼ぎにおいて世帯戦略が占める位置の流動性が見て取れる。

　実際、既婚女性の場合その海外出稼ぎが「サイドライン」と総称されることが多かったのに対し、シングル女性の場合には、家の改築や電化製品の購入、弟妹の学費など具体的な成果を例示しながら、当人によってもまた他の世帯構成員（主として両親）によっても世帯貢献が強調され、「両親を助けていた（いる）」と語られる場合が多い。こうした娘たちの海外出稼ぎが世帯にとっての「サイドライン」という呼ばれ方をされることはなかった。すでに見てきたように、B地区の場合には既婚女性のほうに国際移動が多く見られるにもかかわらず、既婚女性の出稼ぎは世帯の副収入的位置づけにとどまり、世帯貢献度がより流動的であるようなシングル女性の出稼ぎのほうが世帯内における位置づけは相対的に高くなっているのである。

(4)　ジェンダー関係へのインパクト：帰国の経緯に着目して

　このようにジェンダーと婚姻上の地位を大きな分岐としてその様相を異にしている既婚・未婚女性たちの海外出稼ぎは、それぞれの送り出し世帯におけるジェンダー関係や彼女たちの世帯内での位置といった移動の規定要因そのものに、どのような影響をもたらしたのであろうか。

　海外出稼ぎが世帯にとっての追加的収入の獲得と位置づけられていた既婚女性の場合でも、女性たちの中にはジェンダー役割に対する微妙な意識変化が見られた。既婚女性 M（32歳。カレッジ卒）は、「収入は十分だったがより多くが欲しかった」ために94年から98年まで香港で家事労働者をしていた。彼女の送金は牛2頭とトライシクル[13] の購入という、その後の家計収入にとって将来にわたり大きな意味を持つ投資的な使途に用いられた。こうした具体的な出稼ぎの成果を着実に積み上げていたことから、「自分の稼ぎは特別な用途に使われたが、海外出稼ぎ中は夫ではなく自分がブレッドウィナーだった」と彼女は語る。しかしこれに対して彼女の夫は、「妻の出稼ぎ中も自分がブレッドウィナーであったことには変わりはない」と話しており、こうしたジェンダー役割変化に対する「知覚」が世帯全体によって必ずしも共有されていなかったことが見て取れる。

　また、海外からの帰国の経緯においても、世帯内ジェンダー関係が作用していた。B地区においてはたとえば、契約終了後あるいはその途中でも夫の要請によって帰国にいたった事例が見られた。そこには、彼女たちの出稼ぎがもたらした目に見える形での富が、世帯にとって恒常的なものとして定着するにいたらなかったこと、あるいは彼女たちが「ブレッドウィナー」として他の構成員から認知されるまでにはいたらなかったことが読み取れる。この場合、当初から目的が限定されない出稼ぎであるゆえに、「追加的な多額の収入を稼いだ」という実感も大きい。しかし一方で、こうした出稼ぎの世帯にとっての重要度は必ずしも恒常的なものとは認識されず、したがって「追加的収入」を増やし続けるよりもフィリピンに戻るベクトルのほうが強く働きうる、ということになる。彼女たちは「夫には農業があるから」「サイドラインとして」比較的容易に海外に出しかしながら「夫がラヴ・シックになったので」契約途中でも帰国する。そこでは常に補助的な稼ぎ手とされる「サイドライン」の稼ぎ

40　第1部　国際移動と社会移動の交差するところ

手、家庭を守る母、夫の下にある妻、といったジェンダー規範が海外出稼ぎの各局面で重層的に動員されている[14]。

　一方シングル女性の場合に特徴的なのは、弟や妹の学業を支えていたにもかかわらず彼らの学業の修了よりも本人の結婚や、あるいは雇用主との関係悪化といった個人的条件のほうが優先されていることである。特に未婚女性の帰国の要因としては本人の結婚やそのための準備、といったものが多く見られた。これは、既婚女性と比べて相対的に世帯内での位置が流動的であることと関連していよう。また、彼女たちの送金が不定期・不定額であり、実際には母親のサリサリ・ストア[15]からの売り上げと大差はなくとも、母親の収入は「サイドライン」とされ、娘の送金のほうが高く評価されていた場合もある。これは、シングル女性の海外出稼ぎによって同一世帯内の同じジェンダーに属する母親の経済活動が相対的に価値を低められ、結果として母親のジェンダー役割が固定化・強化される方向に作用した、ととらえられる。

(5)　ジェンダー規範の選択的利用：主体の側からのもう一つの意味づけ

　B地区の既婚・未婚女性たちの海外出稼ぎを見るにあたってもう一つ無視できないのは、ジェンダー規範やその変化や持続のダイナミズムが、海外出稼ぎにおける一方的な束縛要因としてのみ作用しているわけではない点である。自己実現的要素を強く持った海外出稼ぎの存在については度々指摘されているが（Tacoli 1996）、B地区においても、海外行きに際して母親や妻としての役割意識に加えて、「海外に行ってみたかった」といった願望が少なからず見られた。もちろん両者は彼女たちにとっては矛盾せずに重層している。1993年から1998年まで（当時独身）にマレーシアと香港で家事労働者をしていたN（28歳。既婚）は、99年現在友人の勧めでクウェートへの渡航準備を進めている。トライシクルの運転手をしている夫は子どもを欲しがっていて、彼女のクウェート行きには渋い顔であるが、本人は現在夫の母親との同居が煩わしく、夫婦の家を建てるためにクウェートに行くという。これに加えて、「行ったことのない別の国に行ってみたい」ことも今回クウェートを選んだ理由になっている。

　当初から必ずしも特定の目的を持たない海外出稼ぎにおいて、夫が引き止めたにもかかわらず比較的気軽に海外行きが決定されている場合が多いことも、

こうした動機の存在と無縁ではないだろう。世帯への目に見える形での貢献は、「サイドライン」としか評価されなくとも、一方でこれは「サイドラインを稼ぐ妻」としての役割の十全な実現となる。その貢献を海外出稼ぎの正当化の論理として担保しながら、一方で母親役割・妻役割から離れた自己実現的要素を満足させるような個人戦略もまた、存在しているのである。

　シングル女性の場合には、すでに述べた「親孝行な娘」といった規範が、海外外出稼ぎを正当化する論理として当事者によって選択的に動員される面がより強く見られている。現在は結婚してB地区に住むF（34歳）は、1994年から97年まで（当時独身）UAE（アラブ首長国連邦）でベビーシッターをしていた。彼女の送金は家の改築費に充てられるとともに、7人兄弟姉妹の一番下の妹（本人自体は上から2番目）の学業を支えていた。しかし、彼女は文通相手であり当時サウジアラビアで同じ海外労働者として働いていた現在の夫と結婚するために契約を途中で打ち切って帰国した。妹はまだ学業の途中であったが、「結婚したい」という理由が彼女にとっては優先されたのである。そこには、世帯戦略が負担となって過酷な労働条件に耐える傾向が強いという通説からは見えてこない、世帯戦略的側面と個人的動機とのバランスを巧みにとる女性たちの姿が垣間見られる。もちろん、海外出稼ぎ女性を一括してとらえることはできず、彼女のように「親孝行な娘」という規範を主体的・戦略的に利用し、結婚といった自分自身のライフサイクルとのバランスをとることのできる女性がいる一方で、そうしたことが不可能な女性も当然存在する。「海外出稼ぎ女性」ないし「移住労働者女性」を、どのような角度からであっても、一枚岩として考察することの危険性は、ここで指摘されるべきであろう。

2-3　女性のライフコースと海外出稼ぎ

　さらに本節では、第1章で紹介したDale（1990）を参照しつつ、女性たちのライフコースと海外就労の反復・継続の交差を観察することで、「世帯内関係」アプローチを、以下の二つの観点から展開する。すなわち①海外就労の「継続性（continuity）」、および②結婚・出産に代表されるような女性のライフコース、の二つの軸の交差を、世帯内関係の変化ないしは再編を通して検討す

る、というのがここでの中心的な課題となる。

　本節では、海外出稼ぎ開始時に若年シングル[16] である女性のライフコースと海外出稼ぎの継続・反復との関係について、B地区の調査事例を中心に検討することにしたい。その際に準備される問いは以下である。

① 女性のライフコースと海外就労は、どのような相互関係にあるのか。

② 結婚・出産といったイベントは、女性たちにとっての「海外就労」の意味をどのように変化させるのか／させないのか。

③ 海外就労の継続においてローカルなジェンダー規範はどのように関与するのか。

(1) 「親孝行な娘」と、その世帯内におけるフレキシブルな位置

　本節でシングル女性に焦点を当てる理由は、以下の2点に求められる。一つは、若干触れたように、既婚時から海外出稼ぎを始めた女性に対する送り出し社会からのまなざしとの比較、という点。いま一つは、従来のフィリピン女性の国内・国際移動研究における「親孝行な娘」ディスコースの相対化、という観点からである。

　第1点について、まず述べておこう。筆者のこれまでの研究において、女性の国際労働移動における移動者の「婚姻上の地位」の違いは、移動経験を差異化させる大きな要素の一つであることが明らかになってきた（小ヶ谷 2001a; Ogaya 2006b）。特に海外出稼ぎ開始時に「既婚」である、いわゆる「母」たちの出稼ぎは、相対的に女性の地位が高いとされるフィリピンにおいても根強く存在する、母親に対する二重規範——経済的貢献をする妻と、家庭にあるべき母——に亀裂を生じさせるものとして、社会的にも「問題視」されやすい。また、ローカルなレベルにあっても、実際の経済的貢献度を比較すると、海外就労時の妻のほうが夫よりも収入レベルが高くとも、「世帯のブレッドウィナーは夫であり、自分はサイドライン（＝副収入の担い手）」、と自己評価する既婚女性の姿が、調査を通じて観察されてきた。

　他方で、シングルで子どもを持たない「娘たち」の場合は、父親役割とされるブレッドウィナー役割を「肩代わりしている」と認めることに、本人もまた世帯内構成員も、抵抗を持っていなかった。その裏返しとして、同一世帯内の

母親の、国内での経済的貢献はますます「副収入」としての地位に押しとどめることにもなっていた。そこで本稿では、「母親」たちとの比較の視点から、移動するシングルの娘たちの世帯内位置を立体的に把握することを目指す。

第2点目の理由も、上述したこれまでの観察結果に関連している。低地フィリピンにおいては、結婚して自分自身の家族／世帯を持つまで、未婚の娘たちが「親孝行な娘」役割を期待される、ということが広く言われている（Chant and McIlwaine 1995; Tacoli 1996; Constable 1997）。フィリピンに固有の伝統的概念とされる「*utan na loob*（＝心の中の負債。恩返しの気持ち）」が、息子よりも娘により強く見られる、との指摘も多い。

そのため、こと海外出稼ぎに関しても、この「*utan na loob*」の観点から娘のほうが息子よりも両親に対する送金額が多い、と言われている（伊藤 1992）。そして、親たちによる娘の経済的貢献への期待が、娘たちの国内・国際移動における重要な決定因となる、とされる（Trager 1984）。

しかし、海外労働研究におけるこうした娘たちの利他主義（altruism）、ないしは「世帯指向（household oriented）」（Wolf 1992）は、やや過度に強調されている面がある。同様の指摘は、インドネシアにおける女性工場労働者を分析したWolf（1992）が行っているが、特に、既婚女性との比較の観点から未婚女性たちの海外出稼ぎの多様な現実を注意深く眺めるならば、以下に述べるような異なる側面が浮かび上がってくるのである。

〈世帯貢献をしのぐ、新しいプライオリティ：ヴァンジーの場合〉

ヴァンジー（36歳[17]。大学2年まで修了[18]）は、1993年からクウェートで家事労働者として働いてきた。現在は、洋品店の店員となっている彼女は、海外出稼ぎを始めた当初は、地元の町役場に勤めている姉とともに世帯におけるブレッドウィナー役割を担っていた。

ヴァンジーは9人兄弟姉妹の末っ子で、地元の国立大学を2年で中退した後、隣の市の衣料品店、近隣のパンパンガ州のベーカリー、そしてB地区のある町のベーカリーで働き、その後遠縁にあたる、海外出稼ぎ経験のある女性の叔父にリクルートされてクウェートへ海外出稼ぎに出た。クウェートでは1年目は家事労働者として働いていたが、雇用主の下を逃げ出して現在は4人の

フィリピン女性と同居し、衣料品店の店員をしている。

　ヴァンジーの世帯は、父親と母親、それにすぐ上の姉夫婦とその子供２人で、ヴァンジー自身を含めて７人、３世代からなる拡大家族である。父親は、以前は９ヘクタールの借地農であったが、結婚した子どもたちに土地を分配したために現在は2.5ヘクタールの農地で米作農業を経営している。母親に副業はなく家事全般と孫の世話を担当している。地元役場に勤める姉はカレッジ卒で、その夫は１ヘクタールの借地農である。

　ヴァンジーの出稼ぎの決定に対しては、「フィリピンでは仕事がなく、サラリーもよくない」ので父母はともに賛成した。ヴァンジーの父親は、1998年３月の筆者との最初のインタビュー時に、ヴァンジーからの送金がなければ「死んでしまう」、と冗談めかして話していたが、実際彼女からの送金は、食料、日常的な支出、さらには農業費用などに使われ、97年には家も新築された。

　このように、伝統的に父親が果たすものとされるブレッドウィナー役割をヴァンジーが担うということは、父親と娘の間でのジェンダー役割の交換を意味している。この役割交換が、「親孝行な娘」規範を再解釈することで折り合いをつけられ可能となっているところに、既婚女性とシングル女性との世帯内部での位置の違いがうかがえる。

　しかし、海外出稼ぎを始めて５年後の1998年末に、ヴァンジーは突如ブレッドウィナー役割を降り、代わって、「自分の結婚」のために貯蓄を始めた。そして出稼ぎ開始から９年後の2002年に、彼女はフィリピンにおいて、長く付き合っていたボーイフレンド（彼もまた、サウジアラビアで長期にわたって海外出稼ぎをしている）と結婚した。そして結婚式後すぐに、カップルはそれぞれの出稼ぎ先に再び戻り、しばらくはフィリピンに永住帰国する予定はないという。

　ブレッドウィナー役割を担い、その後、その役割を自ら降りたヴァンジーの事例は、少なくとも我々に、シングル女性の海外出稼ぎにおける世帯貢献ないし世帯戦略遂行という要素が、支配的というよりも比較的流動的なものであることを教えてくれる。もちろん、彼女の場合は、世帯内に農業収入や姉や義兄など他の収入源が複数存在していることが、こうした行動を可能にしていることも事実であろう。しかし、そうした条件があるものの、５年間続けてきた送金をやめる、ということは世帯にとって経済的影響は少なくないはずである。

それでも世帯への経済的貢献をやめたことを非難させず、彼女の「結婚資金づくり」を親に許容させられるのは、「親孝行な娘」規範に沿った98年までのヴァンジーの「実績」が、結果として彼女の世帯内位置を上昇させた、とも言えるのではないだろうか。

　実際、筆者がB地区や他の調査地で出会ってきたシングル女性には、「違う世界を見てみたい」「ほかの友達がしているように、経験を得たい」といった理由から海外行きを望み、それに対して両親が反対する場合が少なくない。そうして親の意見を押し切って海外労働を強行する場合であっても、結果的に娘たちが海外出稼ぎ開始後世帯への経済的貢献を行うことによって、両親からの当初の反対意見が消えていく。こうした点も、自分たちの「自己実現」的目的を達成するために「親孝行な娘」規範を効果的に動員し、それによって親に海外就労を同意させる、という娘たちの戦略の一つとして解釈することが可能であろう。中には、「本当に海外での経験が欲しかったので、お金は自分にとっては重要ではなかった。なので、すべて親に送金した」、という人もいる。また、「海外へ働きに行ってしまった恋人を追いかけるために」出稼ぎに行った人もいる。

　一般的にシングル女性の移動を取り扱った研究は、上述したような、娘たちの、世帯内における相対的にフレキシブルな位置について関心を払ってこなかった。しかし現実には、世帯貢献という動機は決して彼女たちにとって唯一支配的なものではなく、それと独立した、言わば「自己実現」とも呼べるような動機と常に絡み合い、必要に応じて優先順位を組み替えられながら、矛盾せずに共存していると言えるのである。

(2)　結婚・出産をめぐる彼女たちの選択

　ヴァンジーの事例が示すように、「親孝行な娘」役割を巧みに演じる女性たちは、結婚や出産という自分たちの人生における「重要」イベント——それはきわめてジェンダー化されたものであるのだが——、の遂行もまた、忘れることはない。海外出稼ぎの継続と引き換えに、結婚の意志はあるものの「非婚」を選ばざるをえないシングル女性の存在は他の研究においても指摘されているが（Tacoli 1996: 22）、ここで紹介したいのは、フィリピンに帰国して結婚と出産

46　第1部　国際移動と社会移動の交差するところ

を戦略的に遂行し、その後再び海外出稼ぎを続ける女性たちの生活実践である。

〈「結婚するため」の帰国：フィロメーナの場合〉

　現在は結婚して1児を持つフィロメーナ（40歳）は、1994年から1997年までの独身時代、アラブ首長国連邦（UAE）でベビーシッターとして働いていた。フィロメーナは7人兄弟姉妹の上から2番目で父親は1ヘクタールの借地農であったが、現在は病気のため弟の1人が代わって農業経営を行っている。7人兄弟姉妹のうち4人は既婚である。

　出稼ぎ当時のフィロメーナの世帯は93年から病気で農業ができなくなった父親と母親、そして同じ州内の別の町のベーカリーに勤務し月に一度帰宅するすぐ下の妹と、当時ハイスクールの学生であった一番下の妹、そして父に代わって農業をやっている弟の6人からなっており、現在の構成とほとんど変わっていない。

　フィロメーナは小学校卒業後、「自立したかったので自分で決めて」、単身でマニラのハイスクールに進学し、卒業後は87年から93年までの6年間マニラで工場労働者として働いていた。6カ月ごとの契約で、通算四つの工場で働き、最初25ペソであった日給は最終的には120ペソにまで上昇したという。93年12月に、10年間UAEで働いていた友人が仲介業者を紹介してくれ、94年3月にビザを取得、4月に渡航した。

　フィロメーナの出稼ぎの決断は「お金と経験の両方のため」の自己決定で、母親は「冒険すれば経験が得られる」として取りたてて反対しなかった。

　彼女の送金は、末妹の学費と、「フィロメーナからの送金を目に見えるようにするため」との母親の決断による家の改築費用などに充てられていた。

　しかし1997年6月に、フィロメーナは労働契約を途中で打ち切り、フィリピンに帰国する。その理由は、やはり同じフィリピン人海外出稼ぎ労働者としてサウジアラビアで働いていた文通相手と結婚するためであった。彼女が学費の面倒を見ていた妹は当然まだ学業を終えていなかったが、フィロメーナは、「結婚する」という自身の人生設計を優先させたのである。

　ここには、世帯戦略の縛りゆえに過酷な労働環境に耐えて働き続ける、と

いった海外出稼ぎ女性に割り振られてきたステレオタイプはもはや当てはまらない。むしろ見えてくるのは、個人的な動機と世帯戦略との間のバランスを巧みにとりながら自らの意志を貫いていく、「女性主体（female agency）」（Wolf 1992: 23）の存在である。

〈海外出稼ぎと「家族計画」：マリヴィーの場合〉

37歳のマリヴィーは、1986年に20歳で海外出稼ぎを開始した。当時彼女はまだ独身であり、彼女の妹がすでにマレーシアで家事労働者として働いていた。この妹がマリヴィーに一緒にマレーシアで働くように誘った。マリヴィー自身は「自分で働いて自分のお金を作り、それを両親と分け合いたい」と考え、大学での勉強を中断してマレーシアでやはり家事労働者として5年間働いた。農業を営んでいた彼女の両親は娘の決定に同意し、マリヴィーは不定期ではあったが、両親への送金を行っていた。

しかしマリヴィーは、「結婚して自分自身の家族を持ちたくなった」、として1991年にフィリピンに帰国する。そしてかねてからのボーイフレンドであった現在の夫と結婚し、1992年には彼との間に第一子を設けた。

その後1994年、28歳になったマリヴィーは、同じく家事労働者として働くために今度は香港へわたった。そこで4年間働いた後、1998年1月、マリヴィーは再びフィリピンに帰国した。今回の帰国理由は、「次の子どもが欲しくなった」、ことであった。事実、マリヴィーは帰国後すぐに第二子となる娘を妊娠・出産した後、2001年に再び香港での出稼ぎに戻っていった。

前出のヴァンジーやフィロメーナにも共通する点であるが、ここでの彼女たちにとっての結婚の意味づけは、きわめて多義的であることは、指摘しておかなければならない。B地区においては、特に20代後半から30代の未婚女性に対する、結婚への強い社会的プレッシャーが存在する。これは、Roces（1998）が指摘するように、フィリピンにおいて広く見られる、結婚して子どもを持つことが「真の、尊敬すべき女性」であるとみなす文化的規範に支えられている（Roces 1998）。こうした文脈を考慮するならば、上記3人の女性の事例はいずれも、こうした「適齢期での結婚」に対する社会的プレッシャーへの対応とも

読める。しかしながら、他方で彼女たちの結婚は、少なくとも親や他の家族員からの強制ではなく、それぞれが個人的に培ってきたパートナーとの、比較的長期にわたるコミットメントの帰結としてあらわれている。これは、「適正な年齢で結婚する」ことによって、フィリピンにおけるジェンダー規範から逸脱しない存在であろうとすることを主体的に選び取る彼女たちの志向を反映していると言える。現実に、これまでの事例で明らかになっているように、彼女たちは結婚を、海外出稼ぎにおける経済的世帯貢献に優先させているのである。

(3) 国際労働移動の反復・継続とジェンダー規範へのインパクト

結婚・出産というローカルなジェンダー・イベントを、きわめて戦略的に遂行し終えた女性たちは、それではなぜ再び海外就労に戻っていくのであろうか。次に、彼女たちの海外就労の「継続・反復」に焦点を当ててみたい。

上出のフィロメーナは、第一子の誕生後、2000年に海外出稼ぎを開始した。次の行き先は、本人曰く「UAE より倍稼げる」バーレーンであった[19]。そして、2003年になると彼女は、「バーレーンの3倍稼げる」台湾へと移動していく。

マリヴィーが結婚後2年で再び海外行きを決めた理由は、「夫の収入は十分だが、万が一の備えのために」「今度は夫を助けたい」、というものだった。彼女は自らマニラの斡旋業者に応募のために出かけていき、「自分自身でそのエージェンシー（＝業者）の存在を確かめ、きちんと政府に認可されているところかどうか」を確認している。こうした慎重さは、未婚時のマレーシアでの就労・滞在経験に基づいている。また、マリヴィーが第二の海外出稼ぎ先として香港を選んだ理由は、やはりその時香港で家事労働者をしていた妹から、「香港ではマレーシアよりも収入が2倍になる」との情報を得ていたからである。実際、マレーシアでの就労経験を持つゆえに、マリヴィーは香港での雇用主を15日間で見つけられている。これは、同時期に香港への出稼ぎに応募した同じB地区の女性が、実際に雇用主を見つけるまでに約2年の時間を要したことと比べると、きわめて迅速であったことがわかる。

このように、結婚の前後での女性たちの国際移動の継続には、冒頭の問いである、国際移動を通した女性の社会的移動を考えるにあたっての、重要なヒン

第2章　二つの世界を同時に生きる　49

トが含まれている。すでに見てきたように、彼女たちは自分たちの経験や直接的なネットワークを通じて、次の行き先をどこにするか、またどれくらい収入を増やすことができるのか、といった情報を収集し、計算した上で移動を決定している。これは、同じB地区にあって「既婚」の状態ではじめて海外出稼ぎに参入する、いわば「母」たちの海外出稼ぎの多くが、間接的情報源であり、中間媒介者であるリクルーターに全面的に海外雇用のプロセスを依存している点と大きく対比をなしている。

　すなわち、海外出稼ぎ経験は、彼女たちにとって重要な資源として蓄積されているのだ。これを裏づけるかのように、フィロメーナとマリヴィーの両人にとって、「家事労働者であること」は、本人たちにとっても、また他の世帯構成員にとっても、とりわけ否定的な意味づけはなされていない。これは、もちろん海外とフィリピン国内との差はあるとはいえ、「家事労働者として働くこと」が、まさにパレーニャスは指摘した「社会的下降移動」として本人にも周囲の人間にも評価されがちである既婚（海外出稼ぎ初回時）女性と対比をなしている[20]。

　また、彼女たちの経済的世帯貢献も、同じB地区における、（海外出稼ぎ初回時）既婚女性の海外出稼ぎの多くが、「稼いでいた額は大きいが、夫の収入を支えるサイドライン（＝副収入）」と評価されていたこととは、異なる様相を呈している。

　マリヴィーが香港行きを決めた際、夫はさびしがり、またマリヴィーが「ラヴ・シック」になってしまう、と主張して彼女の決定に反対したが、最終的には本人に押し切られる形となった[21]。マリヴィーによると、1994年から1998年までの間の香港滞在中彼女は月額1万1,000ペソ[22]の収入を得ており、その約90％を夫に対して毎月送金していた。送金の使途は夫婦で共同で決定していた。マリヴィーは、1998年3月の最初の筆者とのインタビューでは、この間の彼女の送金は家計の臨時支出に使われていた、と説明していた。しかし2001年10月のインタビューにおいて、最初の香港滞在時は自分自身が世帯のブレッドウィナーであった、と認めている。

　実際、彼女の送金は現在夫の管理の下で世帯に主要な収入源となっている牛2頭と、やはり夫が運転するトライシクル[23]の購入費に充てられた。また、

新しいテレビ、ステレオ、冷蔵庫などの電化製品購入や家の改築などが、マリヴィーの送金から支出された。

　フィロメーナの場合、現在フィリピンでフィロメーナの母親が育てている彼女たちの幼い息子の生活費を送金しているのは、彼女の夫である。フィロメーナは、バーレーンおよび台湾での収入を現地で貯蓄しており、送金はしていない。しかし、「送金しない」ことをフィロメーナが家族から責められる、ということはない。

　そこには、短期出稼ぎの既婚女性たちが直面し、かつ自ら内面化しなければならなかった、伝統的なジェンダー役割規範——男性が「ブレッドウィナー」で女性は「サイドラインの稼ぎ手」——はもはや、見られない。未婚時から既婚時にかけて海外出稼ぎを継続している女性たちの世帯内での地位は、「ブレッドウィナー」か「サイドラインの稼ぎ手」かといったいわば伝統的なジェンダー役割規範を基準にした評価からは、すでに独立しているのである。

　これは海外出稼ぎの「継続」という、「時間」軸に基づく要素と、婚姻上の地位に基づく世帯内位置の差とが重なった要因によっている。すなわち、未婚時から蓄積されたトランスナショナルな移動経験が、本人および世帯構成員、さらには夫からも認められた特定の「キャリア」となっているのではないか、と考えられるのである。ゆえに、上述したような、結婚や出産といった、実際多くの部分が彼女たちの完璧な「女性性（womanhood）」を求める志向の帰結でもあるライフ・イベントが、海外出稼ぎの継続・反復を阻害する要因とはならないのである。

　またこのことは、女性たちが結婚・出産というローカルなジェンダー・イベントの達成と、職業そのものは家事労働者として変わらずとも、収入を増加させるため、あるいはよりよい労働環境の追求の結果として、渡航先を変えながら、ある種のトランスナショナルなキャリアを蓄積していくこととのバランスを再び、うまくとっている、ということとも解釈される。

　また、彼女たちに対しては、すでに「母」である状態から海外出稼ぎに参入する既婚女性たちがしばしばそのジレンマに苦しむことになる、「家庭にあるべき母親」役割は、ほとんど強調されない。経済的貢献と、家庭でのケア役割という「母親」の二重役割に亀裂を生じさせる、とされる「母親の海外出稼

ぎ」とは異なる側面が、ここには照らし出されている。

　もちろん、女性たちの世帯への経済的貢献が、どのような文脈にあっても依然として最大の重要事であることは、言うまでもない。しかし、本稿で紹介してきた事例が示唆するのは、フィリピン女性にとって、海外出稼ぎがもはや「一時的で異常なこと」ではなく、ライフコースにおける「キャリア」の一形態となりうる段階に到達している、という現実の位相である。そしてまた、B地区の女性たちの事例が示したように、こうした海外出稼ぎの「キャリア」化は、彼女たちがトランスナショナルな移動プロセスの中で、「既婚」という立場になっていくという意味で、結果として既婚女性に対するジェンダー規範やそれに基づくジェンダー関係が、再編される可能性をも潜めているのだ。

(4)　トランスナショナルなライフコースとジェンダー関係の再編

　以上のB地区の事例の考察を、海外出稼ぎの世帯戦略としての意味と、そこに動員されるジェンダー規範のあり様を中心にしてまとめると、以下のような仮説が想定される。「サイドラインの稼ぎ手」という言葉に表されるような、世帯内そして移動者自身の意味づけにおいて、世帯の主たる収入源獲得目的とはされないような海外出稼ぎの出現を、「移住労働者の女性化」は一方で意味していないだろうか。もちろん、こうしたオプションが可能になるには受け入れ国側における女性労働力への需要が条件になっている。しかし、少なくともB地区に見られたような層にとっての海外出稼ぎは、現状維持よりも世帯の上昇戦略であり、かつ世帯のブレッドウィナー以外が担いうるレベルの経済活動として当事者に意味づけられていた。マッセイは、国際移動が世帯戦略として必須のものとして「恒常化」することに着目したわけだが（Massey et al. 1987)、B地区の事例の場合、帰国と反復の断続性を考えると、「いつでも選択可能なオプション」という形で海外出稼ぎが定着を見ていると言えよう。これは、血縁ネットワークなどを通じた広範な移民・国際移動の社会化のもう一つの帰結であると考えられる。

　同時にこのことは、冒頭で指摘したように、今日の国際移動の移動性の高さとも結びついている。マクロレベルでもフィリピンにおける「海外労働者の女性化」は、新規参入者の増加傾向にそれが強くあらわれており、一方男性の場

合逆に継続雇用者のほうが多い。特に既婚女性が移動する場合、構造的な労働需要の存在とネットワークの蓄積による参入障壁の低下と同時に、「サイドライン」的な女性の労働であるがゆえに気軽に始められる、といった論理も一方で働いているのではないだろうか。世帯のブレッドウィナーであり、かつ農業の主たる担い手である男性の海外出稼ぎよりも、サイドラインの稼ぎ手とされ、追加的な収入獲得を目指す女性たちの海外出稼ぎのほうが、ある程度生存維持基盤の保障されている層にとっては容易に決断され、時には世帯内部の経済的条件とは無関係に停止されるのではないだろうか。

　また、既婚女性の海外出稼ぎ経験者に再渡航者が多かったことは、世帯内の意識レベルでは「サイドライン」とされるような経済活動が海外出稼ぎの主要な目的となり、その意味づけのまま繰り返されるということにもなる。これは海外出稼ぎそのものが、生存維持以上を賄うための戦略として動員されていることを示していると言える。フィリピンからの海外出稼ぎについては、獲得された収入が生産的投資に充てられず、消費財の購入などに振り向けられると批判されることが多い。しかし、そもそもそうした消費財の購入や、教育費への充当などが海外出稼ぎの本来の目的そのものになっているのである。ここでは仮説の域を出ないが、B地区に見られたような「サイドライン」的意味づけでの既婚女性の海外出稼ぎの断続的な反復などは、そうした消費財購入的海外出稼ぎが当事者や送り出し世帯の認識レベルにおいて実践されていることの指標にはならないだろうか。もちろん、ブレッドウィナー役割などは固定的なものではなく、現実には海外出稼ぎに出る女性の収入のみが家族を支えている場合も当然多いだろう。また、女性の海外出稼ぎの反復が「サイドラインの稼ぎ手」から「ブレッドウィナー」へという役割変化として他の世帯員からも大きく認識されるようになる場合も想定される。いずれにしても、海外出稼ぎが社会的に定着している今、すべての海外出稼ぎを一括して貧困からの脱却のための唯一の選択肢、といった議論に還元するだけでは不十分と思われる。海外出稼ぎの社会的定着によって海外出稼ぎを組み込む世帯戦略が多様化し、B地区に見られたような意味づけを生み出しているのも、「移住労働者の女性化」のもう一つの現実なのではないだろうか。

　しかしながら既婚女性の場合、女性の単身移動の増加が単純に彼女たちの世

帯内部での地位上昇ないしは役割転換には結びつかないという現実は何を意味しているのだろうか。これはつまり、獲得する現金の額の単純比較ではなく、当人と他の世帯構成員の認識、およびそれを支えるジェンダー役割観が世帯内の位置関係を決定する側面が依然として強いということである。B地区においては、特に既婚女性による生存維持以上のための海外出稼ぎは、既存のジェンダー関係を掘り崩すというよりも「サイドライン」の稼ぎ手としてのジェンダー役割規範を動員し、その役割をより大きな成果を伴って十全に実現させていた。ここには、送り出し側のローカルな文脈がグローバルな場を経由することで解体していく、という一方的なベクトルは見られない。むしろ海外出稼ぎという行為を通してグローバルな場に参入することによって、ローカルな文脈において比較的曖昧な形で浸透していたジェンダー規範や役割観が立ち上げられ、持続していくプロセスとして理解される。冒頭で述べたように、今日の女性の単身移動は反復や中断、あるいは行き先の変更といった形をとり、送り出し側との関係性が断絶されることはない。そして、こうした移動には、必然的にローカルな文脈における様々な意味づけ、評価が付与されている。これは換言すれば、グローバルとローカル、という区分がもはや明確な意味を持たなくなり、彼女たちの、そして彼女たちの世帯の生活様式や経済行動がすでにローカルであると同時にグローバルであるという、まさに今日のグローバリゼーションそのもののあり様を示していると言える。

　B地区の女性たちの海外出稼ぎの事例から浮かび上がったのは、グローバリゼーションという流れの中で生まれてきた女性の国際移動というプロセスが、担い手やその送り出し世帯によってローカルな文脈において理解され、ローカルな場におけるジェンダー関係がグローバルな場を経由することで変質しながらも動員され、時には強化されながら持続していくプロセスであった。「マクロな構造はステージを用意するが、スクリプトは書かないと」ホンダグニュ・ソテロは言ったが（Hondagneu-Sotelo 1994: 187）、「移動の女性化」という現象からグローバリゼーションとジェンダーとの関係をとらえるならば、それ自体がジェンダー化されているグローバリゼーションというステージにおいて、ローカルな場でのジェンダー役割観やジェンダー規範が描いていくスクリプトの中に移住労働者女性たちが存在しているということになろう。そしてそのステー

54 第1部 国際移動と社会移動の交差するところ

ジとスクリプトによって生み出されるのは、もはやローカルであると同時にグローバルであり、グローバルであると同時にローカルであるような空間なのである。

(5) シングル女性たちにとっての海外出稼ぎと新たなモビリティ

　本章での議論は、既存の社会移動の観点から見れば、家事労働者として変化することのない、低い職業的地位に甘んじる、「下降」移動の持続、とも解釈されるかもしれない。

　しかしながら、結婚に先んじた海外就労の経験は、彼女たちにとってすでに一種の「キャリア」と呼べるものとなっている。すなわち、ある層の人にとっては、世帯戦略だけでなく個人戦略もまたトランスナショナルになり、結果的に、トランスナショナルな個人戦略は、既存のジェンダー規範を乗り越えていく。言ってみれば、「家事労働者」としての職業上の移動性はないが、それが経済的な上昇移動によってバランスされるというよりも、他のライフコース・イベントや自己実現的動機との間で取引され、結果として長期化が、新しい形でのライフコース設計の可能性をもたらす。しかしそれは、必ずしもローカルなジェンダー規範と決別するものではなく、常にそれとのバランスの中で、徐々に出現してくるものである。

　こうしたジェンダー関係の再編が、二世代にわたる女性の海外出稼ぎの継承によって実現されつつある場合もある。筆者が別な調査地で行っている聞き取り調査では、父親の病死で始まった母親の家事労働者としてのイスラエルでの出稼ぎによって娘たちが教育され、その後、娘たちも次々とイスラエルや日本へ出稼ぎに行っている世帯がある。娘たちはいずれも、母や姉の送金によって学業を終え、フィリピンで結婚し子どもをもうけながら、やはり海外出稼ぎを続ける。その際の出稼ぎの意思決定には、夫がどんなに反対しようとも、母親世代から継承されてきた海外出稼ぎ文化が夫―妻の世帯内関係交渉を上回り、夫婦間ジェンダー関係は、「夫＝ブレッドウィナー」というパターンとは、すでに大きく異なっている。そして、夫よりも学歴の高い妻は、自分の海外送金で自分の子どもたちを私立の質の高い学校に通わせるのである。「海外で働くのは当たり前のこと。フィリピンで働くなど、耐えられない」、という彼女た

ち姉妹は、しかし２人ともフィリピン男性とフィリピンで結婚し、子どもは
フィリピンで育てているのである。こうした、世代間での海外出稼ぎの継承
が、子ども世代のライフコースやそこでのジェンダー規範意識の変化にどのよ
うに影響をもたらしているのか、という点については、稿を改めて論じること
にしたい。

2-4　小括

　本章は、トランスナショナルな移動のプロセスに参入する女性たちが、ロー
カルなジェンダー規範とのバランスを保ちつつ、海外出稼ぎを折り込んだライ
フコースを創出していることを明らかにしてきた。しかし同時に、このトラン
スナショナルな「キャリア」は、結果として、徐々にローカルなジェンダー規
範そのものを変化させていく可能性をはらんでいる。

　冒頭での課題であった、トランスナショナルに移動する女性たちの「社会的
移動」分析に接近する、という作業の基礎工事としては、少なくともこうした
ローカルとトランスナショナルな文脈の接合のされ方を検討し、女性たちがそ
の間でバランスを維持するそのあり様に着目することが必要であることは確認
されたのではないだろうか。

　家事労働者としての国際移動への最初の参入時に、子どものいないシングル
である「娘たち」にとっては、職業移動の観点からの「矛盾」は、当人にとっ
ても、世帯構成員、特に両親にとってもそれほど強調されない。その理由の一
つは、彼女たちの経済的貢献と「親孝行な娘」規範とが合致し、さらにより肯
定的に評価され、それが海外出稼ぎの正当化につながる、ということがある。

　そして、その職業内容にかかわらず、トランスナショナルな国際移動がすで
に一定の「キャリア」として蓄積されているために、彼女たちが「母親」に
なった後でも、彼女たちの海外出稼ぎに対する社会的評価は、「母親」の状態
からはじめて出稼ぎを開始した女性たちとは異なってくる。すなわち、「トラ
ンスナショナルなキャリア」が、ローカルなジェンダー規範を再編している、
と言えるのである。

　しかし、強調したいのは、こうした「キャリア」化やそれがジェンダー規範

にもたらす変化が決して、均質であったり、あるいはモデル化が可能なような単純なものではない、ということである。家計の窮地を救うために出稼ぎを決断したにもかかわらず、夫の反対というまさにその世帯内権力関係によって、海外出稼ぎを途中で打ち切らざるをえなかった既婚女性が、その短期の海外出稼ぎ経験を振り返って、実質的な経済貢献にもかかわらず、「自分の送金は夫を助ける妻のサイドラインであった」と自他ともに認めることとなることは、示唆的である。むしろ、短期での女性の単身移動の場合は、伝統的とされるジェンダー規範を相対的に強く動員し、その枠組みの中で女性たちの移動を「異常なこと」として解釈しようとする方向に作用していくともいえるのである。

　フィリピン全体で見たとき、女性の海外就労においては、長期化と同時に常に新規参入者が存在し続けていることを、忘れてはならないだろう。実際、フィリピンにおける海外労働者の「女性化（feminization）」が7割を超えているとするデータ的根拠は、新規雇用者（newly hired）数に基づいているのである。

　このことは少なくとも、一定の時間を経てジェンダー規範から一定程度自由になれる段階まで到達できる層と、常にジェンダー規範からの引き戻しが背後に控えている層とが並存していることを意味する。また、どんなにその海外出稼ぎが長期化したとしても、とりわけ「母親」の状態から海外出稼ぎを開始した人にとっては、海外出稼ぎを「キャリア」として周囲に認識してもらうことが、きわめて難しいことも、事実である[24]。

　また、他方でこうした移住女性にとっての「キャリア」の形成が、その裏返しとして、絶え間なくグローバルな「移住家事労働者」を供給し続けるプールを形成することになることも事実である（Constable 1997: 197）。すなわち、ジェンダー化された、グローバルな社会・経済編成が、本章で検討したような彼女たちのトランスナショナルなライフコースを「要請」しているということも、見逃すことはできない。

注
1）　この点で、マッセイと同じくメキシコからアメリカへの主として未登録（undocument-

第2章 二つの世界を同時に生きる　　57

ed）移民の定住化過程とジェンダーの関係について論じたホンダグニュ・ソテロ（Hondagneu-Sotelo）は、定住の過程におけるジェンダー化されたネットワークの特性に注目し、世帯を内部が均質なユニットと仮定することの問題性と、世帯やネットワークの内部における権力関係やジェンダー関係のダイナミクスを検討する必要があるとの重要な指摘を行っている（Hondagneu-Sotelo 1994）。

2）　「バランガイ」とはフィリピンにおける最少の行政単位である。ここでは冗長さを避けるため、「バランガイB」を「B地区」と表記する。

3）　バランガイ・キャプテンからの聞き取りによる。なおこれは世帯主（多くが男性）の職業構成であり、そのために大半が女性である非世帯主世帯構成員の職業構成を必ずしも反映していない。

4）　農業関連世帯の内訳は93年のデータでは全農業関連世帯数142のうち、土地なし農業労働者世帯が59（41％）、借地農世帯が54（38％）、土地所有世帯が29（20％）となっている。主要作物は米とトウモロコシ（乾期のみ）、ガーリックであり、灌漑設備のある場所では二期作が行われている。

5）　B地区における海外出稼ぎ者を排出している一族（Family）は、B地区における主だった一族といずれも一致している。中でもカナダ市民権を持つ夫婦の属する一族は特に有力で、ほかにもカナダの住む多数の親戚がおり、休暇ごとには一族で帰国し自動車をチャーターしてリゾート地などに出かけていく光景が見られた。

6）　当然こうした世帯の重層構造こそがフィリピンにおける海外出稼ぎの分析には不可欠であるが、本研究では女性の単身国際移動と送り出し世帯におけるジェンダー関係に議論を限定し、世帯の重層構造におけるジェンダー関係の分析については今後の課題としたい。

7）　そのため、就労先／渡航準備先はのべ数でカウントしている。

8）　それぞれの就労先に対するイメージの違いは個々人によって強く認識されているが、世帯戦略、世帯内関係と行き先の違いとの相関は観察されていない。ただし、現在親戚を頼ってアメリカへの渡航準備をしている既婚女性は、大学院に在籍していた経験があり、結婚前にはマニラで銀行員や議会職員、結婚後も地元で公務員をしていた経験がある。しかし、彼女のアメリカでの職種は家事労働者である。

9）　トゥレーガーは送り出し世帯の階層性と女性の学歴、さらに移動先での職種や送金の使途の相関関係を、①農村世帯の「生存戦略」として移動する若々未婚女性は一般に低学歴であり、インフォーマルセクターでの労働に従事する、②農村世帯の上昇戦略としての移動においてはその娘は教育を受けている傾向が強く、フォーマルセクターの仕事に従事し、娘の送金は他の子どもの教育に使われる、③中・上流の専門職女性は比較的高学歴・高収入の家族出身であり、家族にとって送金はそれほど重要ではなく移動に占める家族による理由が薄いとしている（Trager 1984）。B地区の女性の国際移動の場合には、②、③の形態が重なっていると言えるだろう。

10）　なお、ここで扱う事例はすべて当人およびその家族へのインタビューによっている。ゆえに、当人たちの語りと実際の送金の使途とのずれが観察できていない場合もありうる。本章ではジェンダー規範との関係を重視する立場から、女性の経済貢献にとっての当人および世帯の他の構成員からの「知覚（perception）」の重要性を指摘したSen（1990）の議論にならって、当時者女性および他の世帯構成員の認識／知覚の重要性を強調しておきたい。

11）　ケース中最低学歴である小学校中退と、最高学歴である大学院中退を除くと、海外出稼ぎ女性の学歴はハイスクール中退からカレッジ卒の間に集まっている。

12）　移動が女性の地位にもたらす影響について検討したティエンダとブースも、婚姻上の地位によって移動の影響が異なっていることを指摘している（Tienda and Booth 1991）。

13）　モーターバイクにサイドカーを付けたフィリピンの一般的な乗り物。乗客は距離に応じ

58 第1部 国際移動と社会移動の交差するところ

　　て慣習的に決定されている料金を支払う。

14) これに対して既婚男性の場合、男性役割であるブレッドウィナー役割が海外出稼ぎによってより理想的な形で実現されることが、海外出稼ぎの相対的な長期化傾向をもたらしているのではないかと考えられる。しばしば、既婚男性の海外での稼ぎは個人的な嗜好品に支出されると批判されるが、B地区の場合にはブレッドウィナー役割を継続的に充足しようとすることが彼らの出稼ぎを長期化させる方向に働いているのではないか、と考えられる。

15) 軒先などに開かれるよろず屋のこと。女性の行う小規模ビジネスの典型。

16) ここでは便宜的に「未婚（single）」者を、「未婚で子どものいない者」と定義する。しかし、シングルマザーの海外出稼ぎは、フィリピンにおいては正確な数は把握できないものの、海外出稼ぎ女性の中の一つのカテゴリーをなしている。「母親」と「娘」の間に属するシングルマザーたちが海外出稼ぎにおいて経験する多層的な「矛盾」については、Ogaya（2006a）および本書第3章で論じている。

17) 本節での女性たちの年齢は、すべて2003年8月現在のものである。

18) フィリピンにおいては、日本で言うところの「大学中退」であっても、それが「何年生までを終えたのか」というところで差別化を図るという特徴がある。また、大学中退は「drop out」よりも、「undergraduate」と言い表されるほうが一般的である。

19) フィロメーナの夫もまた、彼女よりも先に出稼ぎ先のサウジアラビアに戻っている。

20) もちろん、この評価には、フィロメーナやマリヴィーの学歴や前職経験を考慮に入れなければならない。実際、彼女たちはそれぞれ、ハイスクール卒、カレッジ中退であり、フィリピン国内であっても、必ずしも学歴が高いわけではない。

21) マリヴィーが香港で働いている間、2人の子どもの世話をしているのは、80歳になる夫の祖母である。

22) 1994年～1998年の間は、1ペソ＝4円～7円であったと推定される。

23) B地区は、町の中心からは、やや離れているため、トライシクルを所有していることは、一定の収入源の保証を意味する。

24) 筆者が別稿で分析したことのある、映画『Anak（邦題：母と娘)』における主人公ジョシーの置かれた立場は、まさにそれを象徴している。小ヶ谷（2002b）、Ogaya（2004）を参照されたい。

第3章　複数のモビリティ：職業移動と国際移動の観点から

3-1　職業移動としての海外就労：マリキナ市の事例から

(1)　「二つの社会を同時に生きる」ことの現実：問題の所在

　今日の国際移民・労働移動の研究は何よりも、国民国家の領域性の解体、労働市場のグローバルな再編の観点から議論されている（伊豫谷 2001a）。そうした中で、社会学の分野での移民研究は、ブレッテル（Brettel）とホリフィールド（Hollifield）が整理しているように、もっぱら受け入れ社会での「移民の統合」に関心を寄せてきた（Brettel and Hollifield 2000）。しかし、近年ではバッシュ（Linda Basch）らの議論に代表されるような、「トランスナショナリズム（transnationalism）」の観点、すなわち移民によって、送り出し社会と受け入れ社会、さらには複数の国を巻き込んで形成される新しい社会空間をめぐる議論が関心を集めている。バッシュらはトランスナショナリズムを「出身社会と移民先（settlement）社会を結ぶ、多層的な社会関係を移民（immigrants）が形成・維持するプロセス」と定義する（Basch, Schiller and Blanc eds. 1994: 7）[1]。

　このように出身社会と移動先社会とを「同時に生きる」（Portes et al. 1999: 217）ことは、アイデンティティの準拠枠を双方の社会に同時に持つことを意味する。本稿の関心は、国際労働移動を通してこうした二つ（あるいはそれ以上）の準拠枠間で生じる離齬が、中でもジェンダーを媒介にしてどのように個々の移動者に経験されているのか、という点にある。

　上記のような関心は国際労働移動における「社会移動（social mobility）」の側面への注目、とも言い換えられる。受け入れ社会への統合過程に関心を向けてきたこれまでの移民研究にあっては、国際労働移動の「社会移動」の側面は、たとえば移民第二世代の社会的移動など、移民後のホスト社会内部でのそれに

60   第1部　国際移動と社会移動の交差するところ

注目が集まってきた。一方で、「一時的滞在か定住か」という二項対立的なスタンスの下で、短期の出稼ぎ者は「ターゲット・アーナー」とされ、出身社会においては経済的上昇がそのまま社会的地位の上昇に結びつく、という暗黙の了解があったと言える。すなわち、国境を越えて階層化する労働市場の下部に位置づけられる人々が経験する、出身社会と移動先社会との間での「社会的地位の不連続性（inconsistent social status）」（Parreñas 2001: 3）は、不問とされてきたのである。しかし、グローバリゼーションの時代における国際労働移動においては、特に移住家事労働者の流入に象徴される、再生産労働をも含みこんだ女性間での国境を越えた階層化が形成されている（Enloe 1989; Anderson 2000）。本章ではこうした国際労働移動のジェンダー化された特質を重視し、国境を越えて再生産労働に従事する女性たちが経験する、経済的上昇と社会的地位の下降からなる「矛盾した移動（contradictory mobility）」に着目する。

　以下では、代表的な送り出し国であるフィリピンのマニラ首都圏部マリキナ市における男女の海外出稼ぎの事例研究から、制度的な海外出稼ぎの中で、「二つの社会を同時に生きる」ことになる出稼ぎ者が、①海外出稼ぎにおいてどのような形で「矛盾した移動（contradictory mobility）」を経験し、それが②ジェンダーと婚姻上の地位に基づく送り出し世帯内関係において、さらにどのように異なって規定されているのかを検討する。

(2)　国際労働移動における社会的移動とフィリピンの文脈
①　フィリピン人の国際移動と社会的移動

　中西（1998）は貧困研究の観点から、「社会階層間の流動性（social mobility）」の欠如を貧困の一つの原因としたが（中西 1998: 203）、まさに国内においては不可能な「階層移動」を、国外に出ることによって実現しようとするのが、フィリピンにおける海外出稼ぎの基本的な仕組みと理解される。フィリピンの海外出稼ぎ労働者の階層性に着目したピンチェス（Michael Pinches）は、海外出稼ぎ者の排出層が最貧困層ではなく教育程度も相対的には高い「労働者」層であることを確認した上で、海外出稼ぎの動機は物質的な困難そのものではなく、むしろフィリピン国内でのミドルクラスやエリートの態度から感じる蔑視だとした（Pinches 2001: 195）。すなわち、海外出稼ぎ労働者たちは、フィリピン国

内で置かれている「階級的冷遇」を海外雇用によって回避し、上昇移動を果たそうとするのである。

しかし、ロサンゼルスとローマで働くフィリピン人家事労働者について研究したパレーニャスは、移住家事労働者女性たちが、海外出稼ぎを通して、経済的には上昇するが社会的地位としては下降する「矛盾した階級移動（contradictory class mobility）」を経験することを明らかにした（Parreñas 2001: 3,150）。実際、フィリピンからの女性労働者が海外で従事する職業の中心を占める家事労働職は、出身国での彼女たちの学歴や職歴に見合わない下降移動の結果として認識されている（Anthias 2000: 37）。加えて契約労働の場合、ホスト社会における「社会移動」の実現はきわめて難しい。受け入れ国での就労ビザがその入国・滞在資格を一つの職業に規定している限り、基本的にその労働者が職業移動を果たすことはきわめて困難になる[2]。

すなわちフィリピン人海外契約労働者は、本国と海外とで異なってナショナルに構築された階級システムの中に同時的に身を置き（Pinches 2001: 208）、そこで個々人の属性や社会的条件によって生じる齟齬を日々生きている、と考えられるのである。

② 海外フィリピン人労働者の類型

しかしながら、海外フィリピン人労働者の内部は、フィリピンでの学歴・資格と海外での職種によって一様ではない。その歴史的経験から欧米へ定住移民として移動する人々や、さらに近年では外国人の配偶者として移住するフィリピン人女性も増加している。しかし、74年以降のフィリピン政府の海外雇用政策のターゲットであり、かつ現在のフィリピン人の国際移動の中心をなしているのは、海外フィリピン人労働者（Overseas Filipino Workers: OFWs）と呼ばれる人々である（Go 2000）。OFWs の内部を、移動先での職種と、そのために必要な資格・技能の点で整理すると以下のように類型化される。

a. フィリピンですでに一定期間にわたる教育とそれに基づく資格が必要なもの：看護・エンジニアなどいわゆる専門・技術職。

b. 海外に行くために、便宜的に短期間で資格を取るもの：エンターティナー、介護職

c. 特別な資格・教育は必要とされないもの：家事労働などのサービス職・

建設・工場労働などの職種

海上（sea-based）労働者と呼ばれ、やはり OFWs の中に含められる船員は、国外に出るために資格を得る、という点では b となるが、船員学校や大学での教育は複数年にわたる専門教育にあたるため、むしろ a に近いと言える。

この 3 類型の中で、男女問わず最も幅広い層にアクセスしやすいのは c であり、これに、若年女性という特定のジェンダーと年齢に属する者にとってはアクセスしやすい b、そしてほとんどが男性である船員、が OFWs の中核をなすカテゴリーと言える。そしてこうした職種に就く人々が、ピンチェスが言う「労働者」層の海外出稼ぎ者にあたると考えられる。

海外労働者のフィリピンでの前職に関する公式統計はない。しかし、いくつかの経験的研究を参照してみると、たとえば日本で働くエンターティナーについて調査したバレスカス（1994）は、日本に来るエンターティナーは「相対的に中産階級の下または下層階級の出身」（バレスカス 1994: 28）としている。やや年代は古いが、クルス（Victoria Paz Cruz）とパガノーニ（Anthony Paganoni）による1989年の女性海外出稼ぎ者調査（サンプル数466—内訳：家事労働者167、エンターティナー100、医療関係125、その他74）では、フィリピンで雇用されていた75％のうち、専門・技術職が38.0％、販売・サービス16.5％、主婦6.9％、学生2.4％となっている（Cruz & Paganoni eds. 1989）。フィリピンの社会階層に関して田巻（2001）は、被雇用者の販売・サービス・農林水産・生産・運輸・通信職は「労働者階級」、専門・技術、行政管理職、事務職が「新中間層」と区分している（田巻 2001: 199）。そうなると、おおむね海外出稼ぎ者の b、c のカテゴリーは、労働者階級〜新中間層の相対的下層から排出されていると考えられる。

他方、フィリピンからの海外出稼ぎを80年代以来特徴づけているのは、「海外労働者の女性化（feminization of overseas migrant workers）」である。これは、一義的には、海外就労する女性の数が、とりわけ新規雇用者数において男性を上回ることを指している。80年代後半以降一貫して新規雇用者に占める女性比率は 6 割を超えている。「女性化」傾向を先導しているのは、家事労働者といわゆるエンターティナー[3] カテゴリーである。1998年のデータでは、新規雇用の女性海外労働者のうち52.3％が家事・介護サービス労働者、25.1％がエン

ターティナーとしての渡航であった（POEA内部資料）。男性労働者の70％以上
が「生産・輸送・単純労働」という複合的なカテゴリーに入っているのと比べ
て、女性海外労働者のこの２職種への集中度は著しい。このようにフィリピン
からの海外出稼ぎは、職業選択の幅という点でも明確にジェンダー化されてい
る。そこで、b、cカテゴリーの労働者において、「矛盾した移動」がジェン
ダーを媒介にして異なって経験される、との仮説が導かれる。以下、具体的な
事例から検討することにしたい。

(3) マリキナ市マランダイ町M地区の事例から

① 調査地の概要と対象

ここで事例として用いるのは、マニラ首都圏東部、マリキナ市マランダイ町
M地区での海外出稼ぎ者およびその世帯員へのインタビュー・ケースである。
対象は、62世帯、81事例で、調査方法は非指示面接法を用いた。調査言語は、
タガログ語と英語の混合である。調査地があるマリキナ市自体は1996年に市制
がしかれた比較的新しい市で、古くからの靴産業の町として知られている。人
口は2001年現在418,659人で、14のバランガイから成る。このうちマランダイ
の人口は44,320人、その中のM地区は世帯数約400である。M地区では、海外
労働者の家族を支援する現地NGOがコミュニティの組織化を進めている[4]。

M地区に見られる雇用は、家内工業的小規模靴製造業のほか、マリキナ市
内にある大きな食品工場（冷凍ソーセージ）、タバコ工場、陶磁器工場での工場
労働、タクシーやバスの運転手、店舗経営、下級公務員、ガードマンなど、
「労働者」階層にあてはまる層が中心である。

対象者81人の内訳は、男性40人、女性41人で、海外出稼ぎ時の婚姻上の地位
は、それぞれ男性が既婚者26人、未婚者14人、女性が既婚者15人、シングル
親・離別者８人、未婚者14人、未婚時と既婚時両方で海外出稼ぎを行った人が
４人（うち１人は未婚時とシングル親）である（表3-1）。

出稼ぎ期間を性別および婚姻上の地位から見てみると、次のようになる。男
性既婚者は最長で20年、平均渡航年数は6.3年、男性未婚者は最長20年、平均
期間は4.6年である。一方女性既婚者は最長が８年、平均は4.2年、未婚者は最
長６年、平均2.7年、シングル親が最長７年、平均4.8年となっている。ちなみ

表3-1　男女・婚姻上の地位別の調査者内訳

	既婚	未婚	離別・シングル親	未婚＋既婚
男性	26	14	0	0
女性	15	14	8	4（うち1人はシングル親）

に、未婚時と既婚（シングル親）時両方で出稼ぎを行っている女性の場合は最長が11年、平均は7年の渡航期間となっている。また、離別・シングル親での出稼ぎ者（すべて女性）は、全員が現在海外出稼ぎ中である。

　のべ数での海外渡航先は、男女ともサウジアラビアが最大である（男性23：女性8）。男性では次いで台湾（6）と船員（5）が続く。女性の場合は、シンガポール（7）、日本（5）、マレーシア（5）の順に出稼ぎが多い。

　海外での職種（のべ数）は、表3-2にあるように、男性では多い順に建設労働者（7）、大工や縫製などの職人（6）、電気・鉛管工（6）、船員（5）、運転・運輸（4）となっている。一方女性では、家事労働者（27）が最大で、次いで美容関係（4）とエンターティナー（4）、工場労働者（4）となっており、家事労働者への集中が大きいことがわかる。なお、渡航前のフィリピンでの職種は、男性では工場労働者（13）、大工（5）、電気工（3）、建設労働者（2）、機械オペレーター（2）、トライシクル運転手（2）となっている。一方女性は、主婦（7）、店員（7）、靴製造業（6）、工場労働者（4）の順に多く、いずれも上述したような労働者階級〜中間層にまたがる層であることがわかる（表3-2、表3-3）。

② 雇用としての海外出稼ぎの位置づけとジェンダー

　海外出稼ぎによって経験される「矛盾した移動」を検討する前に、調査地における雇用としての海外出稼ぎの位置づけについて述べておきたい。

　調査対象者によって頻繁に「海外出稼ぎのメリット」として挙げられたのは、海外出稼ぎによる単純な収入増加だけではなかった。一つは、相対的に安定した雇用としての海外出稼ぎの評価である。もちろん、これは渡航先での法的地位と大きく関わっている。しかし、合法的に渡航した人々にとって、基本的に2年を単位とする海外での契約労働は、地元での6カ月や短い場合には3カ月、といった期間の契約労働と比べると、相対的に「長期間」の雇用として

第3章　複数のモビリティ　65

表3-2　海外での職種

職種	男性	女性
建設	7	0
エンジニア・デザイナー	3	0
大工・縫製（職人）	6	0
船員	5	1
工場労働（含研修生）	2	4
雑役	1	0
運転・運輸	4	0
店員	2	1
事務職	1	3
家事労働者	0	27
ケアテイカー	0	1
ベビーシッター	0	1
清掃業	1	2
エンターティナー	0	4
美容関係	0	4
コック	2	0
ウェイター・ウェイトレス	3	1
インストラクター	0	1
ホテル業	4	0
主婦	0	1
学生		1
（＊数字はのべ数）	51	52

表3-3　出稼ぎ前職種

職種	男性	女性
工場労働者	13	4
バス運転手	1	0
トライシクル運転手	2	0
エンジニア	1	0
大工	5	0
建設	2	0
電気工	3	0
機械オペレーター	2	0
縫製	1	0
事務	2	3
船員（国内）	1	0
店員	1	7
ホテル	1	0
靴製造業	1	6
公務員（警官・教員）	1	2
報道関係	1	0
看護師		1

評価されていた。

　特に、渡航前に工場労働などの短期契約労働や、雇われ運転手や大工など出来高制の就労形態が多い男性の場合、海外出稼ぎは相対的に安定した雇用と評価される。また、地域の代表的な仕事である靴製造業に携わっていた女性たちにも同様に、出来高制のこれまでの仕事に比べて、海外出稼ぎは安定的雇用と認識されている。大きい人では賃金格差が10倍近くにまでなる高賃金に加えて、相対的な契約年数の長さや雇用の安定度が海外出稼ぎのメリットとして評価される点は、男女ともに契約や出来高制の就労形態が多い、調査地のような都市部中下層に特徴的であろう。たとえば、第2章で見た中部ルソン米作農村では、土地があり生存維持を保障する農業管理が男性の仕事とされているため、高賃金だが相対的に「不安定」な海外出稼ぎに、女性のほうが行きやすい、とされていた。

海外出稼ぎの周期性も、家族との関係維持、という点で比較的評価されている部分がある。たとえば、男性に見られる船員の場合、10カ月が海上で2カ月は帰国、という周期、あるいは日本への女性のエンターティナーとしての出稼ぎの場合も、6カ月単位で複数回、という周期性が、一時的な避難ではなく「職業」としての海外出稼ぎを選択しやすくしている。

しかし、こうした海外出稼ぎのメリットとしての相対的な雇用の安定性と周期性は、決してジェンダーを横断して均質なものではない。表3-2にあるように、女性の場合圧倒的に海外での職種は家事労働者に集中しているが、この場合、雇用主家庭での個人契約での労働という性質上、途中解雇の可能性が、たとえば企業契約型が多い男性と比べると高い。その点を考慮すると、雇用の安定性が、ジェンダー間で平等ではないことがわかる。また、エンターティナー職の周期性も、その職種のジェンダー特定的な性質に伴う危険性、さらには実質的に就労可能な年齢層が限定されていることを考えると、たとえば毎年定期的に休暇をとって帰国しながら20年間建設会社勤務で海外出稼ぎを続ける既婚男性のそれと同一視することはできない。

すなわち、海外でのジェンダー特定的な職業特性とそれに伴う就労形態の違いは、それが合法的な就労である場合、海外出稼ぎの雇用としての安定度をジェンダー間で差異化しているのである。

次いで、こうした職種の違いが、海外出稼ぎによる「矛盾した移動」の経験とどのように結びついているかを見てみたい。

③ **男女で異なる「矛盾」の度合い：前職、教育・技能との関係から**

表3-4、表3-5を見てみたい。これは、個々人の海外出稼ぎ以前の職種と、出稼ぎ先での職種との関係を男女別に見たものである。

注目されるのは、男女で比較すると、男性のほうに、移動前の職業と移動後の職業につながりが大きい点である（職業的つながりは塗りつぶしてある）。たとえば、マニラで勤務していた工場が閉鎖され、同じ台湾人オーナーが経営する台湾の工場に、失業した同僚と集団で行った者や、当初は企業内転勤から始まり、その後会社を変えて海外出稼ぎを続けている者もある。また、電気関係や大工、縫製など職人的な仕事に、男性の場合はフィリピンでの職業とのつながりが多い。前職とのつながりがある場合、海外出稼ぎの決定の際「フィリピン

第3章　複数のモビリティ　67

表3-4　出稼ぎ前職種と出稼ぎ先職種：男性

フィリピンでの仕事	海外での仕事
警官	建設関係
工場労働者	ファストフード店勤務
プレス工	社職のコック
バス運転手	トレイラー運転手
工場労働者	①②建設
工場労働者	工場労働者
工場労働者	工場労働者
工場労働者	①機械オペレーター
	②在庫管理（運送会社）
工場労働者	船員
エンジニア	エンジニア
レポーター	花屋のマネージャー
?	溶接工
?	工場労働者
病院勤務（統計）	エンジニア
工場労働者	船員
工場労働者	船員
工場労働者	船員→船のコック
工場労働者	①ホテル・ボーイ
	②ウェイター、コックなど
大工	大工
工場労働者	①雑役夫
	②事務職
大工	建設業
建設業	建設業
電気関係	電気関係
機械オペレーター	①、②とも建設補助
縫製	縫製
機械オペレーター	船員
大工と塗装	塗装
建築	建設関係デザイナー
大工	大工
トライシクル運転手	電気工（エアコン）
事務	鉛管工
トライシクル運転手	①石油採掘会社
	②石油採掘会社
工場労働者	技術者・機械のメンテナンスなど
大工	大工
船乗り	①ウェイター
	②③運転手
	④建設・ホテル
スーパー勤務	①?②会社のコック
エアコン技術者	エアコン技術者
ホテル	①〜③ホテル
靴製造業	①②靴製造業
工場労働者	バーテンダー・建設・焼き鳥屋・クリーニング

＊丸囲み数字は出稼ぎ次数

表3-5　出稼ぎ前職種と出稼ぎ先職種：女性

フィリピンでの仕事	海外での仕事
マニキュリスト	①〜③家事労働者
	④はマニキュリスト
主婦＋店	家事労働者
化粧品訪問販売	家事労働者
ベビーシッター	①家事労働者
	②店員（非合法）
?	エージェンシー勤務
店経営	ケアテイカー
工場労働者	①家事労働者
	②家事労働者
公務員	家事労働者
主婦	家事労働者
事務職	事務職
主婦＋スリッパ内職	ベビーシッター
靴製造業	工場労働者
工場労働者	工場労働者
ファストフード店	工場労働者
工場労働者＋販売員	家事労働者
主婦	エンターティナー
販売員	事務職
無職	①エンターティナー
	②ウェイトレス
	③工場労働者
無職	家事労働者
看護師	①学生ビザで日本語とPC勉強
	②〜④は研修生
食べ物売り	家事労働者
銀行	①②家事労働者
	③病院清掃婦
?	家事労働者
主婦	家事労働者
食堂	美容院勤務
主婦	家事労働者
靴製造業	家事労働者
クラブホステス	シンガー
販売員	家事労働者
販売員	エアロビクスのインストラクター
靴製造業	家事労働者
主婦	家事労働者
靴製造業	家事労働者
靴製造業	家事労働者
靴製造業	家事労働者
教師	家事労働者
工場労働者	シンガー
訪問販売員	①②家事労働者
無職	ダンサー
美容関係のビジネス	①②美容
	③客船の客室乗務員

＊丸囲み数字は出稼ぎ次数

と同じ仕事なので、不安もなかった」(51歳既婚男性) と言われるように、海外渡航への心理的障壁は低くなる。また、自らの経験や技能を高く買われるという点で、社会的に下降移動を経験することはない。

　教育・資格とのつながりでも、男性の場合には移動先の職種とのつながりが目立つ。サウジアラビアで10年間ホテルに勤めていた未婚男性 (49歳) は、フィリピンでホテル・マネージメントの学位を取ってマニラ市内のホテルで働いたときに、海外行きを上司から勧められ、そのままサウジアラビアの系列ホテルで働いた。また、男性職種である船員の場合は、船員学校での教育・資格が生かせないという意味では逆にフィリピン国内で、社会的下降移動を経験しており、海外に行くことは、こうした下降移動からの脱却の実現となる。

　対照的に女性の場合は、前職業や学歴と海外職種のつながりが低い。海外での女性職種の最大は家事労働者だが、渡航以前にフィリピン国内で家事労働職に従事していた人はほとんどいない。「フィリピンでは家事労働者はいやだが、海外でならばよい」というのが、海外で家事労働者として働いた経験のある女性たちの常套句である。また、海外での職業を問われて「家事労働者」と答えることを言いよどむ人も多い。実際、フィリピン国内での住み込みの家事労働者職は、地方から都市へ出てきた低学歴若年女性の最初の典型的な仕事であり、その地位はきわめて低い (Pinches 2001)。「息子たちが海外へ行くのには賛成したが、娘たちはメイドかホステスにしかなれないのだからだめだと反対した」とする、男性出稼ぎ者兄弟の母親の言葉は、娘が「家事労働者として働く」ことが考えられない選択肢として認識されていることを示している。大学で心理学を修めた後、イスラエルに家事労働者として出稼ぎに出た妻を持つ男性は、近所の人々や親類から、「大学をわざわざ出たのに、メイドをやっている」と揶揄されている。

　もちろん、フィリピン国内で家事労働者であることと、外国でそれであることを区別して、海外での雇用主の金持ちぶりや、雇用主に同伴して回った外国経験などを披露する人も多い。これは、パレーニャスが言うように、「矛盾した移動」を乗り越えようとする女性の側の一つの戦略と言える (Parreñas 2001: 153)。

　当然女性であっても、美容関係職のように専門性を生かせる人は、男性と同

じように、海外出稼ぎによって同一職種での収入増加という「上昇」移動を経験しうる。しかし、やはり表3-5からわかるように、女性の場合、渡航前の専門・技能的な職業と海外での職種とが結びついている場合は少ない。これは、学歴の点では女性のほうにカレッジ経験者（中退と修了の合計）が多いことと対照的である。マクロレベルでも、フィリピンではカレッジ進学率は女性のほうが高い。これは、相対的に「学歴に見合わない仕事」に就かざるをえない確率が女性のほうに多い、ということを示していよう。

　M地区の女性の中には、海外出稼ぎ前主婦であった人が海外で家事労働者になる場合が多い。しかしこのことは、これまで無償でやってきた家事労働が有償になる、という意味での「上昇」を意味しない。「主婦」であることと、「家事労働者」になることの意味づけの違いは、上述したように、フィリピン国内での住み込み家事労働者への地位の低さを考えると明白である。さらに既婚女性の場合、後述するように「自分の子どもを残して、海外で他人の子どもの世話をする」という、母親役割にまつわるジレンマとそこでの矛盾の経験が常につきまとう。

　一方、もう一つの「女性職」であるエンターティナーの場合、その位置づけはより微妙である。たとえば、日本で研修生として工場で働いていた女性は、フィリピンでは有数の私立大学の看護学科を卒業した看護師資格保持者であるが、「タレント（エンターティナーの俗称）と思われるのは絶対にイヤだ」と話す。しかし実際に日本でエンターティナーとして働いていた女性たちは、「好きな歌を歌え」、さらには、「TNT（非正規滞在者の意）ではなく、合法なパフォーミング・アーティストである」と自負する。しかし日本で働くエンターティナーの総称としてフィリピンでも定着している「ジャパゆき」という呼称は、「芸能」的仕事に特徴的な、羨望と侮蔑の入り混じった意味を込めて使われている。この意味でエンターティナーの場合は、特に自己意識と周囲の評価との間でも齟齬を生じさせながら、「矛盾した移動」が経験されていると言える。

3-2 「矛盾した移動」のジェンダー差

(1) 世帯内位置による、「矛盾」経験の相違

こうして、海外出稼ぎによってもたらされる「矛盾」——経済的には上昇しながらも職業地位としては下降する——の経験が、特に前職や教育・技能との関係、および海外での職種に関する自己意識や周囲の評価においてジェンダー間で異なっていることが明らかになった。

次に、こうした意識・評価は、個々の労働者の世帯内での位置関係とどのように結びついているのかを検討したい。移民研究においては、移民の意思決定が、「世帯全体の戦略」である、とする議論は多くなされてきた。しかしながら、当然その世帯戦略の中身、ないしはその決定のプロセスは当事者が世帯内部でどのような位置づけにあるかによって異なる。中でもジェンダーおよび婚姻上の地位は重要なファクターとなる（Chant and Radcliffe 1992)。センは、世帯を「協力的競合（cooperative conflict)」の場としてとらえ、女性の現金収入は、その具体的な金額ではなく、世帯内の他の構成員によってどのように「知覚・認識」されるかによって、評価が決まってくる、と論じた（Sen 1990)。そうするならば、主として職業の観点からここまで検討してきた、海外出稼ぎ者がジェンダーによって異なって経験する「矛盾した移動」の経験もまた、当事者の世帯内での位置によってさらに影響されると考えることは、論理的に整合するだろう。ここでは調査地で見られたいくつかの特徴的な諸相を指摘する。

すでに第2章で検討したように、「男女の平等性が高い」といわれるフィリピン社会においても、海外出稼ぎとジェンダー役割観との結びつきはきわめて強い。たとえばSaloma（1999）が調査した村では、村から中東への男性の移動は、ブレッドウィナーとしての男性概念を高めたが、他方女性の海外出稼ぎは従来の女性＝主婦という役割観を現実には侵食していながらも、常に母親役割と結びつけて語られていた（Saloma 1999)。

M地区においても、既婚男性の海外出稼ぎは、世帯のブレッドウィナーとしての出稼ぎ、として世帯内部で安定した評価を得ていた。また、合法就労である場合には、収入が安定的に増加するほか、前項で述べたように個人の技術

や技能と海外出稼ぎの関連も男性は相対的に大きく、「矛盾」の割合が小さい。これに加えて、既婚男性の場合には、「世帯のブレッドウィナーとしての出稼ぎ」という規範的解釈が、彼らの海外出稼ぎをより安定的なものにしている。

　たとえば、計12年間サウジアラビアで石油採掘会社に勤務する既婚男性（47歳）は、出稼ぎ以前はトライシクル運転手で、当時時計工場で働いていた妻よりも収入は少なかった。しかし妻の失業を受けて夫が海外へ働きに出た。「妻には家のことがあるので男が行ったほうがいいと思った」彼は、フィリピン国内で果たせていなかったブレッドウィナー役割を海外に出ることで奪還したのだ。

　他方、既婚女性の海外出稼ぎは、妻・母親役割との関係においてきわめてアンビバレントな位置づけにある。まず、同一世帯で妻のほうが海外に行く場合には妻のほうが「勇気がある（malakas ang loob）」と言われることが多い。夫が海外に出る場合にはほとんどこうした表現が使われないことは示唆的である。しかし実際には多くの女性が夫の失業や海外出稼ぎの終了を理由に海外出稼ぎを始め、夫の就職が彼女たちの海外出稼ぎ終了と結びついている。また、夫にフィリピンで職がありつつ日本でベビーシッターを３年間していた既婚女性（51歳）は、自分の稼ぎのほうが大きくても、「当時は夫がブレッドウィナーであり、自分はそれを助けただけ」と言う。また、幼い子どもを残しての既婚女性の海外出稼ぎは、「夫を助けるよき妻」であると同時に、「家庭にあるべき母」としての役割を果たしていないとして、しばしば批判される。そしてこうした既婚女性のほとんどが、海外では家事労働職、すなわち雇用主世帯の再生産を担うと同時に、当事者によっては下降移動と認識される職種に集中しているのである。「矛盾した移動」は、こうしたジェンダー役割観との葛藤によってさらに強く経験される。

　こうした既婚男性と既婚女性の両方の役割を重ねた立場にあるのが、シングルマザーである。M地区のシングルマザーの出稼ぎ者たちはみな、パートナーとの離別や出産を機に渡航しており、パートナーから子どもの養育費を得られないために海外出稼ぎを決断している。この場合、残された子どもの世話をするのは彼女たちの母親である。シングルマザーの出稼ぎに特徴的なのは、8人

72　第 1 部　国際移動と社会移動の交差するところ

全員が現在海外出稼ぎ進行形であることだ。渡航先での結婚という上昇戦略も
あるが、既婚男性と同様、世帯のブレッドウィナーとして長期の海外出稼ぎが
彼女たちには期待される。と同時に、既婚女性の「母親役割」を実現していな
い、という負い目も背負うことになる。すなわち彼女たちが経験する「矛盾し
た移動」は、前項で述べたような職業面での「矛盾した移動」にとどまらず、
世帯の内部においてより複雑な矛盾——経済的上昇とそれに伴う世帯内位置の
上昇（ないしは肯定）、一方でのジェンダー役割評価における下降移動——を経
験しているのである。

　他方、シングル男女の場合は、海外出稼ぎにおける自己実現的な側面と、親
への義務感のバランス感覚をうまく取っている場合が見受けられた。しかし、
シングル男性に比べると、シングル女性のほうに、両親が渡航に当初反対して
いたケースが多い。しかしながら、娘たちの稼ぎや送金は、彼女たちの世帯内
での地位を上げる。日本でエンターティナーとして働いていたシングル女性
（26歳）の場合、帰国した現在でも両親は彼女の仕事の内容をこころよくは思っ
ていないが、「自分は家で一番お金があるので発言権がある」と話していた。
このように、同一ジェンダー内部でも世帯内での位置によって海外出稼ぎの意
味づけは異なり、それがジェンダー間で異なる「矛盾した移動」経験をさらに
多元化させていると言える。

3-3　小括

　ここまで、男女の海外出稼ぎにおける職種構成と渡航前の職種や技能との
ギャップから生じる「矛盾した移動」経験について、そのジェンダー間での差
異と、さらにそれを裏支えする、世帯内位置による役割観に即して検討してき
た。すでに、女性のほうにより職業面での「矛盾した移動」経験が大きいこと
は述べた。では、最も世帯内でのジェンダー役割観との葛藤が大きい既婚女性
そしてシングルマザーの海外出稼ぎの多くが、家事労働者という、最も「矛
盾」が強く認識される職種に集中していることは、何を意味するのであろう
か。一つ言えることは、「海外出稼ぎの女性化」が定着しているフィリピンに
おいても、女性の移動が依然としてアンビバレントな評価を付されている、と

いうことである。外貨を稼ぐ「現代のヒーロー（ヒロインではなく）」として国
を挙げて誉めそやし、アクロバティックな経済的かつ社会的上昇移動をねらわ
せるフィリピンの制度的な海外出稼ぎは、ジェンダー化されたグローバルな労
働市場の条件下で、現実には本章で述べてきたような、職業面での「矛盾した
移動」を特に女性労働者に経験させる。さらに、特に既婚女性やシングルマ
ザーの海外出稼ぎには、「自己犠牲」的で理想的な母親である一方で、「本来は
行くべきでない人間が行っている」という評価が付与される。つまり、海外出
稼ぎに伴って生じる「矛盾した移動」は、国際移動を通した職業変化によって
生じる経済的上昇と社会的地位の下降という齟齬にとどまらないのだ。それは
とりわけジェンダー役割観に強く規定された、出身社会における海外出稼ぎ者
へのアンビバレントな評価と接合している。ここには、制度的にホスト社会へ
の定住化を伴わない海外出稼ぎ者にとって、「二つの社会を同時に生きる」こ
とが、矛盾と葛藤に満ちた経験であることが見て取れる。職業移動、世帯内地
位の変化、そして国際移動、という複数のモビリティの非整合性が、とりわけ
女性労働者に多く見られることが、ここに見てとれる。

注
1） ポルテスらは、草の根レベルの「下からの」トランスナショナリズムが、国際移動を促
　　す国家政策や資本主義経済構造への、移民の側からの反応・対抗となりうるとしている
　　（Portes, Guarzino and Landolt 1999: 220, 229）。
2） 女性にとって社会移動の一つの手段である婚姻による移動も、移住労働者の場合は制限
　　されることが多い。たとえばシンガポールの場合は、移住家事労働者はシンガポール人と
　　の婚姻が禁止されている。
3） フィリピンでの正式な名称は「海外パフォーミング・アーティスト（Overseas Per-
　　forming Artist: OPA）」である。
4） 本調査は、現地 NGO、KAKAMMPI（Kapisanan ng mga Kamag-anak ng Migranteng
　　Manggagawang Pilipino）の協力を得、KAKAMMPI の運営する、海外労働者の子どもた
　　ちを対象とした幼稚園でボランティアをしながら、その放課後に近隣家庭を訪問する、と
　　いう手法をとった。調査期間は2000年9月～2001年2月である。

第2部

再生産労働の国際移転と新たなモビリティ

第4章 アジアにおける移住家事労働者の組織活動：香港・シンガポール

4-1 移住家事労働者という存在

(1) アジアにおける「移動の女性化」

国境を越えて移動する女性の数が男性のそれを上回る、いわゆる「移動の女性化 (feminization of migration)」は、1980年代以降のアジアにおける人の国際移動を大きく特徴づけている。アジア地域から就労目的で国外に移動する女性の数は、1970年代後半にはすでに約2万人、80年代後半では約27万人、2000年代に入って年間約80万人と急増している（Lim & Oishi 1996: 24; 吉村 2000: 325）。こうした女性移住者の代表的な送出国であるフィリピン、インドネシア、スリランカなどでは、80年代半ばから、海外出稼ぎ者に占める女性比率が増加している。女性の比率は80年代半ばから増加し始め、現在も増加傾向にある。こうした女性たちの多くが、香港、日本、台湾、シンガポール、マレーシア、ブルネイといったアジア域内の受け入れ国へ向かっている。

本章では、このうち家事労働者の代表的な受け入れ国である香港・シンガポールの例を取り上げたい。これらの受け入れ国においては、80年代からの急速な経済発展に伴い、出生率の低下とそれによる国内労働力の不足が見られた。また、経済発展により労働集約型産業が次々に海外に移転されることで、経済のサービス化が進んだ。経済のサービス化は、都市中産階級を中心とした女性の労働参加率を高める一方で、彼女らが担ってきた家事・育児など再生産労働への需要も生み出す。国家は再生産労働部門を公的サービスによって補完するのではなく、むしろそれを抑制する形で外国からの家事労働者を政策的に導入した（伊藤 1996: 251）。これによって、特に移住家事労働者を中心にした

78　第2部　再生産労働の国際移転と新たなモビリティ

「移動の女性化」が、これらの地域において進んだのである。移住女性の導入
は家事労働だけにとどまらない。高齢者介護、性娯楽産業さらには海外からの
花嫁の導入など、多様な形で「再生産労働の国境を越えた移転」（Truong 1996;
伊藤 1996）がアジア域内で生じている。

　こうした現実に対して、移住女性が置かれている①「移住者／外国人」とい
う「人種」・エスニシティに基づく差別、②多くが低階層労働者であるという
「階級」、③そして「女性」というジェンダーに基づく差別構造という三重の規
定について、議論が積み重ねられてきた（Glenn 1992; Cheng 1999; Truong 1996;
Anderson 2000）。しかし本章の関心は、移住女性たちがこうした構造的制約の
中にあって、どのように主体的な取り組みを展開しているのか、という点にあ
る。Sassen（1998）は、女性が大量に参加・可視化されてきた過程として今日
のグローバル経済をとらえ、その中で個人／集団・ネットワークとして登場す
る女性が、非国家的アクターとして登場する回路が開かれつつある、と論じて
いる。その中で特に彼女が重要な分析対象として挙げたのが、移住女性であっ
た。第1章で論じたように、移住女性研究においては、「三重の抑圧構造の犠
牲者」といった従来の移住女性像を乗り越えて、移住女性の主体としての側面
をどのように位置づけるか、ということが重要な研究課題の一つとなっている
（Constable 1997; Anthias 2000; 小ヶ谷 2001b）。

　カナダのオンタリオ州における移住家事労働者の労働権、中でも労働時間制
限や団体交渉権などが政治的文脈の変化によっていかに左右されてきたかにつ
いて論じている Fudge（1997）によれば、カナダにおいては、20世紀初頭から
住み込み家事労働者の組織化や権利運動が州レベルで進められてきたという。
ここでまず、ファッジ（Judy Fudge）の議論を参考にしながら、住み込み型の
移住家事労働者にとって組織化が持つ含意について検討しておこう。

　ファッジは、移住女性が多数を占める家事労働者が、他の労働者が享受でき
る権利から公的に除外されてきた過程は、「住み込み家事労働」という職種を
取り巻く「家庭性（domesticity）」と「プライバシー」のイデオロギーによって
正当化されてきた、と指摘する（Ibid.: 119）。すなわち住み込み家事労働者は、
「有償の労働者」でありながら、私的な領域である「家庭内」での仕事である
ゆえに、「（行政の側が）管理しにくい」という理由で、オンタリオ州において

も当初は最低賃金制度から除外され、その後も超過勤務手当てや労働時間制限の規定から除外され続けてきた（Ibid: 123）[1]。

また、家事労働者がある意味においては、「家族の一員」という地位を雇用主家庭において得ていることも、彼女たちの権利を制限してきた（Ibid.: 122）。たしかに、移住家事労働者を指して「家族の一員」とするディスコース（Anderson 2000）は、一見すると家事労働者にとってより「家族的」でよい雇用環境を意味するように見える。しかし、労働者としての権利保障の観点から言うと、「家族の一員」ディスコースは同時に、「労働者」としての彼女たちの地位を曖昧にし、結果的に「雇用主の家庭内」という彼女たちにとっての「職場」における家事労働者の労働条件や賃金形態などを、「管理しにくい」状況に押し込めていくのである。

また、家事労働者と雇用主とは基本的に1対1の契約関係にある。そのため、労働環境の改善を直接雇用主に訴えることは、雇用を失うという多大なリスクを伴うことになる。ゆえに、ファッジが言うように、たとえ制度的に家事労働者個人が雇用主を訴える制度が保障されていたとしても、それは「象徴的勝利（symbolic victory）」でしかなく（Fudge 1997: 119）、実質的にその制度を行使できる環境を積極的に作ることが求められる。その意味で、家事労働者が効果的に権利保障制度を実行するには、「組織化やその他の形態の集合的リプレゼンテーションが不可欠」（Ibid.: 128）になるのである。

本章で取り上げる香港においては、移住家事労働者に対して最低賃金（Minimum Allowable Wage）が認められ、家事労働者にも労働法（Employment Ordinance）が適用され、労働組合への参加および結成の権利が認められている（安里 2001; 小ヶ谷 2001b）。この点では、「象徴的な勝利」は実現されているわけだが、実際に移住家事労働者組織が直面する問題は山積している。特に、経済状況の変化による最低賃金のカットをはじめ、よりよい労働条件を求める運動が終わることはない。加えて香港をはじめとするアジア域内の移住家事労働者の状況は、多くの点でファッジが取り上げたカナダの事例とは条件が異なっている。外貨獲得手段として送り出し国政府が積極的に海外就労促進に関与し、さらに斡旋業者をはじめとする市場の論理が家事労働者の移動を支配しているような状況にあっては、彼女たちの組織が交渉する相手、あるいは運動の対象は

もはや雇用主や受け入れ国政府にとどまらない。市場化され、同時に国家による管理・規制を受ける、というアジアにおける移住家事労働者の移動の二重構造が、ここに見て取れる。

このように、移住家事労働者は「家庭」「世帯」という本来きわめてナショナルかつプライベートとされてきた領域で就労し、さらにその仕事は女性の労働でありそれゆえに低位の仕事とみなされ、「家族の一員」とされることで、職場での権利概念を打ち立てにくい状況に置かれる。さらに、政策的導入によって滞在資格が雇用主との1対1契約に全面的に依存している住み込み移住家事労働者にとって、雇用主との個別交渉ではなく、組織化による集団としての権利主張が重要になることが、ここに確認されるだろう。

そこで本章では、特に香港とシンガポールの移住家事労働者による組織活動および、それに様々な形で連帯・接続するホスト社会の労働運動・社会運動に着目する。

まず移住女性が置かれた状況を概観する。移住女性による有償家事労働は、ジェンダー、階級、エスニシティに基づく制約と分断の中にあることが、そこで明らかにされる。

続いて、第2節では香港とシンガポールにおける移住家事労働者の組織活動を分析し、第2章までで論じてきた職業移動と国際移動、世帯内地位の移動といった「複数のモビリティ」に加えて、新たなモビリティがそこに見出せる可能性を論じる。そこでの新しいモビリティは、女性たちがその活動において見出す志向性（家事労働者としての地の向上か、家事労働者からの脱却か）と、達成の水準（個人か集団か）によって区別される。

第3節では、移住家事労働者の存在やその運動を通して、ホスト社会も含めたどのような新しい「連帯」が生まれているのかを、香港とシンガポールそれぞれの文脈から考察する。香港ではフィリピン人労働者とインドネシア人労働者、および香港のローカルな労働運動や女性運動との「連帯」のディスコースと実際とを考察する。また、シンガポールにおける「市民社会づくり」において移住家事労働者の存在がどのような役割を果たしたのかについて論じ、移動する人がホスト社会においてもたらす社会変革の可能性を考察する[2]。

(2) 移住家事労働の特質とその制約

　対国家関係において、移住家事労働者は何よりもまず、社会的コストを外部化、ないしは最低限に抑えるための労働力として存在する。前述のように、女性労働力は国家によって労働市場に動員される一方で、家事労働の社会化はなされず、女性に押しつけられたままになっている。移住家事労働者は、このように国家が抱えるジェンダー関係を基盤とする矛盾を解消し、「従来の」ジェンダー間分業を再生産し続けるという役割を担う。さらに移住女性は、単により安価な労働力という経済の論理のみに回収されない「他者」としてのスティグマを負わされている。すなわち、「他者」に対するレイシズムが広範に存在し、そうであるがゆえに、劣悪な条件での家事労働が「自然なもの」として受け入れられるのである（Anderson 2000）。

　このような家事労働の特質は、以下のような制約をもたらす。まず、香港やシンガポールのように国家が政策的に移住家事労働者を導入した場合、雇用契約を根拠とした就労・滞在許可という点において、家事労働者の雇用主への依存が不可避になる。香港・シンガポールの双方で、雇用契約の存在が滞在・就労許可の条件となっており、香港では契約終了後2週間以内に新しい雇用主を見つけられなければ、強制退去となるといういわゆる「2週間ルール」がある。また、住居と食事を雇用主が家事労働者に提供することが標準雇用契約の条件となっているため、家事労働者は雇用だけでなく、ホスト社会での生活基盤でも雇用主に制度的に依存せざるをえない。すなわち、受け入れ社会での滞在そのものが、雇用主との関係なしには存在しえないという制度的制約が、国家、雇用主と移住家事労働者の関係を決定的なものにしている。

　こうした雇用主への依存関係は、「住み込み」型の労働形態と必然的に結びつく。住み込みという労働形態は、以下のような制約をもたらす。雇用契約によって1日の労働時間が定められていたとしても、実質的に家事労働者は24時間拘束され、プライバシーを守れない環境に置かれる。Anderson（2000: 151）はこの点について、雇用主が移住家事労働者に期待するのはコストの低さよりも、その労働力のフレキシビリティである、と指摘している。また、必然的に住み込み家事労働者は週一度の休日を除いては、雇用主家庭の外での社会関係を構築することができず、孤立化を余儀なくされる状態にある。労働・生活の

場が雇用主の家庭内に限られていることは、そこで行われる虐待や契約違反などの問題が表面化しくいことも意味する。

　また、家事労働者の雇用に関してしばしば用いられる「雇用主家族の一員として」というディスコースは、まさにそれによって、雇用主が移住家事労働者の労働力よりもむしろ「人間としての存在（personhood）」を買っていることを示す。家事労働者側にとっては、雇用主の「家族の一員」ディスコースに絡め取られることは、家事労働者自身の出身国との家族の関係から断絶させられ、自らの人間としての存在を売り渡すことにほかならないのである（Anderson 2000: 156）。

　移住労働者による家事労働が、炊事・洗濯・掃除といった家事一般だけでなく、多くの場合育児や老人介護などのケア労働をむしろ中心にしていることは、こうした「家族の一員」的ディスコースで正当化されると同時に、逆にホスト社会にとっての文化的脅威、という位置づけもなされる。たとえばシンガポールにおいては、フィリピン人家事労働者に育てられた子どもが、「フィリピン化する」ことへの脅威がマスメディアでしばしば取り上げられる。また、香港では雇用主が契約途中で家事労働者を解雇する理由の一つとして、「子どもが母親よりもフィリピン人家事労働者になついてしまったため」というものが少なからず存在する。香港ではまた、雇用主が団結して、「雇用主こそが移住家事労働者に搾取されている」（Constable 1997: 35）という奇妙なロジックの下で反移住家事労働者運動を展開してきた。

　このように移住家事労働者は、アンダーソンの言葉を援用すれば、レイシズムと結びついた対国家、対雇用主関係における管理と制度的依存関係の下に置かれている。彼女らは、ホスト社会の矛盾したジェンダー関係を解消する役割を、家庭という社会的に可視化されにくい場で担うことにより、様々な制約を背負わされてしまう。その結果、ミドルクラスの家庭、ひいてはホスト社会のライフスタイルの実現を下支えする役割を担いながら、一方で文化的・社会的脅威として位置づけられるような事態も生じることとなる。このような、再生産労働や移住労働が抱える固有の矛盾を体現しつつ、移住家事労働者はホスト社会全体の物理的・社会的・文化的・イデオロギー的再生産を日々行っているのである。

(3) エスニシティによる新たな分断

　このように移住家事労働者は、雇用主女性の労働参加を可能にする存在として、女性内部の国境を越えた分断過程として決定的にあらわれる（Enloe 1989）。しかし同時に、移住家事労働者女性内部でのエスニシティの違いに基づく分断、というさらなる階層化が生まれている。

　端的に言えば、香港・シンガポールでは、流入の歴史が最も長く、また他の移住女性に比べて英語力が高いフィリピン人女性が相対的に好条件に置かれる一方、近年増加の著しいインドネシア女性が、低賃金・悪条件で雇用されている。

　香港では、2000年の時点で20万2,900人の移住家事労働者が働いていた（AMC 2000: 133）。その内訳は、フィリピン人が14万7,400人、次いでインドネシア人が4万6,000人、タイ人6,000人、その他（スリランカ・ネパール・インドなど）3,500人となっている。香港において移住家事労働者の導入が始まって以来、フィリピン人が一貫して最大多数を占めていることに変わりはない。しかし注目すべきなのは、最近のインドネシア人家事労働者の急増である。95年には1万4,000人であったのが、5年間でその数は約3倍に増加している。これに比べて95年のフィリピン人数は12万8,000人であり、5年間での増加率は1.2倍、全体比では85％から72％へと減少している[3]。その後2013年末の時点では香港で働く移住家事労働者数は32万988人で、そのうち51％がフィリピン人、46％がインドネシア人となっている（Hong Kong Immigration Department, Annual Report 2013）。

　一方シンガポールの場合、政府が外国人労働者に関する公式の統計を発表していないため推定になるが、1995年の時点では約8万人の外国人家事労働者のうち、約75％がフィリピン人、20％がインドネシア人であったという（Huang and Yeoh 1996:484）。しかし、フィリピン人家事労働者が処刑された「コンテンプラシオン事件」以後、インドネシア人やスリランカ人家事労働者が増加した。これは、フィリピン政府がシンガポールへの家事労働者の渡航を禁止し、さらに海外労働者の保護を謳った「海外労働者法（RA8042 Migrant Workers and Overseas Filipino Act of 1995）」などを制定したことにより斡旋業者の責任を重くしたため、フィリピン人のコストが高くなったことによる。現に、ある移住家

84　第2部　再生産労働の国際移転と新たなモビリティ

事労働斡旋業者によると、現在は新規で雇用される外国人家事労働者の7割近くがインドネシア人、3割弱がフィリピン人という構成になっているという。しかし、インドネシア人家事労働者は、フィリピン人に比べて低賃金・悪条件での就労を強いられており、結果的に家事労働者全般の条件悪化が進んだともいえる。その後、移住家事労働者の数は増え続け、2002年では14万人、2010年末では20万1,000人にのぼっている（TWC2調べ）。

　すでに述べたように香港においては、移住家事労働者に対して最低賃金および労働時間や休日を含めた標準契約が定められており、労働法も適用される。しかし現実には、インドネシア人の場合、最低賃金以下で就労していることが多い。休日に関しても、通常週に1度日曜日の休日が認められているフィリピン人に対し、インドネシア人の場合は月に2回、もしくは月に1回が一般的である[4]。こうした悪条件に伴って、インドネシア人家事労働者が雇用主とのトラブルを抱えるケースも増加し、1986年から主としてフィリピン人家事労働者に対してシェルターを提供してきたベチューン・ハウス（Bethune House Migrant Women's Refuge）では、2001年には入居しているフィリピン人の数をインドネシア人が上回ったという。

　一方、「移住家事労働者の雇用は、雇用主と労働者の個人的契約関係」として最低賃金制度を設けていないシンガポールでは、エスニシティの違いが賃金・労働条件の違いに直接反映される。フィリピン人は月額350シンガポールドル、インドネシア人は280から320シンガポールドル、スリランカ人は220から250シンガポールドルというのが現在の家事労働者の賃金相場である（小ヶ谷 2012）。休日に関しても、フィリピン人の場合は週1日、インドネシア人は隔週1日かゼロ、スリランカ人は月1日といった「相場」が存在している。

　エスニシティに基づく条件の違いは、英語力などの有無にもよるが、個々の移住労働者女性の能力に還元されるものではない。フィリピン人と他の国の出身者との相違が示すように、家事労働者としての雇用実績が相違を生み出す場合もある。また、送り出し政府の情報提供や労働者保護の具体的な取り組みは、移住家事労働者の労働条件を左右する。たとえば香港におけるタイ人の場合は、タイ大使館が労働者に対して積極的に情報提供を行い、NGOと連携しながら保護対策を進めている。そのため、タイ人の数は安定し、またインドネ

シア人ほど契約違反に遭遇しにくいという[5]。インドネシア人家事労働者の雇用に関しては、斡旋業者が不当に高額な斡旋料の徴収と雇用主への高額な手数料の請求を行い、彼女たちの労働条件の悪化に拍車をかけていた。これに対し、1999年にインドネシア人家事労働者組合が結成され、領事館に訴え出るまで、インドネシア領事館は何ら方策を講じなかった、という事実がある（AMC 2000）。

　いずれにしても、受け入れ国の女性と移住女性との階層化を作り出してきた「移動の女性化」は、さらに「移住労働者女性」内部でのエスニシティの違いによる、さらなる階層化を生み出しているのである。

4-2　移住家事労働者の活動がもたらす新たなモビリティ：組織活動

　これらの移住家事労働を取り巻く制約は、世界のあらゆる場所に共通する問題として広く議論されてきた[6]。しかし、移住家事労働者たちは、単に構造的制約の中に甘んじるだけではなく、その中で様々な抵抗の戦略を展開している（Constable 1997）。ここでは、香港・シンガポールでの移住家事労働者の組織活動を分析する枠組みを提示するために、Parreñas（2001）と Momsen（1999）の議論を参照してみたい。

　ロサンゼルスとローマで働くフィリピン家事労働者について研究したパレーニャス（Parreñas）によれば移住家事労働者は移住労働を通して、経済的には上昇するが社会的地位としては、自分たちの本国で受けてきた教育や社会階層から比較すると下降するという「矛盾した階級移動（contradictory class mobility)」を経験する。その矛盾解消の戦略として家事労働者が取る解釈パターンとしては、①フィリピンで家事労働者を雇用している自分自身の姿を想像、②黒人・ヒスパニック系移住家事労働者と比較したフィリピン人家事労働者の地位の高さの強調、③「家族の一員として認められている」という雇用主との親近性の強調、④雇用主の慈善的行為から戦略的に物質的な利益を得る、などがある（Parreñas 2001: 153）。香港のフィリピン人家事労働者について調査したConstable（1997）は、休日の公園でのサイドビジネスの展開、雇用主にまつわ

るジョークの交換なども、こうした「日常性の抵抗」の形態の一つして挙げている。

　モムセン（Janet Henshall Momsen）は雇用主家庭を、こうした移住家事労働者の抵抗の「場」、さらには交渉の場として、コンタクト・ゾーン、「第三空間（The Third Space）」と呼ぶ（Momsen 1999: 12）。そこでは一方的に雇用主が家事労働者を支配するのではなく、実際には雇用主もまた、自らの家庭の再生産という最も「私的」な領域において、外国人という「他者」である家事労働者に依存しているのである。こうした相互依存関係によって、移住家事労働者は抵抗の「場」を見出せる（Ibid.: 10）。移住労働者とは、経済的な動機が最重要であるとは言え、国境を越えるという行為にあえて望む、「進取の気性に富んだ人々」（Ibid.: 10）であることは事実である。見知らぬ家族の私的領域で生活し、その子どもたちのこまごまとした世話をすることによって、家事労働者はアイデンティティのハイブリッド化を経験する（Ibid.: 12）。そこに、移住労働を通した新たな対抗的な主体形成の可能性が生まれるのである。

　以上の議論を整理すると、以下のように言えるだろう。「住み込み型」という雇用形態と密接に結びついた法的地位によって、雇用主に必然的に依存さざるをえない移住家事労働者は、「人間としての存在（personhood）」（Anderson 2000）を売り渡し、同時に移住労働を通して「矛盾した階級移動」を経験する。他方で、雇用主家庭での様々な「交渉」関係を含めて、移住労働に伴う経験を通して、アイデンティティのさらなるハイブリッド化も経験する彼女たちは、もともと移住の意思決定の中に潜在的にあった冒険心や上昇移動への意志などを、条件さえ整えば開花させうる可能性も持っている。それはすなわち、自分たちを取り巻く諸制約を乗り越える対抗的主体形成の回路を自ら開くことにもつながりうる。

　ここで強調しておきたいのは、こうした抵抗の形態は、個々人の「日常の抵抗」にとどまらず、ホスト社会・出身社会の変革、さらには両者にまたがる空間を自ら創出するダイナミズムを持った集合的な主体形成を実現しうる、ということである。移住家事労働者による組織活動は、こうした集合的な主体形成の意味を最も端的に示すと言える。

　組織活動を通しての移住家事労働者の対抗的主体形成には、以下の二つの志

図4-1 移住家事労働者の組織活動の類型

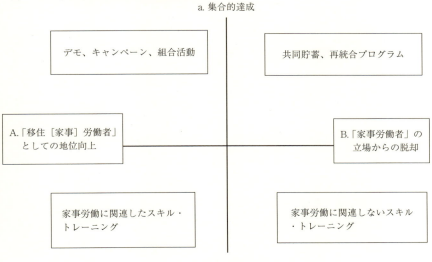

向性が考えられる。
　A.「移住［家事］労働者」としての地位向上
　B.「家事労働者」の立場からの脱却
　すなわち、Aは労働条件の整備や権利の拡大によって、「家事労働者」そのものの地位を上昇させる志向性、Bは「家事労働者」という立場を離れた別な場での自己実現や達成を求める志向性である。
　さらに、こうした集合的行為の成果は、a.集団的達成と、b.個人的達成の相関としてあらわれる。後述するように、A、B、a、bはそれぞれ排他的な関係にあるわけではなく、重層的ないしは循環的な関係にある（図4-1）。
　本節では、この主体形成の二つの志向性と、行為の達成の集団的側面と個人的側面、軸に拠って、香港とシンガポールにおける移住家事労働者の組織活動を分析していく。

(1) 香港・シンガポールでの移住家事労働者の取り組み
　単に労働力だけでなく、「人間としての存在（personhood）」そのものを雇用

表4-1　移住家事労働者組織活動の内容

a.	社会運動的活動：ピア・カウンセリング、移住労働や権利に関するセミナー、シェルター運営、トレーニング、共同貯蓄、デモやアピールの実施
b.	技術向上的活動：スキル・トレーニング（裁縫・料理・音楽・手芸・コンピューター・看護助手・語学）
c.	宗教的活動：聖書勉強会、宗教的行事の実施
d.	文化的活動：音楽や舞踊、演劇などのイベント

　主によって買われている家事労働者にとって、物理的な意味で雇用主家庭の外に出て組織を結成することは、それだけで第一義的な意味を持つ。これはまず、物理的な条件として、契約で定められた休日すら実際には与えられていない移住家事労働者が数多く存在する、という事実を思い起こすならば、より容易に理解されるだろう。前述したように、「住み込み」型移住家事労働者は、労働契約と直結した滞在資格によって、雇用主に依存した形で個々の家庭に分散して配置されている。個々の家庭という空間から脱出し、組織活動に参加することで自らを社会的に可視化させていくことは、家事労働者を雇用主の家庭内に閉じ込めるホスト社会に対する、移住女性側からの最初の抵抗としてとらえられる。

　香港・シンガポールにおいて共通して見られている移住女性家事労働者の組織活動は、大小様々なものがあるが、本調査では、章末付録1にある組織を訪問し、インタビューや参与観察を行った。

　ここでは、「組織活動」の厳密な定義は行わないが、筆者らが調査した香港・シンガポールにおける組織活動の内容は表4-1のようにカテゴリー化される。

　これらの活動は現実には一つの組織によって複数が総合的行われている場合が多い。それぞれの境界もかなり重複しているが、ここでは全体像が描きやすいように、便宜的に分類を行った。一例を挙げれば、社会運動的活動が活発な香港において1985年からコミュニティ開発プログラムの一貫としてフィリピン人向けサービスを行ってきたカリタス香港（Caritas-Hong Kong Asian Migrant Workers and the Filipino Social Services Project）では、専門のソーシャル・ワーカーによるカウンセリングに加えて、香港の移民法や労働法などのトレーニングを

受けたフィリピン家事労働者ボランティアによるピア・カウンセリングと、広東語教室や手芸、料理のトレーニング・クラスをともに実施している。また、スキル・トレーニング・クラスの行事としてのダンスや演劇など文化的な活動も行われている。また、スキル・トレーニングが活動の中心を占めているシンガポールにおいても、活動基盤の多くが教会であるため、クラスの受講生に対して宗教的活動や、カウンセリング、セミナーといった社会運動的活動も実施されている。

　どのような活動内容が展開可能かは、当然それぞれの受け入れ社会の社会的文脈によって規定される[7]。ここでは、そうした社会的文脈の違いを視野に入れつつも、移住家事労働者の組織活動の持つ志向性とその当事者への影響が、どのような対抗的主体形成を実現しうるのか、という点に主眼を置く。特に社会変革を実現しうるような、対抗的主体形成が端的にあらわれる、社会運動的活動と、技術向上的活動、そしてそこに関与する人々へのインタビューを題材として分析していく。

⑵　「移住［家事］労働者」としての地位向上

①　集団的達成としての社会運動的活動

　移住家事労働者の組織活動が、結果として集団的に「移住家事労働者」としての地位向上活動に貢献するような志向性を持つ場合、その活動は社会運動的形態をとる。これに最も合致する事象が、香港における移住家事労働者の労働組合結成、および移住家事労働者組織の連帯による香港政府への抗議活動の展開である。

　香港は、70年代後半から外国人家事労働者を制度的に受け入れているアジアにおける中心的な受け入れ地域である。移住家事労働者は、香港における外国人人口の30％以上を占める。彼女たちは "FDH（Foreign Domestic Helpers）" と総称され、香港政府の定めた通常2年間の雇用主との標準契約に基づいて入国・就労する[8]。

　アジアの受け入れ国の中でも香港は移住労働者にとって相対的に労働条件が整っている地域と言われる（Cheng 1996）。これは、①移住家事労働者の標準雇用契約・最低賃金制度が存在すること、②移住家事労働者も労働法による保護

を受けられること、そのために③労組を含めた結社活動が認められている、といった理由に求められる。当然、こうした条件は移住家事労働者の国籍に関係なく適用される。中でも労組加入権、および結社の権利が、香港における移住家事労働者の社会運動的活動の展開を可能とする大きな条件となっている。最低賃金制度や労働法による保護といった制度の存在も、雇用主依存の生活・労働条件の中で生じる問題を公的に解決する回路を保障している。さらにこうした回路を、よりアクセスしやすくしているのは、香港における NGO セクターの存在である。

香港には、移住労働に限らずアジア地域で広く活動する NGO の本部が置かれていることが多い。これは、1997年まで英国統治下にあったという特殊な文脈、対「大陸中国」を強く意識した「市民社会」的な運動の伝統と結びついている。中国返還後、政府からの圧力が強まってはいるものの、移住労働者関連の NGO セクターの存在は、移住家事労働者の結社の権利と結びついて、香港における移住家事労働者の条件を相対的に高めていると言える。

安里（2001）の分析によれば、80年代初頭に緊急サポート活動やトレーニングを実施する NGO が登場してくる中で、労組を含めた移住家事労働者組織が80年代半ば過ぎから結成されるようになった。これは、個々の家事労働者が遭遇する問題の根本的な解決には、移住労働者自身が組織化し、香港社会に権利主張を行うことが重要だと考える NGO の支援によっている。中でも、1981年からフィリピン人向けに法律相談やシェルター提供などを行っていた Mission for Filipino Migrant Workers（MFMW）と連携して1984年に結成された United Filipinos in Hong Kong（Uni-Fil HK）、および移住労働者の組織化とアドボカシーを推進する Asian Migrant Centre（AMC）のコーディネートによる移住家事労働者の労働組合やエスニック別グループは、香港における移住家事労働者組織の中でも最もアクティブにキャンペーン活動などを行っている団体である。

Uni-Fil は、25のフィリピン人家事労働者下部組織からなる。Uni-Fil の結成の契機となったのは、84年に当時のフィリピンのマルコス政権が、海外労働者の送金義務づけ割り当てを強化した際の反対キャンペーンであった。Uni-Fil は世界規模でネットワーク展開している海外フィリピン人組織、Migrante International の一角を担っている。その活動は対香港政府のみならず、フィリピ

ンの海外雇用関連政府機関の不当な手数料徴収や、フィリピンの海外雇用政策への批判など、対フィリピンに向けたキャンペーンも積極的に展開し、香港・フィリピン双方のメディアへの露出も多い。

　一方、AMC のコーディネートの下で結成されている移住家事労働者組織は、帰国後の再統合（reintegration）を目指した共同貯蓄グループの集合という形態をとっており、共同貯蓄活動とキャンペーンやアドボカシー活動を組み合わせて展開しているのが特徴である。93年から始められた帰国後の投資や小規模ビジネス開設のためのグループ別の共同貯蓄活動を通じて、Filipino Migrant Workers' Union（FMWU）が98年に結成された。また、後述するインドネシア人家事労働者の唯一の労組 Indonesian Migrant Workers Union（IMWU）や、タイ人家事労働者のグループ Thai Women's Association（TWA）も、こうした共同貯蓄グループを基盤としている。

　これらの組織が大きな成果を挙げてきたのは、香港における移住家事労働者に対する法令「改悪」案への反対キャンペーンである[9]。1998年には、香港の景気低迷を受けて、「移住家事労働者もその負担を共有すべきだ」として最低賃金を3,860香港ドルから3,080香港ドルへ20％カットする法案が提出された。これに対して、移住家事労働者組織は、デモ行進をはじめとする抗議活動、さらには署名活動などを行い、反対した。この反対キャンペーンを契機に、Uni-Fil とネパール人、タイ人、スリランカ人、インドネシア人、インド人の移住家事労働者組織によって AMCB（Asian Migrant Coordination Board）が結成された。最低賃金制度という統一的な制度下に置かれた移住家事労働者の、エスニシティを越えた連帯が、その制度の保障をめぐるイシューにおいて実現されたのである。こうした連帯もあって、結果的に最低賃金の引き下げ率は3,670香港ドルの5％カットにとどまった。しかし、2001年11月には再び、今度は91年の水準である3,200香港ドルまで最低賃金を引き下げる案が、雇用主の団体である Employers of Domestic Helpers Association によって出された[10]。AMCBや、同様の移住家事労働者組織の連合である CMR（Coalition for Migrant's Rights）などが1,000人から3,000人規模のデモを展開し、また香港国内での活動のみならず、フィリピン政府をはじめとする送り出し政府にも、引き下げ反対の意思表示を求め、結果的に引き下げ案を阻止した。

こうした「移住家事労働者」としての地位の向上を目指す社会運動的活動は、移住家事労働者内部に生じている、エスニシティに基づく分断を乗り越える可能性を持っている[11]。

② **個人的達成：家事労働者としてのスキル向上**

その達成の対象が基本的には個々人の技能向上に置かれている活動も、「家事労働者としての」地位向上という側面を持っている。シンガポールでの移住家事労働者の活動の中心をなしているスキル・トレーニングを見てみよう。トレーニングの代表的なクラスの中では、「世界の料理 (international cuisine)」などと銘打って、各国の様々な料理が教えられている（章末付録2）。これは、雇用主家庭での日々の料理のレパートリーを増やす目的と効果を持っている。また後述するように、「家事労働者」からの脱却の意味合いが強い看護助手 (nursing aide) のコースでも、その受講目的として「雇主家庭での子どもや老人の世話に役立てるため」とする者は少なくない。また、カリタス香港での広東語教室、シンガポールの Commission for the Pastoral Care of Migrants & Itinerant People (CPCMIP) が主催する Madonna Skills Training でのインドネシア人向けの英語クラス（その講師はフィリピン人家事労働者がボランティアで務めている）などの語学習得も、雇用主家族とのよりよいコミュニケーション能力を身につけようという、「家事労働者」としてのスキルの獲得、語学能力の向上による待遇改善への期待など、「家事労働者としての」地位向上志向の側面を持っている。これが、「外国語を学ぶ」という、個人的達成や自己実現的要素と重層しているのである。

(3) 「家事労働者」の地位からの脱却

移住家事労働者の組織活動が「家事労働者」の地位から脱却するような志向を持つ場合、その活動は、個々人が「家事労働者」以外のステイタスを得られるような状況を作り出すものになる。最も端的な「脱却」の方法は、「家事労働者」職以外の、よりステイタスの高い職業に就く「上昇」移動を目指すことである。しかし、すでに述べたように、香港・シンガポールにおいては移住家事労働者は、基本的に職業移動を実現できない。そのため、「上昇移動」実現の場は、ホスト社会以外、すなわち出身社会か、新たな外国ということにな

る。前者は、帰国後の社会・経済的再統合を目指すもの、そして後者は、家事労働職以外でのさらなる国際移動を目指すものになる。

①　集団的達成としての共同貯蓄

「家事労働者」の地位からの脱却を、出身社会において達成しようとするとき、それは移住労働からの脱出、ということを意味する。海外出稼ぎによって得た収入を、家族の要請のままにすべて送金してしまうのではなく、帰国後の起業などを目指して計画的に貯蓄を共同で行おうとするのが、いわゆる再統合（reintegration）のための共同貯蓄である。香港では、リージョナル NGO、Asian Migrant Center（AMC）のプログラムの下、エスニシティ別の移住家事労働者グループが、セミナーを経た後に、共同貯蓄を実施している。本章の調査を実施した2001年現在での共同貯蓄グループの数はフィリピングループが16、インドネシアとタイがそれぞれ一つずつである（Reintegration Updates 2000; AMC, ASPBAE & MFA 2001: 197）。既出の移住家事労働者の労働組合、FMWU や IMWU は、こうした貯蓄グループの集まりである。フィリピン側の NGO との連携により、共同貯蓄と投資計画の同時的な実施が可能になっている。たとえば、1998年に結成された貯蓄グループ Bagong Bayani sa Hong Kong（BBHK）は出身地が同じ 7 人の女性によって結成され、出身地で文具店を開き自分たちの家族に経営を任せるという形で、メンバーのいずれかがまだ香港に残っている状態で、貯蓄と起業の同時進行を実現した（Reintegration Updates 2000: 3 ）。一つのグループの人数は 7 人～ 9 人程度である。

　ある共同貯蓄グループのリーダーは、以前香港から帰国後自分でビジネスを起こして失敗した経験を持っており、そのために共同で起業計画を立てる共同貯蓄のほうが有効で、フィリピンの NGO のアドバイスも受けられるため有効であると考えて、友人の勧めで参加を決意したと言う。言うまでもなく、トレーニングやアドバイスという点でホスト社会と出身社会の双方での NGO が提供するインフラ機能は重要だが、実際のグループの日常的な運営は当事者自身によって担われている。出身地が異なる人々からなるグループもあり、その場合には帰国後に起業するフィリピン国内の場所に、他のメンバーが移住することも視野に入れられている。

94　第2部　再生産労働の国際移転と新たなモビリティ

② 個人的達成としてのスキル・トレーニング：看護助手クラスの受講生の意識

　技能向上的活動の中にも、身につけた技術を帰国後に出身社会での起業や雇用に結びつけるような再統合への志向性がある。と同時に、身につけた技術を、より高いステイタスでのさらなる国際移動に生かそう、という志向もある。こうした上昇志向が最もよくあらわれているのが、看護助手のコースであろう。看護助手のクラスは、実際に現地で働くフィリピン人看護師がボランティア講師として指導にあたり、病院実習なども行う。スキル・トレーニングの中では、コンピューターと並んで人気の高いコースである。シンガポール大使館の労働部門、そしてフィリピン・コミュニティである Filipino Overseas Workers in Singapore（FOWS）が共同で運営しているスキル・トレーニングの看護助手クラスの受講生40名に対して筆者が行った質問紙調査では、多くが、「フィリピンに帰国後に看護や医療に関する仕事に就きたい」、あるいは「看護助手や介護労働者として、カナダで働きたい」という意志を持っていた。対象となった看護助手クラスの受講生のうち、33人（82.3％）がシングルであった。年齢層は20代が最も多い23人（57.5％）、30代は12人（30％）、40代が4人（10％）であった。学歴は40人中14人がカレッジ卒、8人がカレッジ中退である。中には、「フィリピンにいた時から看護師の仕事に憧れていたが、経済的理由でカレッジでは別なコースを選ばざるをえなかったが、今は夢がかなって医療関係のことが学べている」と言う人もいる。

　19歳のときから10年間シンガポールで家事労働者をしているシングル女性は、「自分が仕事だけでなく"勉強"をしていることを、フィリピンの家族も誇りに思ってくれている」と話した。比較的若い年齢で出稼ぎに出た人にとっては、職業的上昇と同時に、「勉強を続ける」という自己実現の要素も大きいようだ。また、「自分が家事労働者として働くことに反対していた親が、看護助手コースに参加していることをとても喜び、誇りに思ってくれるようになった」と話すシングル女性もいた。

　フィリピンで携わっていた助産師やコミュニティ・ヘルスワーカーとしての経験と重ねて、将来的にはカナダなど別な国での医療関係の仕事を目指す人もいる。

　このように、医療知識の習得から、「勉強する」という自己実現的喜び、そ

して現実的に職業的上昇移動を伴うさらなる国際移動への準備といった、まさに「家事労働者」の地位からの脱却を目指す強い意志と願望が、看護助手コースの受講生の間には見られた。

(4) もう一つの上昇移動：志向性の循環としてのボランティア活動

これまで見てきた家事労働者としての地位向上とそこからの脱却、そして個人的達成と集団的達成とは、当然相互排他的な関係にはなく重層している。それを最もよく表すのが、様々な組織活動における移住家事労働者ボランティアの関与である。

移住家事労働者ボランティアは、社会運動的活動の一貫としての、NGO でのカウンセリング・スタッフやシェルターの運営スタッフ、そして技術向上的活動のスキル・トレーニングの運営や講師などとして活動をしている。特に移住女性家事労働者の組織活動が社会運動的な形態をとりにくいシンガポール[12]での技能向上志向の活動では、講師を家事労働者がボランティアで務めている場合が多い。シンガポールにおけるこの領域の草分けとして1987年から活動するカトリック系の FILODEP（Filipino On-Going Development Program）は、組織運営・講座の指導など活動の大半が移住家事労働者ボランティアによって担われている。FILODEP は、休日ショッピング・センターしか行き場のない家事労働者たちに集まる場と技術向上の機会を与えようとフィリピン人シスターが発案し、これに当時のフィリピン大使が協力する形で設立された。調査時のFILODEP のボランティア登録数は38人であった。FILODEP では、こうした移住家事労働者のボランティア活動の意義を積極的に評価し、ボランティアの帰国時に表彰などをしている。

移住家事労働者の組織活動への参加・運営、そこでのボランティア活動は、「矛盾した階級移動」を、労働外の領域で解消させる重要な回路となりうる。ボランティア活動は、無償ではあるが、組織運営や自らの持つ技術や知識の伝授、という点で、「家事労働者」という、本来出身国では就かないような職業よりも（しばしば彼女たちは、出身国においては家事労働者の雇用主である）、自分の能力に見合った意義ある仕事、として彼女たちに評価されている。シンガポールのスキル・トレーニングでは、フィリピンで元教師であった家事労働者ボラ

ンティアがインドネシア人向けの英語クラスを指導するといった、エスニシティを横断する取り組みもある。また、かつての受講生がコース修了後に講師を務める、といった、組織内での「上昇移動」もある。

　以下では、ボランティア活動に携わる移住家事労働者のケース・スタディから、アイデンティティのハイブリッド化から対抗的主体形成への道筋と、そこでの個々人の意志と、意図せざる結果の錯綜を簡単に紹介したい。

〈Mission for Filipino Migrant Workers（MFMW）のボランティア・スタッフ M さん（30歳）〉

　M さんは1989年から香港で家事労働者として働いている。ボランティア歴は 2 年。出身はルソン島北部のアブラ州で、マニラのカレッジで最初は会計学、後に心理学に専攻を変えた。しかし、80年代の初め頃から香港に来ていた姉（96年に帰国。現在はアブラで移住労働者の支援活動をしている）に誘われてカレッジの途中の89年に香港へ。その姉は、当時アブラ出身の移住家事労働者組織のリーダーをしていて、後に Uni-Fil のリーダーとなった。

　M さん自身も、移住家事労働者の文化活動グループに所属し、パフォーマンスなどをやる活動をしていたが93年にメンバーのほとんどの帰国してしまい、現在は自分がリーダーとなった新しいグループを作っている。このグループの活動を通して同じフィリピン人の夫と知り合い 2 年前に結婚した。

＝家族との関係＝

　親に頼りたくない、という理由からカレッジの途中で香港に来た。最初は 6 カ月の約束だったがそれをまた半年延ばし、そのことで父親は怒った。なので、妹（現在アブラ州でジャーナリスト）の学費援助を始めた。妹の学業修了後は送金はしていない。妹の学費を出したことで、親に対して決着をつけた。現在、他の兄弟姉妹（10人）は、妹を残して全員がアブラを離れているので、現在病気の母親は、「子どもたちはみんないなくなってしまった」と言っている。

　香港に10年以上いる間に、家族との関係は変化した。休暇でフィリピンに帰っても、香港での友人たちと電話をしたり会いに行ったりすると、アブラの家族はとても不思議がり、時にはいやな顔もする。しかし、香港での友人

第4章　アジアにおける移住家事労働者の組織活動　**97**

たちはほとんどもう一つの家族のようである。今は、香港のほうが「ホーム」のように感じている。

= ボランティア活動について =

はじめてのクライアントを扱ったときは、怪我をして入院した人だったが、自分にとってはとてもヘビーな経験だった。しかし、問題に関わっていくうちにとてもお互いに心を開けるようになり、彼女の手術も成功し、裁判にも勝った。

多くのクライアントが、問題解決後ボランティアになっている。また、ケースを待っている間に仕事を手伝う人も多い。最初に来たときには、ずっと泣いてばかりいた人でも権利意識に目覚めてがんばるようになる。ボランティアはすべて、リーガル・トレーニングを受ける。具体的な方法についてもトレーニングを受ける。特に、レイプなどデリケートな問題についてカウンセリングなど。

自分のボランティアとしての仕事は、ウェブサイトや各国の新聞記事のまとめ作業、とケース・ワーク。マニラでコンピューターのコースも取ったことがあるが、ワードやエクセルなどはボランティア活動を通して学んだ。

= 雇用主との関係とボランティアワーク =

現在の雇用主はフィリピン人の夫婦で、MFMW の友人でもあり、自分の活動について理解してくれている。MFMW には毎日通っている。朝の仕事を終えてから10時くらいからオフィスに来て、だいたい18時くらい、遅いときには20時くらいまでも MFMW にいることがある。

香港に来てからの雇用主は一度も中国人だったことがない。最初はオランダ人、次がイギリス人、その後はオランダ人とイギリス人のカップル、そしてフィリピン人（1週間のみ）、最長5年間働いたのがアメリカ人、そして現在はフィリピン人。1週間の家庭は自分で契約を切ったけれど、それ以外はすべて雇用主が香港から別の土地に移ってしまったことで雇用主が変わった。

現在の雇用主との相互理解はできている。自分が雇用主に対して "be good" であるから、雇用主も自分に対して "be good" にしてほしい、と説明してある。夜中に緊急援助に行かなければならない場合もあるので、自分専

用の電話もつけてもらっている。自分専用電話を持つことは、雇用主との契約の際に提示した。

香港で知り合って結婚した夫も、同じようにボランティア活動をしている。彼の雇用主は独身男性で、しかも香港を離れていることが多い人なので、結婚にもほとんど問題がない。夫の雇用主も、自分たちが他のフィリピン人を助ける活動をしている、ということを理解してくれている。

＝香港で働く中での意識変化＝

現在、こちらでフィリピン人の夫と結婚もし、毎日オフィスで仕事をしていると、香港での滞在目的はどんどん変化してきている。家事労働者としての仕事とボランティアとしての仕事の比率は１：４くらい。移住労働に関する "Big Picture" を描けるようになると、お金を稼ぐことはどんどん重要性を減じていく。自分たち自身で自分たちを代表する組織を持つことのほうが重要に思う。

すでにフィリピンに帰国している姉は、自分が香港に長くいることに対して、罪の意識を感じているようだ。しかし、自分はマイグラントになったことで色々なことを学んだ。今まで気づかなかった別な自分を発見することができた。

フィリピンに帰った場合には、Migrante International で働きたいと思う。自分はすでに経験があるので、それを活かせると思う。

彼女の場合は、20代のほとんどすべてを香港で過ごしている。その中で、姉の勧めもあって社会運動的な活動に参加するようになった。雇用主の理解も得られており、現在は家事労働者としての仕事と優先順位を逆転させている。彼女は雇用主との裁判に臨む家事労働者に付き添って、裁判での通訳なども務めている。

次に紹介する事例は、帰国や結婚といった要素も視野に入れつつ、自分の恵まれた条件を他の移住家事労働者の支援に充てることを意識化している例である。

第4章　アジアにおける移住家事労働者の組織活動　　99

〈ベチューン・ハウス、ボランティアのＲさん（28歳）〉

　Ｒさんはミンダナオ出身で、93年に、ボホール大学の会計学を修了。その後、デパートの会計係や郡役所のアシスタントなどの仕事をした。妹の教育支援という目的もあり、出身バランガイの知り合いにマニラの斡旋業者を紹介してもらい、香港へ。ボランティア歴は滞在歴とほぼ同じで４年。ベチューン・ハウスでは、パートタイムでシェルターのスタッフ・ボランティアを務めるほか、かつての入居者や支援者で作るシェルター支援組織、Friends of Bethune House（FBH）でも活動している。

＝香港での経験・活動について＝

　95年に香港に来たが、当時はシンガポールでコンテンプラシオン事件があり、少し怖かった。両親は香港行きに反対したが、まだ若かったので、トライしてみたかった。

　最初は美容院のオーナーのところで働いていた。美容院も手伝わされたが、アレルギーがあったので、６カ月でやめた。今までの５年間で５人の雇用主の下で働いた。次に働いたのは、香港人の家庭で１年４カ月、その次はオーストラリア人。ここでは、自由に外出することができた。その後はフィリピン人、現在はアメリカ人の家庭で働いている。現在の雇用主は自分の活動を理解してくれており、家事労働者としての仕事は１日４時間だけすればよいことになっている。

　ベチューン・ハウスのボランティアを始めたのは1995～1996年ごろから。パートタイムのボランティア・スタッフ。フィリピンではソーシャル・ワーカーとしての経験はないが、香港のほかのマイグラントの状況を見てみると、「何かやらなければ」という気になった。

　カウンセリングや政策、移民法、通訳などについてのトレーニングやパラリーガル・トレーニングをMFMWで受けた。

　現在ベチューン・ハウスは第二の家、「香港でのホーム」という気がしている。スタッフが、自分を勇気づけてくれた。

　FBHは現在75名のメンバーからなっている。基本的にはフィリピン人だが、将来はインドネシア人にも入ってもらいたい、と思っている。シェルターではほかのナショナリティの人もフィリピン人とうまくやっているので

（食べ物の面なども）。メンバーシップは香港でのみ。フィリピンに帰国すると
メンバーではなくなる。

　1999年の４月から７月まではフィリピンに戻って、**Migrante International**
で１カ月半、FBH のメンバーの家族に対して香港での経験やオリエンテー
ションなどを実施した。フィリピンにいる家族を教育することで、問題への
意識を高めようとしている。文化の違いから外国で適応するのは難しいし、
一方でフィリピンでは仕事があっても給料が少ない。公務員でも同じ。勉強
したことが無駄になってしまう。
＝ボランティアとしての経験・帰国についてなど＝
　来年くらいにはフィリピンに帰ろうかと思っている。結婚したい、という
気持ちもある。

　香港での滞在のプライオリティはやはり、お金を稼ぐこと。ボランティア
の活動は、経験のためと、同じ家事労働者を助けるため。当然、ボランティ
アの活動によって自分がエンカレッジされている面も大きい。自分にはほか
の人よりも時間があるので、ほかの移住家事労働者をエンカレッジしてい
る。ほかのエスニシティの家事労働者に対しても同様。こうしたボランティ
アとしての活動は、フィリピンでも活かせると思う。

　しかし、こうしたボランティア活動から生まれる「上昇移動」は、帰国が前
提とされる女性の単身移動という文脈において、アンビバレントな影響をもた
らしてもいる。以下の例を見てみよう。

〈ベチューン・ハウス　スタッフの D さん（49歳）〉
　D さんは、在香港歴19年で、そのうち10年間は家事労働者、その後は９年間
シェルター・スタッフとして働いている。シェルターの専従スタッフは２人だ
が、そのうち元家事労働者であるのは彼女のみである。６人兄弟姉妹の長女。
マウンテン・プロビンス出身。
　＝ボランティア活動について＝
　　自分は MFMW の最も古いボランティアの１人で、ベチューン・ハウスに
は設立のときから関わっていた。最初は聖書の勉強会に参加したことがきっ

かけとなって活動に関わるようになった。自分はラッキーで、平日でも教会メンバーの集まりに参加できた。

ベチューン・ハウスでは、カウンセリングやシェルターのマネージメントなど全般的な仕事をしている。ベチューン・ハウスに来るケースを見ると、自分はラッキーだと思う。しかし、やはり同じ家事労働者として働いた経験があるので、彼女たちの感情は理解できる。雇用主と労働者の関係は人間関係。

現在はベチューン・ハウスの活動に加えて、水曜日の夜に St. Jone's Church で聖書の勉強会に参加し、日曜日には MFMW のオフィスに行っている。

＝フィリピンでの経験、家族のこと、フィリピンとの関係など＝

バギオでカレッジ（経営学）を卒業。仕事を待っていた間に個人的な問題が生じ、香港に来ることになった。フィリピンでは、台風の際のボランティアをしたり、女性組織のメンバーや、バランガイの書記も務めていた。

81年に香港に来た後、82年に父親が死去。妹が小さかったので、送金をして家族をサポートした。現在妹（23歳）は、看護師のコースを修了し、ラグナ州のアメリカ資本の会社で働いている。しかし、会社がタイに移ったため、看護師の勉強をもう一度してサウジアラビアにアプライしようとしている。妹の海外出稼ぎに自分は反対している。フィリピンで経験をしたほうがいいし、フィリピンで働くほうがいい、と話してやっている。

自分は家事労働者として働いていたときも、毎年雇用主がフィリピンに帰国させてくれた。現在も、毎年フィリピンには帰国している。

妹や弟の学費を自分が支え、母親が食費を賄っていた。母は現在プロビンス（＝田舎のこと）で１人暮らし。かつては農業をしていた。弟妹の多くはバギオ在住。現在は甥や姪、母へ送金をしているが、以前よりは送金へのプレッシャーがなくなっている。

母も従姉妹も、自分が以前から香港で活動にアクティヴなことを知っている。

フィリピンに（最終的に）帰りたいとは時々思うけれど、新しく友達を作るのはたいへん。以前の友人たちはみんな結婚してしまった。しかし、香港

市民権を取るつもりはない。

　こうしたボランティア活動に従事する家事労働者に共通しているのは、雇用主からの理解である。当然であるが休日が正当に与えられており、収入面でも相対的によい環境にある。たとえば、シンガポールのFILODEPでボランティアをしている家事労働者の月給は最高額が600シンガポールドルであり、最高額と最少額を除いた平均月給は455.5シンガポールドルと、シンガポールのフィリピン人家事労働者の調査時の標準賃金水準350シンガポールドルを上回っていた。彼女たちは、自分たちの相対的に恵まれた状況を、同じ移住家事労働者のために有効に使いたいという強い意志を持っている。「移住労働者として同じ移住労働者を助けたい」という動機は、社会運動的な活動と技術向上的活動に共通している。

　移住労働に伴う「矛盾した階級移動」を解消し、家事労働者としての地位からの一つの脱却手段となっているボランティア活動は、個人的な達成である一方で、移住家事労働者全体の問題解決、そして長期的には権利保障や地位向上にも寄与しているのである。移住家事労働者のボランティア活動は、これまで述べてきたA. 家事労働者としての地位向上と、B. 家事労働者の地位からの脱却、そしてa. 集団的達成と、b. 個人的達成という要素の連続と循環を示していると言える。ここに、移住女性が経験するもう一つのモビリティを見出すことができる。他方、Dさんの事例が示すように、長期滞在と活動へのコミットメントが、帰国後の再統合への不安を生み出している部分もある。

4-3　移動する女性たちが切り結ぶ新たな連帯

⑴　香港におけるインドネシア家事労働者の組織化に見る、エスニシティ横断的な連帯

　こうした移住家事労働者の組織化は、相対的にヴァルネラビリティの高く社会的に不可視になりがちな移住家事労働者が、組織活動やボランティア活動に参加することで自らを「可視化する」要素として、積極的に評価できる。しかしながら、「移住労働者のエンパワーメント」という問いをより分析的に検討

していくためには、エンパワーメントそのものを潜在的に積極視するにとどまることなく、むしろそれを分節化する作業が求められていると考えられる。すなわち、どのような条件が移住労働者を「ディスエンパワー（disempower）」し、その条件に対抗する上で、彼女ら・彼らがどのような戦略を選び取り、その結果どのような帰結がもたらされているのか、といった一連のプロセスを解析する必要がある。こうした分節化の作業を通して、「移住労働者のエンパワーメント」をより広い文脈に位置づけて、その意味を検討することが可能になる。

　そこで本節では、香港における移住家事労働者の中でも近年その数が急増しているインドネシア人移住家事労働者の組織化の事例を取り上げる。特に、香港におけるインドネシア人家事労働者にとって組織化による運動戦略が重要であるその条件を、彼女たちの雇用・斡旋システムの中から抽出する。その上で、組織活動に内在するエンパワーメントの契機と、「移住家事労働者の組織化」という現実が持つ分析的含意について検討する。香港に限らず、アジア域内の移住家事労働者の受け入れ国においては、1970年代後半より主流を占めていたフィリピン人をしのぐ勢いで、インドネシア人家事労働者の流入が増加している。後述するように、インドネシア人家事労働者は、フィリピン人と比べて相対的にヴァルネラビリティが高いと言われている。そのヴァルネラビリティの高さを構成している条件の一つが、「声を上げるのを怖がる」「組織化が進んでいない」といった理由にしばしば求められてきた。他方で、彼女たちのヴァルネラビリティを高めている移住家事労働という就労形態を通じて、彼女たち自身が新たな政治文化を獲得し、国際移動を通した社会変革や、個々人および集団としてのエンパワーメント、といったものの萌芽が育まれてもいる（Wee & Sim 2005）。本節ではこうした移動によって引き起こされる個人における変化を、「政治的社会化」という概念を手がかりに検討してみたい。

　グローバル化が進む中で、非市民（non-citizen）ないし、「限定されたシチズンシップ（particial citizenship）」（Parreñas）しか享受できない移住労働者の権利は、国際人権レジームの一端を担うトランスナショナルな課題として主張され解決されていくべきものと考えられるであろう。2003年7月に成立した「すべての移住労働者とその家族の権利保護に関する条約（The International Conven-

104 第2部 再生産労働の国際移転と新たなモビリティ

tion on the Protection of the Rights of All Migrant Workers and Members of their Families)」の、批准要求国際キャンペーンなどは、こうした取り組みの代表的なものと呼べる（http://december18.net/web/general/start.php?lang=EN）。同時に、移住労働者の組織化および権利運動は、受け入れ国の政治文化や運動文化と相互作用する。また、地元労働者と移住労働者との関係も、抽象的な「労働者としての権利」概念の共有に根ざすだけでなく、より複雑なディスコースや戦略の絡み合いの中で成り立っている。両者の「連帯」が相対的に実現されているとされる香港におけるダイナミズムを把握することは、香港という一事例の分析にとどまるものではなく、より広く移住労働者と国内労働者の連携を模索する上での条件を示唆してくれるだろう。そこで本項の後半では、移住家事労働者との連携を実践している労働組合、および女性労働者団体へのインタビュー事例から、「連帯」のローカルな文脈をあぶり出すことにしたい[13]。

① インドネシアにおける海外労働の女性化

　1970年代から移住家事労働者の制度的受け入れを開始している香港において、近年の特徴の一つとして挙げられるのが、インドネシア人家事労働者の増加である。Asian Migrant Centre（AMC）によれば、1990年には移住家事労働者全体の1％しか占めていなかったインドネシア人は2000年末には全体の25％を超え、2002年末で3分の1を占めるまでになっている（AMC & MFA 2004: 138）。

　Hugo（2005）によると、インドネシアからの家事労働者の海外就労は、1977年にジャカルタのビジネスマンが20人のインドネシア人女性を家事労働者としてサウジアラビアに送るための許可を人的資源省に申請したことに端を発しているという。2002年に人的資源省を通して公式に海外で働いている契約労働者は、全体で48万393人とされているが、このうちの50％はサウジアラビアで就労している（Hugo 2005: 56）。このことから、アジアにおける代表的な労働者送り出し国であるフィリピンと同様、インドネシアにとっても中東、特にサウジアラビアが主要な移動先であることがわかる。なお、インドネシア政府は1975年から海外雇用を政策化しているが、政府が海外労働者の渡航に関する詳細な手続きを具体的に定めたのは、1988年になってからであると言われている（APMM 2003:12）。1980年代に半ばになると、①移動先におけるアジア諸国の比

第4章　アジアにおける移住家事労働者の組織活動　　105

率の高まりと、②海外就労者における女性比率の上昇が顕著に見られるように
なってきた。この特徴は、フィリピンの場合と同じであり、アジアにおける
「移住労働の女性化」において、インドネシアもまた重要なアクターであるこ
とがわかる。

　シンガポール、マレーシア、香港、台湾といったアジアの主要な移住家事労
働者受け入れ国において、主流の位置を占めていたフィリピン人をしのぐ勢い
で、のきなみインドネシア人労働者が増加している現実について、ヒューゴ
（Graeame Hugo）は以下の3点をその理由として挙げている。

　一つは、フィリピン人家事労働者の賃金が上昇したこと。次に、インドネシ
アの斡旋業者がアジア地域において活動を拡大させたこと。そして、インドネ
シア政府もまたインドネシア人労働者のマーケットをアジア域内に求める上で
積極的な役割を果たしていること、がその理由である。つまり、人の移動のグ
ローバル化が進む中で、特に家事労働者としての女性の移動にねらいを定めた
国家戦略とグローバルな市場の論理が、インドネシア人労働者の近年の急増を
もたらしたと言えるのである。他方でヒューゴは、個々の労働者の直接的な押
し出し要因として1997年のアジア通貨危機が機能したかどうかは必ずしも明確
ではないとしている（Ibid.: 63）。むしろ後述するように、インドネシアからの
移住家事労働者の国際移動と、彼女たちの相対的な悪条件を形成している最大
の要因であるとみなされる、斡旋業者のネットワーク展開とそのビジネスの巧
妙化が、経済危機の生じたこの時期に進展するようになったことが、インドネ
シア人労働者の増加に大きく関わっていると考えられる。

　ここでは、紙幅の関係上、インドネシア側における海外労働者の「女性化」
の主要な理由について検討することはできないが、①80年代後半からのアジア
域内における移住家事・介護労働者への需要に根ざした「移動の女性化」にお
いて、インドネシア政府と民間斡旋業者が――おそらくは密接な連携関係を保
ちながら――、新たなマーケットとしてアジア域内に進出したこと、②アジア
の主要受け入れ国においてその滞在歴の長さ、組織化の展開や権利運動の経
験、英語力などの複数の要素を総合してフィリピン人家事労働者の賃金が上昇
し、しかしながら移住家事労働部門への労働力需要は拡大し雇用主階層も広が
りを見せたことから、より低賃金で働けるインドネシア人家事労働者のニッチ

106 第2部 再生産労働の国際移転と新たなモビリティ

が形成されたこと、さらに③相対的な英語力の低さと「従順さ」が雇用主に選好され、さらに斡旋業者のマーケット拡大が進んだこと、が、1990年代末からのインドネシア人女性移住家事労働者の増加を生んでいることは、確認できるだろう。

② 香港におけるインドネシア人家事労働者

筆者らが香港での聞き取り調査において頻繁に耳にした、インドネシア人家事労働者が抱える問題についての認識は、NGO関係者、労組関係者、労働省などすべてのセクターにおいてほぼ共通していた。それはまず、インドネシア人家事労働者が、最低賃金以下の給料しか受け取っていない（underpayment）状況にあり、かつ標準雇用契約で定められた週に一度の休日も十分に与えられていない、という点であった。これは、移住労働者組織が実施したサーベイにおいても指摘されている。香港では、法律によって最低賃金（minimum allowable wage）は度重なる引き下げを受けながらも、現在3,270香港ドルと定められている（2005年の調査時）。しかし、インドネシア人組織の連合体であるKOTKIHO（Koalisi Organisasi Tenaga Kerja Indonesia/ The Hong Kong Coalition of Indonesian Migrant Workers Organizations）によると、香港で働くインドネシア人家事労働者の48％が最低賃金以下の給料しか受け取っておらず（金額は1,000香港ドルから2,500香港ドル）、90％が休日は月に二度のみであるという（KOTKIHO no date）。

インドネシア人家事労働者を最低賃金以下で雇うことができ、休日も少なくてよい、という考え方は香港社会において一般的な了解となっている[14]。後述するインドネシア人組織ATKI（Associasi Tenaga Kerja Indonesia di Hong Kong/ Association of Indonesian Migrant Workers）のリーダーは、香港におけるインドネシア人労働者の状況を指して「私たちは（増加率は）最大だが、状況は最悪だ」と語っていた。

ATKIが1,081人のインドネシア人を対象に行った2001年のサーベイ調査で、対象者の80％以上が、最低賃金以下の給料しか支払われていないことがわかっている（APMM 2003: 23）。同じく主要な受け入れ国であり、かつ最低賃金制度の存在しないシンガポールにおいても同様であるが、「フィリピン人に比べてインドネシア人は低賃金でもよい」という市場の論理が、香港においても一般的に浸透しているのである。なお、フィリピン人の場合には、AMCほかの調

査によれば、2001年で99.56％が最低賃金を受け取っていた（AMC et. al cited by Wee and Sim）。

　ナショナリティにかかわらず制度的に移住家事労働者の最低賃金制度が存在しながら、なぜこのように格差が生じてくるのだろうか。その理由の多くが、インドネシア人労働者の雇用・斡旋システムに求められる[15]。

③　インドネシア人労働者の雇用・斡旋システム

　インドネシアにおいては、PJTKI（Perusahaan Jasa Tenaga Kerja Indonesia）と総称される民間の海外就労斡旋業は、海外就労を希望する女性たちをその出身地などで募集し、彼女たちをジャカルタないし地方都市における「トレーニング・センター」において「訓練」する。この間に、就労希望者はプロフィールや写真などの情報を業者に提供し、業者は香港など受け入れ先のカウンター・パートナー業者との間で、受け入れ先の雇用主とのマッチングを行い、このマッチングがうまくいけば就労ビザ手配の手続きがとられることになる。ATKI のリーダーによれば、この「訓練」および待機期間はおよそ５カ月から１年間くらいになるという。訓練は全寮制で、場合によっては大きなホールのような場所で雑魚寝の生活をすることもあるという。「訓練」の内容は、部屋の掃除の仕方、洗濯機の使い方、中華料理の作り方、などである。寮生活から免れるためには、1,500〜2,000香港ドルほどを要求されるという。なお、この渡航前の「訓練」期間にかかる経費は、インドネシアにおいて請求されることはない。ここでの「訓練費用」が、斡旋料とセットになって、香港に渡航した後個々の労働者への多額の負債へと形を変えるのである。

　この「訓練」期間については、香港で働くインドネシア人労働者から様々な話を聞くことができた。彼女たちの話を総合すると、「訓練」とは名ばかりで、実質的には外部との接触をほぼ遮断されたキャンプのようなところで、むしろ業者のために無償労働を提供しながら、契約やビザ手配が整うのを待つ、といったほうが実態に近いようである。また、渡航先に関して PJTKI が女性たちに提供する情報もきわめて限られている（Hugo 2003: 455）。それだけでなく、渡航した後に彼女たちを管理しやすくするために、「エージェンシー（斡旋業者）以外の人間の言うことを聞くな。さもなければ解雇される」「フィリピン人はインドネシア人の仕事を取ろうとしているから、耳を貸すな」といっ

た一種の脅しをかけてもいるという[16]。

　この「訓練費」は、通常2万1,000香港ドルが相場とされている。これは、香港で働くインドネシア人家事労働者の通常の賃金に換算すると7カ月分に相当する。しかしこれは、対象となるインドネシア人労働者が最低賃金を支払われている場合である。もしもさらに少ない賃金しか受け取っていない場合には、返済期間がさらに延びることになる。上述したように、インドネシア人労働者の多くが最低賃金以下しか受け取っていない状況を考えると、この返済期間はさらに長い場合が多いことが想像される。

　この「負債」システムには、さらに複数のからくりが隠されている。ATKI、IMWU、KOTKIHOそれぞれのリーダーからの聞き取りによると、労働者は香港に到着すると、民間の金融会社でローンを組むことを強要され、こうした金融会社を通して上述の「訓練」や斡旋に要した「負債」を返済する、という仕組みになる。すなわち、直接斡旋業者に負債を返済する、という形をとらないことで、きわめて人身売買に近いこうした訓練・斡旋のプロセスを、香港サイドで巧妙にカムフラージュしている、と言えるのである。

　すでに述べたように、インドネシア人家事労働者を法定最低賃金よりも安く雇える、ということは香港社会において広く知られている。そのため、さらに労働者への搾取を進め、その上で業者が安定的に香港での雇用主を獲得できるような、さらなるからくりも存在している。たとえば1人のインドネシア人家事労働者を7カ月間続けて雇い、その後解雇すれば、別なインドネシア人家事労働者を一定期間無料で雇うことができる、という口約束が、雇用主と仲介業者の間で結ばれている場合があるという。つまり、業者の側から見ると、約7カ月（最低賃金より低い度合いが高い場合には、さらに長期間）で2万1,000香港ドルの「訓練費」を徴収し終えると、2年間の契約をその労働者にまっとうさせるよりは、新たな労働者を雇用主家庭に送り込むことで、再び2万1,000香港ドルの訓練費を徴収するほうが当然利益となる。雇用主に対しては「無料試用期間」というインセンティヴをつければ、業者と雇用主との利害も一致する。そうなると、「訓練費」という名目での負債を払い終えた途端に解雇されるインドネシア人労働者は、自分の手元にほとんど何も残されることなく失職することになる。

さらに、香港においては「２週間ルール」という制度があり、契約終了ないしは途中解雇された移住家事労働者は、次の雇用主ないしは契約を２週間以内に見つけられないと、強制送還の対象となってしまう。すなわち、最も悪い状況の場合、７カ月間もしくはそれ以上の期間を負債の返済に給料のほとんどを費やし、その上で解雇され、２週間以内に次の雇用主が見つからない場合は、「非合法滞在」の地位に置かれてしまう、という結果になるのである。ATKIのリーダーは、こうした一連の斡旋プロセスを「意図的な売買」であり「トラフィッキング」だと明言していた。

インドネシア人家事労働者に対する搾取の構造はさらに根深い。インドネシア人的資源省は、2002年に「Ministerial Decree on Labor and Transmigration（大臣令104A 号）」と呼ばれる、海外就労に関する政令を定めている。それによって、上述の斡旋業者 PJTKI は、その権限を制度的に保障された。これは、規制緩和を基本的方針としており（APMM 2003: 21）、海外就労に関わる権限を民間の PJTKI に大幅に引き渡し、その裁量を増大させる、というものである。具体的には、合法的に渡航するインドネシア人海外労働者はすべて、PJTKI に登録し、その仲介を受けなければならない、とされている。こうして、いわば政府が表向きにはその役割を民間に委譲することによって、業者の暗躍と搾取の深化、さらに海外労働者そのものの増加、といった一連の問題が深刻化することは明白であろう。

④ 香港におけるインドネシア人家事労働者の組織化

上述したように、香港においては移住家事労働者の結社の権利が認められており、労働組合に参加したり自ら結成することができる。こうした組織化の広がりとサポート NGO のネットワークの存在が、香港における移住労働者が享受できる権利の幅を相対的に拡げていると考えられる。

しかしながら、香港における移住家事労働者の組織化や運動は、主にフィリピン人労働者を中心に展開されてきたこともまた、指摘されてきた（Wee and Sim 2005）。1990年代後半から、上述したインドネシア人労働者の増加に見られるように、移住家事労働者のナショナリティが多様化すると、エスニシティ／ナショナリティを横断した、「移住家事労働者」としての連帯も見られるようになった（小ヶ谷2001c）。こうしたエスニシティを横断した連帯の試みは、受

け入れ社会香港に対する運動を展開する上では、きわめて重要な意義を持っている。フィリピン人とインドネシア人の間に見られるように、資本の側によって、賃金格差をつけられ、移住労働者内部が分断される傾向に対して、労働者の側から対抗する一つの階級運動としても位置づけられるからである。

他方で、上述したような斡旋業者および自国政府によって巧妙に入り組んだ搾取構造が存在しているインドネシア人家事労働者の場合、労働者自身が組織化することで、搾取構造そのものの是正を目指すことはきわめて重要である[17]。実際、香港におけるインドネシア人家事労働者の「相対的劣位」の原因の一つは、英語力やメンタリティといった要素に加えて、フィリピン人の場合と比較した際の組織化の弱さであるとされてきた（AMC & MFA 2000）。しかしながら近年、香港において目覚しいのは「組織を作るのを怖がる」とされてきたインドネシア人家事労働者組織の活動の活発化である。

以下、インドネシア人家事労働者組織である IMWU（Indonesian Migrant Workers Union）、KOTOKIHO（Koalisi Tenaga Kerja Indonesia/ The Hong Kong Coalition of Indonesian Migrant Workers Organizations）、および ATKI（Associasi Tenaga Kerja Indonesia di Hong Kong/ Association of Indonesian Migrant Workers）のリーダーたちへの聞き取り調査から、①香港におけるインドネシア人労働者組織の活動とその展開、および②組織活動がインドネシア人労働者自身にもたらすインパクト、③組織化の困難、などの点について検討することにしたい[18]。

〈IMWU と KOTKIHO: トランスナショナルなアクターとしての活動〉

IMWU は香港における代表的な移住労働 NGO である AMC（Asian Migrant Centre）のサポートの下1999年に労組として発足した組織で、アジアにおけるインドネシア人初の労働組合とされている。KOTKIHO は、IMWU を含めた六つのインドネシア人組織の連合体として2000年12月に発足し、20001年8月に香港政府にソサエティ（社団）として登録している。2005年2月時点でのIMWU のメンバーは2,000人、KOTKIHO は7,000人である。なお、IMWU は、後述する HKCTU（香港職工連盟）に2003年に加盟している[19]。

リーダーへのインタビューによると、IMWU は労組としてのアドボカシー活動を主要に行い、KOTKIHO はインドネシア人家事労働者へのスキル・ト

レーニングの提供やカウンセリング、シェルターの提供といったサービスを実施しているということであった。KOTKIHO の構成団体の中には、より文化や宗教活動に力点を置いて活動しているところもある。

　IMWU は発足当初からインドネシア領事館やインドネシア人的資源省への圧力団体として活動を展開してきたが（安里 2001）、その後 IMWU がインドネシア政府および領事館に対する影響力を強めている。2003年2月、インドネシア人的資源省は、海外インドネシア人労働者が契約を終了ないし途中解雇された場合、新規の雇用を求める場合は必ずインドネシアに帰国しなければならない、と発表した。これは、前節で述べたように、斡旋業者 PJTKI による搾取をますます拡大させることにつながる。この発表を受けて IMWU と KOTKIHO は、同年3月に2,000人のインドネシア人家事労働者を動員して、香港のインドネシア領事館前で反対デモを実行した。また同時に、インドネシア人的資源省に対して異議申し立ての意見書を送付した。香港政府に対しても、インドネシア人的資源省に圧力をかけるよう要請を行っている（AMC & MFA 2003: 144）。

　こうした一連の抗議行動によって、人的資源省は同年4月には、香港においてインドネシア人家事労働者は帰国することなく契約を更新できる、との声明を発表した。しかし香港での契約更新が認められたのは同じ雇用主と再契約を結ぶ場合に限られ、契約途中で解雇された場合には、インドネシアへの帰国がやはり義務づけられた（Ibid.）。斡旋業者からの搾取が最も強い場合は「訓練費」返済後に労働者が解雇されてしまうことを考えると、依然として問題は残っていることがわかる。

　しかしその後、香港における移住労働者の現状についてのリソース・パーソンとして IMWU のリーダーがインドネシア議会に招聘されるなど、インドネシア政府にとっての IMWU の影響力は確実に増大している。また、IMWU が HKCTU に加盟した直後には、香港の労働省がインドネシア人家事労働者の問題を HKCTU との定例会合でアジェンダとして受け入れ、実際状況の改善を求める使者をインドネシア政府に送ったという（HKCTU からの聞き取りによる）。また、IMWU は、2003年に香港において新たに導入された家事労働者雇用主への「外国人雇用税（Levy）」制度[20]と、levy と同額の最低賃金カットに

ついて、他のフィリピン人労組と協働してCTUを通してILOに問題を訴えている。

このようにIMWUの場合は、香港社会における移住家事労働者の権利を行使する形で労組を結成し、地元労組連合に加盟し、それによって、いわば香港政府の後ろ盾を間接的に得ることによって、インドネシア政府に対する影響力を強める、という戦略をとっている。実際、IMWU、KOTKIHO、ATKIのリーダーたちに共通していたのは、香港政府に対する相対的な評価の高さである。「自分たちの権利が保障されている」「組織を作ることができる」といった点から香港政府の政策は積極的に評価されていた。この点からも、給料の切り下げや休日削減などが「生み出されている」構造が、受け入れ政府や香港社会よりも、むしろ送り出しのプロセスそのものに埋め込まれていることが、インドネシア人労働者自身によっても強く認識されていることがわかる。移住家事労働者としての国際移動を通して、彼女たちは一方で斡旋業者やインドネシア政府による新しい搾取の構造の中に身を投じることになる。しかしながら、移動した先の香港で、その構造に主体的に対抗できるような条件が、きわめて限定された形ではあるが、実現されるのである。こうしたダイナミズムは、国際移動を通した一種の「政治的社会化（political socialization）」（Dawson et al. eds. 1969）とも呼べるかもしれない。

次のATKIリーダーへのインタビューから、この点について考察してみたい。

〈ATKI：国際移動を通した「政治的社会化」の諸相〉

ATKIは元々フィリピン人労働者を対象にして開設されていたシェルター、ベチューン・ハウスで生活していたインドネシア人家事労働者が2000年10月に結成したグループである。興味深いことに、筆者らがインタビューしたATKIのリーダーは、インタビューに英語で答えてくれたのだが、「香港に来てから身につけた」という彼女の流暢な英語は、フィリピン語交じりの「タグリッシュ」に近いものであった。

ATKIの当初のメンバーは、ベチューン・ハウスに滞在しながら雇用主との間のトラブルでケースを抱えていたインドネシア人家事労働者だった。ベチューン・ハウスでケースの解決を待ちながら、そこでフィリピン人スタッフ

やサポーターから、カウンセリングなどを受け、ディスカッションやワークショップなどを体験した。2000年当時、ベチューン・ハウスにはフィリピン人の入居者のほうが数は多く、インドネシアは11人だけで、フィリピン人は20人以上いたという。さらに、ベチューン・ハウスの母体NGO、Mission for Filipino Migrant Workers が、組織化についてのトレーニングをインドネシア人家事労働者に提供した。

そこで経験した組織化のトレーニングについて、ATKI のリーダーは以下のように語っている。

　「彼ら〔ベチューン・ハウスや MFMW のスタッフたち〕は私たちに教育を与えてくれた。組織にとっては何が大事か、移住労働者として何ができるのか、など。そして最終的に、私たちインドネシア人労働者の間で、組織を立ち上げることを決定しました……。」

　「どうしたらいいか言われるだけではなく、どうすべきか"ガイド"してくれた。つまり、私たちは blind ではないということ。私たちはただ、新しい〔＝来たばかり〕というだけ。香港について知り始めたばかり。中国語は話せないし、英語も少ししか話せないので事は容易ではない。私たちはできることすべてを最大限使って、情報を得ようとしてきた。」

ATKI のメンバーは設立当初11人から始まり、1年間で24人に増加した。ベチューン・ハウスでケースを抱えていた人に加えて、自分自身はケースを抱えていない人々もメンバーとなった。2005年2月現在、メンバーは約150名に達した。なお、ATKI は IMWU とは異なり、労組ではなく Society（社団）として香港政府に登録をしている組織である。

ATKI は IMWU と同様に、斡旋雇用システムの改善を求める要求などをインドネシア領事館に対して行うといった運動や、香港における最低賃金カット反対キャンペーンなども行っている。しかし、ATKI のリーダーは、こうしたキャンペーン活動に加えて、より力を入れている活動として、香港の労働法（Employment Ordinance）を、一般のインドネシア人家事労働者に周知し、組織への参加を促すことを挙げていた。

114 第2部 再生産労働の国際移転と新たなモビリティ

「実際、香港の労働法はそれほど複雑ではない。たとえ家事労働者でも読むことができ、自信を取り戻した。私たちは何かができる、と。そして、まわりを見わたすと、特にインドネシアの家事労働者が集まるヴィクトリア・パークなどを見ると、すべてのコーナーに座っている人が全員問題を持っている。誰も、どうしたらいいかわかっていない。彼女たちに、どうやって闘うのかガイドする人がいない。」(ATKI リーダー)

こうした活動は、日曜日にインドネシア人家事労働者が集まるヴィクトリア・パークなどで「移動相談所」を開き、そこで個々の労働者の話を聞きながら、展開していくという。ATKI はこのほか、労働問題を抱えたインドネシア人労働者を対象とするホットラインを運営し、相談の受け付けやレクリエーション・イベントの開催、さらにはワークショップやカウンセリング、パラリーガル・トレーニングなども実施している。

特にインドネシア人を対象にしてこうした地道な組織化を進めていく上での困難と、それゆえに採るべき手法について、ATKI リーダーは以下のように述べている。

「〔スハルト政権化で〕私たちは、政治的な活動や組織化、などムーヴメントに加わることが許されていなかった。私たちには、恐怖心がとても強い。仕事を失う恐怖、トラブルに巻き込まれる恐怖。インドネシアではそういう風だったから。組織に加わるな、さもないと殺されるぞ、と。これが、私たちが彼女たち〔ほかのインドネシア人家事労働者〕にアプローチするときに出会う、一つの特性(nature)。」

「でも香港は違う。今私たちは香港にいて、香港政府はインドネシア政府のようではない。少なくとも、信頼がある。私たちは、彼女たち〔=インドネシア人家事労働者〕が少しずつオープンになってから、〔組織に〕リクルートする。すでに私たちのアソシエーションに入ってアクティヴになっている人は、現実をわかっている。でも普通の(ordinary)移住労働者は違う。雇用を失ってしまう、殺される、といった考えを持っている。これがとても複雑なこと。」

第4章　アジアにおける移住家事労働者の組織活動　　115

　さらに彼女の話によれば、インドネシアでの「訓練」期間中 PJTKI も、組織活動に参加したり、業者やインドネシア領事館以外の人間の話は信用しないように、さもなければ雇用契約が脅かされる、と女性たちに教え込んでいるという。リーダーは、「業者は私たちをイノセントにしようとしている」と語った。

　政治学者の R・ドーソンらは個人のレベルでの「政治的社会化」を、「政治の世界についての知識、感情、評価といった政治的志向性を個人がそれぞれ獲得するプロセス」とし、「社会化される個人と、その人を社会化する政治社会、社会諸機関との相互作用の過程である」点を強調している（Dawson et al. 1969〈加藤ほか訳 1989: 63〉）。もともとの政治的社会化の議論は、もっぱら（その）様式が「国民全体の」政治生活にいかに作用するか（同上 : 61）にあった。しかし、本節で取り上げたインドネシア人家事労働者の組織化に関して言えば、従来政治的自我の獲得において前提視されてきた「国民化」とは異なる形での「政治的社会化」が、国際移動を契機として実践されていると言える。もちろん、ここでの「政治的社会化」とは、「政治的に遅れていたインドネシア人が、香港に来てフィリピン人によって政治化された」といった発展論的視座に立っているわけでは当然ない。重要なのは、ATKI のリーダーがいみじくも語ったように、「（私たちは）政治的活動や組織化などムーヴメントに加わることが許されていなかった。私たちには、恐怖心（fear）がとても強」いと自認し、かつ斡旋・雇用システムにおいて圧倒的な力を持っている PJTKI からもこうした活動への参加を牽制されているインドネシア人労働者——そしてそのほとんどが女性である——が、移動を通して政治的活動、ないし組織的活動に関するより多くの選択の機会を持つ、という点である。国際移動を経ることで、受け入れ社会にとっての「非市民」が、制度的保障（この場合は結社の権利とその保障を得ること）によって機会選択の部分的な拡大を経験する、という現実は、理論的にも興味深い。

⑤　地元労組による、移住労働者との「連帯」

　前項で取り上げたインドネシア人家事労働者組織はいずれも、その結成および運営面で、いわゆる移住労働問題を専門として扱う NGO の支援およびアドバイスを受けていた。AMC（Asian Migrant Center）や APMM（Asia and Pacific

116 第2部 再生産労働の国際移転と新たなモビリティ

Mission for Migrants）など、アジアのリージョナル・ネットワークの拠点となる
NGO が、移住家事労働者組織の基盤を支えているのが、香港における一つの
特徴でもある。他方で、地元香港の労働組合や労働者組織の一部が、移住家事
労働者の運動を積極的にサポートしていることも、香港における特徴の一つで
ある。

　通常、受け入れ社会の労働者と移住労働者とは、国家や資本の側の「移住労
働者は国内の雇用を奪う」といった論理によってしばしば分断される傾向にあ
る。また、特に移住家事労働者に関して言えば、移住家事労働者の雇用主が地
元の労組の構成員である、といういわば労働者内部での労使関係が内在してい
る。しかし、香港においては、最も新しい労働組合である HKCTU（香港職工会
連盟。Hong Kong Confederation of Trade Union。以下、CTU）が地元労組として積極
的に移住労働者と連携してきた。様々な障害がありながら、どのように CTU
が移住家事労働者との連帯を実践し、そこにはどのような運動戦略が込められ
ているのか。以下、CTU リーダーへの聞き取りから、明らかにしてみたい。

⑥　移住家事労働者と地元労働者の「連帯」のディスコースと実践

　CTU は、1990年に結成された香港における最も新しい、独立系中道派の労
働組合である。参加している業種は公共部門、あるいはセミ・パブリック・セ
クターが中心で、民間部門では運輸部門に強い。これは、香港の労働構成、労
働市場の状況を反映しているとのことである。加盟者数は2005年の時点で約17
万人である。

　香港においては、地元労働者に対しては団体交渉権は付与されておらず、雇
用主からの解雇も労働法はあるものの、比較的容易であるとのことであった。
そうした中、調査時香港の労働組織率は約23％であるが、アジア経済危機後参
加率は増加傾向にあるという[21]。

　1990年代になって移住家事労働者の組織化が進むようになる中で、CTU は
移住家事労働者との連携、協働を図ってきた。AMC が組織した最初のフィリ
ピン人を中心にした移住家事労働者労組、ADWU（Asian Domestic Workers'
Union）が1994年には移住労働者組織として始めて CTU に加盟している。

　CTU の移住労働者との連携の基本理念は、リーダーによれば2点に集約さ
れる。一つは、移住労働者も自分たちと同じ労働者だ、という基本原則。そし

てもう1点は、移住労働者の権利を守ることは、結果的に香港のローカル労働者の雇用と権利を保護する、というロジックである。後者の点は、以下のような意味を持っている。すなわち、最低賃金制度（Minimum Allowable Wage）など移住労働者の労働条件の「ボトム・ライン」が維持されないと、雇用主側はより搾取しやすくさらに低賃金で雇える移住労働者のほうを選好するようになる。そうなると結果としてローカルな労働者の雇用が移住労働者に代替されることになる。ゆえに、移住労働者の最低限の労働条件の確保や権利の保持は、言わば移住労働者の数を一定程度に保ち、ローカルな雇用を守るための一つの方途である、という論理である。こうしたスタンスからCTUは、1998年の最初の移住家事労働者の最低賃金引下げ案が政府に提出された際に、移住家事労働者組織とともに反対キャンペーンに参加し（安里 2001: 19）、その後も移住家事労働者組織との連携を続けている。

　特に近年CTUが力を入れているのは、インドネシア人家事労働者の低賃金（underpayment）問題である。既出のIMWUも2003年にCTUに正式に加盟している。

　インドネシア人労働者の問題をいかに戦略的に取り上げているかについて、CTUリーダーは以下のように述べている。

　「ローカル労働者を雇うためには、マイグラントが搾取されないようにしなければならない。我々はこの議論を、政府にもっと真剣に法律を実行するように圧力をかける手段として用いている。」

　「特にそこで選んだのがインドネシア人労働者のケース。移住家事労働者には、最低標準賃金制度がある。しかしこれはインドネシア人労働者には、ほとんど適用されていない。なので、ますます多くの雇用主が、ローカル労働者を雇いたがらなくなる。虐待でき、搾取できるインドネシア人のほうへ向かう。なので、もしインドネシア人労働者の権利が高められれば、ローカル労働者がより多くの雇用を得られることになる。この論理を我々は使っている。」

ここには、より低賃金で雇用されるインドネシア人労働者の条件を改善する

ことでその数を制限し、それによってローカルな労働者の雇用確保を実現するという、二段階の戦略がある。実際、CTU のこの戦略は、すでに述べたようにインドネシア人家事労働者の問題に対する香港政府の認識を高める、という意味では成功している。たとえば、IMWU の CTU への加盟後に行われた定例の労働省と CTU との会合では、政府側がインドネシア人労働者の問題を公式のアジェンダに盛り込んできたという。香港政府側がインドネシア人労働者の置かれている状況を「労働問題」として認識したことの意義は大きい。実際、その後香港の労働省によるインドネシア人家事労働者の状況への理解が深まり、インドネシア人家事労働者の労働裁判への対応も、以前と比べて迅速になったという。

　　「移住労働者は、自分たち自身が本当に力（force）になるために、結集しなければならない。そしてもう一つは、移住労働者がローカルな労働運動の一部にならなければならない。この二つが、移住労働者の権利保護を獲得するための鍵であると思う。」

　リーダーのこの言葉は、既出の ATKI のリーダーが同じように語った「私たちは、自分たちのためだけのキャンペーン、というのはしない。すでにもう、自分たちもローカルの組織だと考えている。なぜなら、私たちはここ（香港）にいるのだから」という言葉と呼応している。
　しかしこうした移住家事労働者と香港のローカル労働者との連帯の理念だけでは、CTU のローカルな構成員に働きかけるには当初は不十分であったという。そこで CTU は、できるだけ移住労働者と CTU メンバーとが直接に顔を合わせ、個人的な関係として移住労働者と知り合う機会を作ることに努めた。多言語通訳の問題などもあったが、直接自らの経験や問題を語る移住労働者との遭遇は、CTU のメンバーに大きなインパクトを与えた、とリーダーは述べていた。究極的には自分たちの権利保護につながる、という理由から移住家事労働者との連帯を訴える実践的かつ理念的戦略と同時に、こうした地道な実践の積み重ねが、移住家事労働者組織から信頼できるパートナーとして CTU を挙げさせるまでの関係構築につながっているのだろう。

⑦ 「連帯」への障壁

しかし、こうした移住家事労働者との「連帯」は、当然多くの障壁を抱えている。その一つは、CTU に対する外部からの批判である。1996年に、労働法の妊娠・出産の権利（maternity protection）規程から移住家事労働者を除外するよう雇用主団体と保守系議員が訴えるという動きがあった。これに対して、移住家事労働者組織とともに CTU も反対意見を表明した。こうした CTU の立場に対して、批判の電話や事務所への嫌がらせなどが相次ぎ、手榴弾が投げ込まれる、といった騒ぎも起こった。当時の批判の主要な論点は、「アウトサイダーのために、ローカルな資源を使うべきではない」というものだったという。CTU リーダーは、「香港の多くの人たちが移住労働者を労働者と考えていないことが明らかにわかった」と語っていた。

こうした組織外部からの批判に加えて、移住家事労働者との連帯には、根本的なジレンマ、すなわち、「移住家事労働者の雇用主が多くの場合、CTU のメンバーでもある」という現実が常につきまとっている。原則としての移住家事労働者との連帯に異議を唱える者はいないが、具体的な問題への対処において、ローカル労働者と移住家事労働者との間のバランスは常に危ういものがある。最も素朴な問題としては、たとえば移住家事労働者の賃金アップを訴える場合、その上昇分は実際には雇用主である CTU のローカルなメンバーの負担を増やすことになる。またより複雑な問題としてリーダーが挙げたのが、2004年4月に導入された外国人雇用税（levy）月額400香港ドルの移住家事労働者への適用と、税と同額分の最低賃金カットの問題である。もともと levy は家事労働部門以外の移住労働者には以前から適用されていたものであるが、雇用主が支払うこの税金は、労働者再訓練委員会（Employee Retraining Board）という準政府機関に投入され、香港のローカル労働者の再訓練費用に充てられる。すでに述べたように、移住家事労働者側は、この新制度は自分たちの賃金カット分を地元労働者の再訓練に充てるという意味で、二重の搾取である、と反対している。しかし CTU としては、地元労働者への再訓練予算の確保は重要であり、もしも移住家事労働者側に同調して雇用税の廃止を促せば、結果的に地元労働者への不利益を生むことになってしまう。まさに、「政府によって非常に巧妙に、労働者間の分断、コンフリクトが作られようとしている」（CTU リー

120　第2部　再生産労働の国際移転と新たなモビリティ

ダーの発言）状況にあって、移住労働者との関係を維持しつつも、ローカル労働者から「移住労働者のほうを、より支援している」と思われないための戦略が求められたのだ。インタビュー時点では、CTU としては雇用税廃止という論理ではなく、むしろ引き下げられた最低賃金をいかにして取り戻すか、というほうに力点を置いた運動を展開するよう移住家事労働者側に働きかけようとしている、とのことであった。

　このように、移住家事労働者にとってはきわめて強い後ろ盾となっている地元労組との連携関係も、①労働者としての連帯、②国内雇用の保護という地元労組の最大目的、③組織内での雇用主―家事労働者関係、という三つの要素／条件が常にせめぎ合う、決して安定的とは言えないバランスの上に成り立っていることがわかる。これは言ってみれば、移住家事労働者の存在が受け入れ社会の労働運動にも一定のインパクトを与えている、ということでもあるのだろう。

⑧　「女性労働者」としての連帯

　CTU にとって、移住家事労働者との連帯は、「労働者」同士の連携を念頭に置いていた。しかし移住家事労働者の大多数はまた、「女性」労働者でもある。上述したように、家事労働者と地元労働者との間には、労使関係が存在しているだけでなく、その雇用主と家事労働者が同じ「女性」であることによって、国境を越えた女性内部の階層差を抱え込んでもいる。しかし、「女性労働者」としての共通の問題意識、権利運動が存在しないわけではない。主に主婦を含む低所得層女性や失業女性を組織する Women's Workers Association（以下WWA）でのインタビュー[22] からは、この「女性労働者」としての連帯のディスコースが見て取れる。

　WWA は1989年に発足し、2005年現在メンバーは200人ほど、ネットワークとしては2,000人ほどの規模になる組織である。低所得層の女性労働者の権利アドボカシー活動を行っているほか、具体的には相談活動などのコミュニティ活動、不安定雇用に対する労働相談、そして協同組合活動などのプログラムを行っている。移住家事労働者との関係で言うと、CTU の場合その構成員が雇用主であったのに対し、WWA の場合は大陸からの新移民で清掃業や家事労働部門で働く女性たちも参加し、より「女性労働者」としての状況が移住家事労

働者と近い関係にあると言えるだろう。

WWA が移住家事労働者との連携を行うようになった具体的な時期は明らかではないが、特に1999年の移住家事労働者に対する母性保護改正案（移住家事労働者が妊娠した場合、雇用主は被雇用者と合意した金額を払うことで雇用契約を解除できる、との変更案）反対キャンペーンの際に強い協力関係を持つようになった。

WWA の移住家事労働者に対する「連帯」のディスコースは、以下の二つからなる。一つは、移住労働者もローカルな労働者と同じ権利を持つべきであり、外国人であっても女性として労働者として産休は必要、というもの。いま一つは、移住家事労働者が低賃金で母性保護もないと、女性が行う仕事の価値が低く見られることにもつながってしまう、という論理である。すなわち同じ「女性労働者」である移住家事労働者の権利が剥奪されることは、「女性労働者」全体にとっての損害である、とする立場であると言えよう。

たとえば前出の外国人雇用税による国内労働者の再訓練事業については、WWA は以下のような立場をとっている。特に失業女性を支援する立場から、失業者には再訓練の受講を勧めている。しかしながら、その資金が移住家事労働者の賃金を引き下げることで運営されることは、移住家事労働者に対して不公平である。さらに、香港の女性労働者の失業問題の原因は移住家事労働者が原因ではない。失業の原因は、雇用政策や経済政策の問題であって、個々人の技能の問題でもない――「女性」労働者内部に作られる分断に惑わされず、移住家事労働者の問題を「香港における女性労働問題」の一つとして考えていこう、というのが WWA の基本的な立場であると言えるだろう。

こうした理念を掲げた上で、WWA もまた、ローカルの女性労働者と、移住家事労働者の具体的な交流の場を増やそうとしている。移住家事労働者用のシェルターを、自分たちのメンバーに訪問させたり、事務所で移住家事労働者と情報を共有したり、という直接的な接触の経験がここでも重視されている[23]。

以上、香港におけるインドネシア人家事労働者の現状と組織化、および香港の地元労組による移住家事労働者との連帯の取り組みとその方向性について概観してきた。インドネシア人家事労働者の相対的なヴァルネラビリティの高さは、その多くが斡旋業者（PJTKI）の圧倒的な支配と搾取の構造から生み出さ

れている。ゆえに、インドネシア人家事労働者の組織化にとっては、自分たち
の権利状況の改善を香港政府に対して求めるだけでなく、斡旋業者による搾取
構造の是正を受け入れ・送り出し双方の政府に求めることが重要になる。組織
化の過程や組織活動の展開の中で、移住家事労働者は、国際移動を通した「政
治的社会化」とも呼べるような経験をする。それを可能にする条件が、受け入
れ社会における結社の権利であり、受け入れ社会においては非市民（non-citi-
zen）とされる移住家事労働者が、一種トランスナショナルな次元で政治的選
択機会の拡大を経験する、というダイナミズムが生まれている。他方で、受け
入れ社会における地元労組との連帯は、「同じ労働者として」という理念のみ
ならず、実際には地元雇用の確保と総体的な意味での女性労働者の地位維持と
いったそれぞれの組織の目的に沿う形で実践されている。常にあやういバラン
スではありながらも、移住家事労働者にとって後ろ盾となる地元労組との連帯
は同時に、香港における労働運動にも変化をもたらしていると言えるのではな
いだろうか。

(2) シンガポールに見る、移住家事労働者とホスト社会の「市民社会」との接続

シンガポールは、アジアの中でも市民社会に対する国家の規制がきわめて強
い国としても知られている。制度的・社会的に様々な困難を抱えがちな移住家
事労働者に対する市民社会としての支援も、これまでは教会を基盤とするエス
ニック組織、あるいは一部のシンガポール人ボランティアによって担われるの
みであり、かつその内容も「移住労働者の権利」を訴えるというよりもできる
だけ「非政治的」な活動を行うことに注意が払われてきた。同じく代表的な移
住家事労働者受け入れ先である香港での移住家事労働者の「結社の権利」や、
移住労働関連 NGO の香港での積極的な取り組みとしばしば比較されることも
多い。1980年代半ばに、治安維持法の下で移住家事労働者支援組織の活動家た
ちが逮捕・追放された事件が起こるなど、事実上の独裁政権下での「管理国
家」として名高いシンガポールは、シンガポール国内の外国人人口としては最
大を占める移住家事労働者にとって「生き難い土地」であるとされている。

しかし、1990年代後半以降、シンガポールにおける NGO をはじめとする

「市民社会（Civil Society）」のスペースは徐々にではあるが拡大の傾向を見せている。1998年にはシンガポールにおける「市民社会」の構築を目指すネットワーク、TWC（The Working Committee）が発足した。このTWCによるシンガポールにおける「市民社会づくり」の最初のプロジェクトとも呼べる、TWC 2（The Working Committee 2。後に、Transient Workers Count Too）として始まったのが、移住家事労働者の権利に関するキャンペーンであった。受け入れ社会において――とりわけ、移住家事労働者の社会的定着を拒むシンガポールにおいて――「非市民（non-citizen）」である人々の「権利」「尊厳」を守る運動が、シンガポールの「市民社会（civil society）」の構築においてどのような目的を持ってどのように動員されたのか。こうした問いは、視点を変えれば「移住者」の社会的位置をめぐるポリティクスの中で、どのように「非市民」と「市民」とが接続されたのか、という興味深い論点を提示する。

　本項では、TWC 2が誕生するにいたったシンガポールの市民社会の動向や、シンガポールおける移住家事労働者支援のこれまでの経緯、TWC 2のキャンペーンの展開などを概観し、移住労働者が「最も身近な他者」として、ホスト社会における市民社会構築の動きと結びついていく過程と、そこに内在する可能性と限界について考察してみたい。

①　シンガポールの移住家事労働者

　ここで、シンガポールにおける移住家事労働者の概況について簡単に触れておこう。2005年の時点で、シンガポールには15万人の移住家事労働者が就労していた（Gee and Ho eds. 2006: 6）。シンガポール政府は、家事労働者に限らず外国人人口の統計を正式に発表していないため、この数字はStraight Timesなどのメディアの概算に基づいている。シンガポールにおける移住家事労働者の雇用は1970年代から開始されており、2005年時点ではフィリピン人約7万人、インドネシア人約6万人、スリランカ人約1万2,000人という内訳となっていた（Abdul Rahman et al. 2005: 237）。2010年には20万1,000人の移住家事労働者がいるとされており（TWC 2調べ）、これはシンガポールの全世帯の20％が1人以上の移住家事労働者を雇用していることになる。

　シンガポールの移住労働者政策は元来、専門家、技術者、熟練労働者に与えられる就業許可証（Employment Pass: P PassおよびQ Pass）と、それ以外のいわ

124　第2部　再生産労働の国際移転と新たなモビリティ

ゆる半熟練・非熟練労働者に与えられる労働許可証（Work Permit: R Pass）の二つの条件の異なる就労許可制度によって管理されてきた。前者は、家族の帯同が可能だが、家族の範囲がどこまでに及ぶかは、シンガポールにおける収入によって異なる。移住家事労働者の場合は後者の労働許可証保持者に該当し、その中でも最も低い位置にランクされており、家族の帯同はもちろん許されていない[24]。

　またシンガポールの移住労働者政策の特徴とされるのは、外国人雇用税（levy）がすべての雇用者に対して課されていることである。この雇用税の額も、職種および雇用主体の規模によってランクづけされており、おおむね専門度が高い業種にあっては額が低く、その逆は高い、という構成になっている。人口の少ないシンガポールでは、有能な人材を海外から引き寄せることにはきわめて積極的であるため、専門・技術職の外国人はより雇いやすく、低技能とされる職種は最低限の数のみを確保する、という方策を雇用税を通じて実施していると言える。家事労働者は、これまで最も外国人雇用税が高い職種に属していたが、年々その雇用税は引き下げられている。たとえば1999年には月額345シンガポールドルであった家事労働者の外国人雇用税は、2007年4月現在、295シンガポールドル（12歳以下の子どもか65歳以上の高齢者のいる世帯では200シンガポールドル）にまで引き下げられている。これは、高齢者介護も含めてシンガポールにおける移住家事労働者への需要が伸びてきていることを示していると言える[25]。

　こうした中でもとりわけ、移住家事労働者に対するシンガポール政府の管理の目は厳しい。たとえば移住家事労働者はシンガポール人との結婚を禁じられているほか、6カ月後とに妊娠検査が義務づけられており、妊娠が判明した時点で帰国を命じられる、というルールもある。「労働力としては必要だが、社会的には定着させたくない」労働力として、移住家事労働者が位置づけられていることが、こうした方針から読み取れる。他方で、移住家事労働者に対する最低賃金の設定や標準雇用契約などはこれまで定められてこなかった[26]。このように、数的にはシンガポールにおける最大の外国人人口でありながら、政府にとっては「労働力としては必要だが社会的には定着させたくない」存在であった移住家事労働者は、しかしながらシンガポール社会を影で底支えし続け

てきた、きわめて身近な「他者」であった。この「他者」への処遇をめぐってシンガポールの「市民社会」がどのような動きを見せているのだろうか。

②　シンガポールにおける国家と「市民社会」

シンガポールにおける NGO の変遷について論じた田中によると、1965年にマレーシアからの分離独立を果たした後、与党人民行動党 PAP による事実上の独裁政権となった管理国家シンガポールの市民社会は、政府による社会サービスの徹底化方針と表裏一体となって、その活動範囲を狭めていったと言う（田中 2001: 254）。中でも、1987年に起きた「マルクス主義国家転覆事件」は、シンガポールにおける「市民社会」の動きと、同時に移住労働者支援の変遷を考える上でもきわめて重要なできごとであった。

この事件は、1987年5月6月にかけて政府が治安維持法を発動し、22人の活動家、教会や NGO の指導者、研究者などが「マルクス主義的国家転覆計画」に関わったとして逮捕されたものである。このうち16人はシンガポール学生キリスト教運動（The Students Christian Movement of Singapore）や青年キリスト教労働者運動（The Young Christian Workers' Movement）など教会関連の社会活動グループのメンバーや弁護士であり、彼らは「外国人のためのカトリック・センター」を設立して主として移住家事労働者の人権を守るべく、活発な活動を行っていた（田村 2000: 230）。田村（2000）によれば、この逮捕事件は、「宗教団体の活動が大勢雛に転ずる前の予防措置」であり、かつ、英語教育を受けたこれらの活動家たちと移住労働者とが主として宗教を通じて団結することを恐れたものでもあったという（前掲書: 231）。その後、シェルターは閉鎖され、移住家事労働者支援活動に関わっていた教会関係者などもシンガポールを離れていった。

87年の事件は、シンガポール政府が市民社会と対峙する際に、シンガポール社会にとっての「他者」である移住労働者の存在が、国家と社会との緊張関係の只中に位置づけられた、という点で、本項が関心を寄せる TWC 2 による移住労働者の権利運動と興味深い共通点を見せている。結論を先取りすれば、1987年の時点で、移住労働者とその支援者としてのシンガポール人の連帯に大きな脅威を抱いたシンガポール政府の態度が、2002年以降の TWC 2 による「移住家事労働者の権利」キャンペーンにおける容認や協力へと、変化してき

126   第2部　再生産労働の国際移転と新たなモビリティ

ているとも言える。

〈1990年代からの変化〉

　1990年のリー・クアンユーからゴー・トク・チョンへの表面上の指導者の交代は、一定の変化をシンガポールにもたらした。特に政策の中に「市民社会（Civic society）」という語が登場するようになったのもこの時期からである。ヨー情報文化大臣による有名な「Civic society, Active Citizenry」スピーチを皮切りに、1990年代からのシンガポールの国家目標の中に「市民社会」というタームが顔を出し始めるようなる。実際、21世紀のシンガポールのビジョンを示した「シンガポール21」においては、①すべてのシンガポール人は大切である、②家族の強さ、③すべての人への機会、④シンガポールへの情熱、と並んで⑤ Active Citizens: make the difference が掲げられている。「よき市民」像の提唱を、国家ナショナリズムと結びつけていくこの試みは、様々な批判を受けながら、しかし少しずつシンガポールにおける「市民社会」のスペースを広げていった。

　しかしながら、Lee（2005）は、Civil Society と Civic Society の違いについて次のように論じている。すなわち、Civic という言葉は「義務／責任（responsibilities）」と結びついており、これはシチズンシップ（citizenship）が前提とする「権利（rights）」概念とはむしろ対極にあるというのである（Lee 2005: 138）。

　「権利」言説にこだわらないどころか、むしろ「権利」という言葉を回避するような傾向は、後述する TWC 2 においても明らかである。「権利」よりも「尊厳（dignity）」という言葉を好んで使っていることにもそれはあらわれていよう。「権利」という「政治的」な言葉を回避する、という傾向は、きわめてシンガポール的な特徴と言える。

　この点に関連して、シンガポールの Civic Society と国家の関係を考える上で興味深い概念として、「OB（Out-of Bound）マーカー」という考え方がある。これは、政府がどこまで Civic Society からの批判や議論を許容するか、というまさに「しるし」を指している。1994年に、政府批判の投書に対する政府上層部の発言から明らかになったこの「OBマーカー」は、明確な基準のない曖昧なものであるにもかかわらず、シンガポール政府が提唱ないし許容する Civic Society が、その外縁を国家によってしっかりと境界づけられた空間であることを明示している。こうした「OB マーカー」の存在や、政府による事実上の介入を指して、リー（Terence Lee）が「ジェスチュアル・ポリティクス」と呼ぶこのシンガポールの「市民社会」をめぐる政治は、しかしながら、決してそれ自体が中身のない空虚なものだったとは言えない。少なくとも、移住家事労働者の処遇に正面から取り組む TWC 2 の活動が、社会として政府に許容される素地が作られたのであるから。これが、TWC 2 の前身となる TWC（The Working Committee）の登場を生む素地を作ったと言える。

〈TWC（The Working Committee）の結成〉

　TWC は1998年、「シンガポールに市民社会を作ろう」という活動家や知識人のネットワークとして発足した。発足当初の目的は、シンガポールに市民的「公共空間」を作ることそのものが目標であり、TWC 自体も10カ月と期限を定めた「キャンペーン」という形で活動していった。環境、人権、メディア、芸術、セクシュアリティ、といった様々な分野で活動してきた市民団体や個人が集結した。主な活動としては、数回にわたるフォーラムを開催し、NGO 間のネットワークの強化や、次に続くような市民社会の活動を促すことが試みられた[27]。シンガム（Consance Singam）らの記録を読むと、まさに「OB マーカー」を踏み外さないようにしながら自分たちの目的を達成しようとする TWC のメンバーの葛藤や配慮がよくわかる。特に TWC の結成当初、政府に対する恐怖心がメンバーの中に強く見られていたことは明らかである。

　たとえば以下のようなくだりがある。

　　「…〔メンバーの〕何人かからは、外国からの助成金を受けることへの難色が示された。明らかだったのは、それが〔シンガポール〕政府にどのように受け入れられるか、という点であった。」（Perera and Ng 2002: 93）
　　「…多くのメンバーが、1987年の『マルクス主義者共謀事件』の記憶を背負っていた。政府による取り締まりは、依然として彼らの記憶の中に鮮明に残っていたのだった。」（Gomez 2002: 100）

また、TWC の活動全体の最終的な総括として、特に国家との関係をシンガムらは以下にようにまとめている。

「〔TWC の活動過程であった複数の限界のうちの一つは〕恐怖と不確実性という、活動を不能にするような環境であった。団体法（Societies Act）と治安維持法（Internal Security Act）への恐怖は、アドボカシー活動に対する政府の態度をめぐる不確実性、すなわち自由な集会、対話、社会的活動（initiative）や脅威を伴わない結社活動に対する透明性の欠如とともに、市民社会の活動を不自由にさせる障壁を作り出した。こうした環境にあって、協働と信頼の文化、市民社会の文化を築くことは難しい。国家がどのような反応を示すかを、常に案じ重要視するという感覚が存在しているのだ」（Singam and Kee 2002:155）

このように、約 1 年間のキャンペーンとして幕を閉じた TWC の活動は、シンガポールにおける市民社会の活性化の可能性を開くと同時に、それがまた政府の監視とどのような折り合いをつけるか、という課題を再び明らかにしたのであった。こうしたシンガポール固有の課題を抱えながら、TWC の経験と、その頃並行して展開を見せ始めていたシンガポールにおける移住労働者支援の取り組みとが、結びつき、結果として TWC 2（The Working Committee Two）のキャンペーンへと結実していくのである。

③ シンガポールにおける移住労働者支援運動の特徴

1987年の「マルクス主義政府転覆事件」での一斉逮捕を受け、政府との関係にトラウマを抱えたシンガポールの市民社会の中でも、とりわけその直接的なターゲットとなった移住労働者支援運動は、事件の影響をより内面化していった。その結果が、移住労働者——主用には家事労働者——に関わる市民活動の「非政治化（de-politicization）」である。「非政治的」な活動の一つとしてシンガポールで主流となったのは、移住家事労働者に対するスキル・トレーニング（技術訓練）のプログラムであった（本章第 2 節参照）。

たとえば前出の FILODEP では、コンピューター、タイピング、美容、ギター、縫製、手芸、料理、英語といったクラスが開講されている。新規参加者

第4章　アジアにおける移住家事労働者の組織活動　129

にはオリエンテーションが実施されるほか、年に一度はフェスティバルが開か
れ、各技術訓練クラスが日頃の成果を発表したり作品を販売したりする。そこ
には、家事労働者の雇用主やその子どもたちなども訪れ、親睦も図られる。こ
うした「非政治的」な技術訓練活動は、その他の教会ベースのフィリピン・コ
ミュニティの活動などにも共通している。

　また、1995年には世界的にも広く知られる「コンテンプラシオン事件」がシ
ンガポールにおいて起こった。殺人の疑いをかけられ死刑宣告を受けたフィリ
ピン人家事労働者フロール・コンテンプラシオンの減刑を求めるフィリピン政
府とシンガポール政府との外交上の問題にまで発展したこの事件は、フィリピ
ン国内において「海外労働者の権利保護」という問題を浮上させた。結局コン
テンプラシオンは処刑されたが、この事件を受けたフィリピン政府は、「移住
労働者と海外フィリピン人に関する95年法（共和国法第8042号）（The Migrant
Workers and Overseas Filipino Act of 1995: RA8042）」を定め、海外労働者の保護に力
を入れることを宣言した（第6章参照）。その具体的な効果への評価は別にして
も、コンテンプラシオン事件は、送り出し国フィリピンにとって、「労働者の
保護」を政策化する重要な契機となったのである。とりわけコンテンプラシオ
ン事件の舞台となったシンガポールのフィリピン大使館は、海外労働者支援の
ためのパイロット・ケースとして、重点化されるようになる。すでに1987年の
フィリピン海外労働者福祉庁（Overseas Workers Welfare Administration: OWWA）
の発足以降シンガポールのフィリピン大使館には雇用主の下を逃げてきた家事
労働者用のシェルターが設置されていた。しかしコンテンプラシオン事件を機
に、家事労働者の虐待など個別のケースへの取り組みが重視されるようになっ
たのと同時に、スキル・トレーニング・プログラムも整備されていった。その
後2001年には、フィリピン政府とシンガポール政府の共同事業として Bayani-
han Center が開設され、フィリピン人家事労働者の組織である Filipino Over-
seas Workers of Singapore（FOWS）とフィリピン大使館の共同でのスキル・ト
レーニングが、家事労働者を対象にして展開されている[28]。

　要約すれば、1987年の支援者追放事件と1995年のコンテンプラシオン事件と
前後して、シンガポールでは教会や大使館を中心にした移住家事労働者支援が
再編されていった。しかしそれはきわめて「非政治的」な装いを全面に出すも

のであった。スキル・トレーニングが主要なプログラムとなり、シンガポール人による移住労働者の支援という80年代後半に見られた構図よりも、エスニック・コミュニティでの自助活動、ないしは教会という場での慈善活動、という色彩を強く帯びたのである。

〈新しい局面への胎動：CMI（Commission for Migrants and Itinerants）の活動〉

しかしながら、教会を中心にした活動にも変化が見え始める。1998年にシンガポールのカトリック教区委員会の中に作られた Commission for Migrants and Itinerants（CMI）の活動がそれにあたる。特に CMI は、シンガポール人による移住家事労働者問題へのコミットメント、という点において、特徴的であった。CMI リーダーのブリジット・ルー（Briddget Lew）は、2000年にフィリピン政府から Bagong Bayani Award（現代のヒーロー賞）（第7章参照）を得るなど、すでにフィリピン・コミュニティからのその熱心な活動において、信頼を得ていた。また、シンガポールの移住家事労働者関連の組織としては珍しく、フィリピンを中心とした送り出し国をはじめとする海外の NGO や教会組織とのネットワーキングに力を入れていた[29]。

CMI は、他の教会関係団体と同様に移住家事労働者向けスキル・トレーニング活動を行っていたほかに、シェルターの設立や、シンガポール人ボランティアの活用、そして何よりもシンガポール人的資源省（Ministry of Manpower: MOM）や雇用者との対話に重点を置いていた点が特徴と言える。この点が、他のエスニック・コミュニティの自助組織とは異なった CMI の活動であると言えよう。相談を持ち込んできた家事労働者のケースを MOM に持ち込むほか、頻発する移住家事労働者の虐待や労働問題について積極的にメディアから取材を受けるなど、その後の TWC2 の活動につながるようなアドボカシー活動も行っていた。その後、CMI を離れたリーダーのルーらが HOME（Humanitarian Organization for Migration Economics）を設立。現在はこれまでの支援活動のほかに、「より適正な雇用」を目指した「健全な」斡旋業務も実践している。この点も、シンガポール市民社会のプラグマティズムを強く反映していると言えよう。

第4章 アジアにおける移住家事労働者の組織活動　131

　以上見てきたように、①国家ナショナリズムと結びついた形での「active citizen」への相対的な寛容さの拡大、②TWCのような市民社会側からのイニシアティブ、そして③CMIのような移住家事労働者支援組織の側の活動の充実、といった背景をもとに、以下で述べるTWC2（The Working Committee Two）の発足、およびその後団体として登録されることになる新生TWC2（Transient Workers Count Too）の誕生、という一連の流れがシンガポールにおいて生まれてきたのである。

④　TWC2（The Working Committee Two）の取り組みと意義
〈TWC2の歩み〉

　TWC2が発足する直接的な契機となったのは、2001年12月に起こったインドネシア人家事労働者ムアワナチュル・チャサナー（Muawanatul Chasanah）の死亡事件だった。彼女は雇用主の下で16カ月間就労していたが、雇用主の子どもの食べ物を勝手に食べたとの理由で雇用主から殴る蹴るの暴行を受け、その翌日腸の破裂による腹膜炎で死亡した。検死の結果、彼女の体には200カ所を超える虐待の痕跡が発見され、就労開始時から比べて死亡時には体重が14キログラムも減少していた（Gee and Ho eds. 2006: 64）。

　シンガポールにおいては、「メイド虐待（maid abuse）」問題はこれまでもしばしばメディアで取り上げられていた。しかしムアワナチュルの死亡事件がシンガポール社会を驚かせたのは、雇用主の虐待行為を周囲の人間が止めなかったことであった。ムアワナチュルの雇用主ナンの隣人の1人は次のように発言した。

　　「私には関係のないことだ。彼（ナン）の好きにすればよいのだから。それは彼の問題だ。結局、神のみぞ知る、ということかな。」（Gee and Ho eds. 2006: 64）

　この発言により、シンガポールにおける「市民的関心（civil concern）」の欠如を痛感した市民や団体──その中にはTWCのキャンペーンに関わっていたメンバーたちがいた──TWCの意志を引き継ぐ第2弾のキャンペーンとして、移住家事労働者の問題を取り上げるTWC2（The Working Committee Two）

132 第2部 再生産労働の国際移転と新たなモビリティ

キャンペーンを2003年2月に正式に立ち上げたのである[30]。

　Society（社団）として政府に登録するという手法をとらず、アドホックな9カ月間のキャンペーンという形をとった点でTWC 2は前述したTWCを踏襲していた。また、結成当時から、政府との対決姿勢を望まない、という点でもTWCの方向性と一致を見ている。

　2003年2月に正式な発足を表明したTWC 2の目的は以下のように設定された。

【TWC 2の活動目的】（Gee and Ho eds. 2006: 73）＊日本語訳は筆者

　TWC 2の目的は、教育を通して家事労働者への尊敬を促進し、立法その他の手段を通じて家事労働者へのよりよい処遇を獲得することである。

　私たちTWC 2のメンバーは以下のことを信じる。

1. すべての労働者（labor）は価値を認められるべきであり、シンガポールの経済・社会的福利（well-being）への家事労働者の貢献は、承認されその価値を認められるべきである。

2. すべての人は尊敬と尊厳を持って扱われる権利がある。それは、人種、肌の色、ジェンダー、言語、宗教、階級などに基づくあらゆる種類の差別を伴わない。

3. 何人も非人間的ないしは品位を下げるような処遇や処罰の下に処されるべきではない。

4. 何人も休息と余暇、適度の労働時間と休日、公正な賃金に対する権利を持つ。

5. 雇用主には、雇用契約書の内容に同意しそれを遵守する適格な家事労働者を雇う権利がある。

6. 雇用斡旋業者は、責任あるプロフェッショナルな方法で、上に挙げられた諸目的に沿った形で業務を執行しなければならない。

　これらの活動目的からもわかるように、TWC 2の活動は、移住家事労働者の問題を、当事者の労働者以外にも雇用主や斡旋業者、さらには政府も巻き込んだ形で取り上げようとするものであった。

2003年の9カ月間で、TWC 2 は以下のような活動を行った。

・2月14日：TWC 2 の活動目的と行動計画を公式発表。

・3月：'Domestic Workers Speak'（「家事労働者が語る」）フォーラム開催。フィリピン、インドネシア、スリランカ出身の移住家事労働者が話題提供

・4月・5月：TWC 2 メンバー内でのワークショップ。五つの研究課題を検討。

・5月：主として移住家事労働者の雇用主を対象としたホットラインを開設。フィードバックの中から最も建設的なものを表彰し、メディアに公表。

・7月：移住家事労働者問題に関する関係各者による対話を実施。

・7月：シンガポール女性委員会（Singapore Council of Women's Organisations: SCWOs）との共催でパブリック・フォーラム 'Maid in Singapore: The Foreign Domestic Worker Issue, Its Cultural Dimensions and Alternatives' を開催。家事労働者の雇用者層へのアプローチを目指す。

・9月：16人の芸術家による展覧会 'The house WORK project' を開催。家事労働やそれに携わる人々がいかに価値を認められていないのかを認め、家事労働そのものへの態度を再検討することを目的とする。

・9月：ユース・フォーラムの開催。

・10月：'Sundays Off'（日曜日を休日に）キャンペーンを開始。

・10月：子ども作文コンテスト 'The Maid at Home'（私の家のメイド）の優秀者を表彰。シンガポール全土から40校2,000人の生徒が応募。

・10月・11月：写真展 'A Day Off'（休日）開催。移動写真展も。

・11月25日：「女性への暴力に反対する国際デー」キャンペーンとして、女性への暴力に反対する男性に白いリボンを身につけるよう呼びかけ。行進は許可されなかったが、Jalan Awam 刑務所の受刑者が作成した6万個のリボンが配布される。TWC 2 のパブリック・エデュケーションキャンペーンの終了。

　これらの活動から見てとれるのは、移住家事労働者の処遇改善そのものを訴えるというよりも、シンガポール社会への「教育・啓蒙」活動に力点が置かれていることである。移住家事労働者の雇用主や、その子どもたちに家事労働者の「尊厳（dignity）」を認識させることこそが、2003年時点での TWC 2 の主要な活動目的であったとも言えるだろう。すなわち、移住家事労働者の問題を取

134 第 2 部 再生産労働の国際移転と新たなモビリティ

り上げることを通じて、「よりよいシンガポール」づくりが目指されたのである（Gee and Ho eds. 2006: 72）。

〈TWC 2 と移住家事労働者の「権利」〉

TWC 2 の試みが興味深いのは、以下の理由からである。移住労働者の権利、特に「定住」型ではなく、一時的滞在者としての移住労働者の権利を受け入れ社会においてどのように確立するか、という問いは国連「移住労働者とその家族の権利条約」をはじめとして、近年議論されている。しかし、TWC 2 の試みにおいては、キャンペーンのトピックは「移住家事労働者」でありながら、そこに関わる「市民」とは、あくまでも「シンガポール市民」とされていた。すなわち、「同じ人間」としての移住家事労働者の立場は強調するものの、移住家事労働者もまた「市民」であるか否か、という点はほとんど話題にされていない。この点に関して Lyons（2005）は批判的に、「移住家事労働者はTWC 2 の活動においては、あくまでも "外部者であった"」と指摘している。前述した TWC 2 キャンペーンの強い動機づけ（インドネシア人家事労働者の虐待死亡事件とそれに対するシンガポール人の反応）を考えても、TWC 2 の活動があくまでも、「シンガポール人」が「よき市民」となるべき啓発活動であることは明白である。これについては、TWC 2 の構成メンバーである演劇集団 TheNecessary Stage のアルビン・タン（Alvin Tan）や、TWC 2 の代表、ブレマ・マーシー（Bream Mathi）はともに筆者とのインタビューにおいて、「（シンガポールの）人々のマインドセットを変えることが重要だ」と語ったことにもあらわれていよう[31]。2003年のキャンペーンの内容からもわかるように、TWC 2 において、「公／大衆／社会教育（Public Education）」が重視されたことも、その十分な証拠になるだろう。

他方で、TWC 2 の活動のすべてが、自分たちの目的のために移住家事労働者を「対象化」し、「利用」した訳ではない。TWC 2 がキャンペーン中に行った活動の中には、個別のケースを扱ったり、移住家事労働者の雇用についての管轄省である MOM と移住家事労働者の雇用や待遇をめぐる対話も含まれている。また、注目すべきなのは、2004年 8 月に社団（Society）として正式に登録した新生 TWC 2（Transient Workers Count Too）が「外国人家事労働者法（Foreign Domestic Workers Act)」案を起草したことである（Abdul Rahman et al. 2005: 252)。TWC 2 の活動記録にある「草案」の内容を見ると、最低賃金の設定や標準契約の制定、労働時間や各種保障の設定などが盛り込まれている（Gee and Ho eds. 2006: 176-196)。これらの内容は、しばしばシンガポールと比較される香港における標準契約の内容や、台湾の NGO が成立を目指してきた「家事労働者法（Domestic Workers Act)」ときわめて類似している。すなわち、アジア域内での「移住家事労働者の権利」運動に共通する要素が、シンガポールにおける TWC 2 の主張にも相当程度あったことがわかる。その後人的資源省が、移住家事労働者を雇用する際の雇用主へのガイドラインを制定し、契約の遵守や休日について明言するなど、これまで「家事労働者の雇用は雇用主と労働者との個人契約」として積極的には介入してこなかった政府の態度も徐々に軟化してきている。すなわち、「OB マーカー」を超えないような配慮をし、政府批判ではなく世論への働きかけを重視したシンガポール的な特質を持ちながらも、その内実においては、少なくともアジア域内では共通した移住家事労働者の「権利」や福祉の改善が、TWC 2 の活動においても確実に実践されているのである。

〈TWC 2 とシンガポールの女性運動〉

TWC 2 の活動を考える際に注目されるのは、シンガポールにおける女性運動との関係である。実際、TWC 2 の立ち上げのメンバーや代表は、シンガポールの女性団体 AWARE（Association of Women for Action and Research: 行動と研究のための女性協会）のメンバーでもあった。AWARE は1985年 1 月に、①すべての分野における女性の参加と意識の向上を促進する、②ジェンダー・イクオリティを達成する、ことを目的として結成された（田村 2004: 130)。AWARE はシンガポール政府からその活動を容認されており、メンバーが任命議員として国会に招請されている（前掲書)。TWC 2 のウェブサイトが AWARE のサイトに間借りしていたことなどから、シンガポールにおいてもしばしば TWC 2 は AWARE の下部組織だと思われがちだという。しかし、ジー（Joun Gee）らが明確に述べているように、TWC 2 は AWARE とはパートナー関係にありながらも、独立した組織である（Gee and Ho eds. 2006: 65)。ジーらが強調するところに

よれば、移住家事労働者の処遇をめぐる問題を、単に「女性の権利の問題」とするのではなく、「労働者が雇用主から適切な労働条件と適正な処遇を認められる権利、すなわちシンガポール人が労働者の尊厳について正当な考えを持つという問題」だとTWC2は考えている。この点が、「女性問題」を扱うAWAREと、TWC2との立場の違いとされている。しかし、ジーらも若干の含みを持たせているように、「シンガポール女性の地位達成」を目的としているAWAREにとって、移住家事労働者、いわゆる「メイド問題」は最大のジレンマとも言える。「グローバリゼーションの現状における移民は、必然的にフェミニストの問題だ」（吉澤 2007: 754）と言われるように、そもそもその大半が女性であるフィリピン人やインドネシア人家事労働者は、シンガポール女性の社会進出を実現させている存在であるからだ。移住家事労働者の処遇問題を「女性労働者の問題」と設定しまえば、AWAREが対象とするシンガポール人「女性労働者」の権利問題と齟齬をきたす可能性が出てきてしまう。これまで「メイド虐待」問題が頻繁に取り上げられながらも、それに対して女性運動の立場からAWAREが目立った行動を起こしてこなかったことも、こうしたジレンマが認識されているからではないだろうか。実際、CMIやTWC2のメンバー自身が移住家事労働者を雇用している場合も少なくない。その意味で、移住家事労働者問題を、「女性問題」とはしないという手法がとられていることも了解できる。2004年に新生TWC2が組織として設立された際に、建設労働者なども含んだ移住労働者全般を支援の対象としようとした動きには、シンガポールにおける移住労働者支援活動の拡大と同時に、こうした雇用主女性と家事労働者女性との関係性のジレンマを回避しようとする目的もあったのかもしれない。結果的に、TWC2の取り組みは、シンガポールにおけるジェンダー関係そのものを問い直すというダイナミズムは引き起こさず、そもそも最初からそれが目指されることもなかったと言えよう。

4-4　小括

　冒頭でも述べたように、移住家事労働者の労働条件の保護は法制面・実態面ともに困難な課題である。実際、台湾やシンガポールにおいて、他部門に就労

する移住労働者と移住家事労働者との間では、労働条件を定める法律に違いがあることは、こうした事実を物語っていよう。その中で、本章で紹介したような、少なくとも法制面ではファッジの言う「象徴的勝利」を得ている香港における移住家事労働者の取り組みは、様々な利害を交渉し合いながら、グローバル化の中で労働者の側が国家や資本の論理に対抗する上での、きわめて現実的なモデルを提示しているのかもしれない。そこに、移動する女性たちにとっての新たなモビリティを見出すことができる。

「再生産労働の国際移転」がアジア域内においても進展している現状において、権利主体としてのインドネシア人家事労働者の組織化や、地元労組との複雑なディスコースの絡み合いをどのように理解すればよいのであろうか。ともに組織化がきわめて難しい「再生産労働者」と「移住労働者」の地位を重ね合わせた立場にある移住家事労働者の権利運動は、グローバル化の中での社会運動、ないし労働運動を考えて行く上で、重要なヒントを多く含んだ対象である。

「移住労働者の権利移転」のようなトランスナショナルな権利枠組みの構築を目指しそれに期待を寄せつつも、ローカルで地道な連帯構築の取り組みに目を向ける必要があることを、香港の事例は教えてくれる。人の国際移動はグローバルであると同時にローカルな問題でもある。移住家事労働者や移住労働者全般の権利保障や運動もまた、ローカルな場面から積み上げられ、たゆまぬ交渉関係の中で練り上げられていくものなのではないだろうか。

また、シンガポールの動きからわかるのは、移住家事労働者とという「非市民（non-citizen）」への関わりを通して、「まったきシチズンシップ」を実現しよう、という構図である。

シンガポールの市民社会にとって大きな影響を与えた1987年の治安維持法発動事件と、1990年代末からのシンガポールにおける「市民社会の構築」を謳ったTWCおよびTWC2の活動における移住労働者の位置づけを比べるならば、そこには、社会にとっての「他者」の処遇をめぐるシンガポール政府の態度の変化を読み取ることもできる。言い換えればそれは、シンガポールにおける市民社会と国家との関係の変化、とも解釈することができるかもしれない。「よきシンガポール」づくりのために「移住労働者」が客体化された、とのリオン

138　第2部　再生産労働の国際移転と新たなモビリティ

ズ（Lenore Lyons）の批判はもちろん的確であろう。しかしながら、「移住労働者の権利」問題が、シンガポールにおける国家と社会の関係変化を読み取るリトマス試験紙のような役割を果たしたとするならば、それは、人の移動がホスト社会に——たとえ十全な形ではなくとも——変動をもたらしている、一つの側面とみなすことができるのではないだろうか。移動する人々そのものがホスト社会を変化させる、という直接的な変動が生まれにくいとされてきたシンガポールのような社会にあって、「市民社会づくり」と移住労働者の権利問題がまさにローカルに相互作用している現状に、アジア域内における一つの新しい展開を見出そうとするのは、楽観的過ぎるだろうか。

注
1）　現代アジアの文脈においても、まさに「管理が困難」という理由から、台湾において一度は移住家事労働者を労働法の適用にしながら再び適用外にされた、という事例がある。
2）　本節における香港・シンガポールの事例は、2000年8月に実施した平成11〜13年度文部省科学研究費補助金（『国際移民労働者をめぐる国家・市民社会・エスニシティの比較研究』研究代表者：津田守）による現地調査に基づいている。
3）　インドネシア人家事労働者の増加の要因はいくつかの点に求められる。まず一つは、インドネシアの政情不安と経済危機が大きなプッシュ要因になったことである。他方で、同じ経済危機の影響で不況にみまわれ、また中国返還といったイベントを経て経済的に落ち込んだ香港社会において、より低賃金で雇用でき、またフィリピン人と比べて「従順」とされるインドネシア人への需要は高まった。
4）　ベチューン・ハウス（Bethune House Migrant Women's Refuge）、カリタス香港（Caritas-Hong Kong Asian Migrant Workers and the Filipino Social Services Projects）でのインタビューによる。また、インドネシア人家事労働者の香港における状況については AMC（2000）に詳しい。
5）　Friends of Thai in Hong Kong コーディネーターからの聞き取りによる。
6）　移住家事労働者に関する代表的な著作である Momsen（1999）がヨーロッパ・北米・南米・アフリカ・アジア、Anderson（2000）は北欧・南欧・イギリス、アメリカと、広い地域をカバーしていることは、このことを端的に示していよう。
7）　香港・シンガポールにおける移住家事労働者の組織活動は、個々の受け入れ社会の制度・文脈と、それによって動員しうる「連帯」の基盤の違い、という観点からも分析しうる。小ヶ谷（2001c）では、こうした角度からの議論を試みている。
8）　香港には、他に空港建設など特定のプログラムに限って割り当てられる「労働力輸入スキーム（Labor Imported Scheme）」の下で導入される外国人労働者カテゴリーがある。外国人家事労働者は、こうした労働力輸入スキームとは別なカテゴリーとして制度的に定められている。
9）　香港における移住家事労働者組織のキャンペーン活動とその具体的成果に関しては、安里（2001）に詳しい。

第 4 章　アジアにおける移住家事労働者の組織活動　**139**

10)　この団体は、雇用主が団結して「雇用主こそが移住家事労働者に搾取されている」（Constable 1997: 35）という奇妙なロジックの下で反移住家事労働者運動を展開している。

11)　また、もう一つのエスニシティを超えた連帯の試みとしては、地元香港の労組と移住家事労働者組合との連携がある。香港の労働組合である香港職工連盟（Hong Kong Confederation of Trade Union: HKCTU）は、主にパートタイムで働くローカル香港人家事労働者も組織している。香港人家事労働者の間では当然、移住家事労働者の導入は自分たちの職業機会を奪う、とする感情は根強い。実際、HKCTU も、香港政府の外国人労働者輸入政策に関しては反対の立場をとっている。しかし、1999年 2 月の移住家事労働者に対する最低賃金の切り下げに対する反対キャンペーンや、2000年のメーデー集会などでは、移住労働者の権利について移住家事労働者組織と共同で運動を展開した（AMC 2000: 138）。実際 HKCTU の担当者も、「雇用主から搾取されている、という点で香港ローカルの家事労働者であっても、移住家事労働者であっても共通している」との見解を示している。この点は第 3 節で詳述する。

12)　シンガポールにおいては、移住家事労働者は労働法の適用外のため、労働組合への加入や結成の権利が認められていない。これに加えて、1987年の治安維持法の発動によるNGO 関係者の大規模逮捕が、シンガポールにおける NGO セクターを決定的に弱体化した。中でもターゲットになったのは、移住家事労働者支援に取り組んでいたキリスト教系の運動であった（田村 2000）。

13)　本節における香港の事例は、2005年 2 月に実施した、お茶の水女子大学21世紀 COE プロジェクト「ジェンダー研究のフロンティア」サブプロジェクト A2「アジアにおける国際移動とジェンダー配置」メンバーとの共同調査に基づいている。

14)　筆者らがインタビューした、実際にインドネシア人家事労働者を雇用している在香港の日本人女性も、こうした点を一種の「常識」として語っていた。また後述する「無料試用期間」があるということも、インドネシア人家事労働者を雇う際の特典であり、その点でもインドネシア人労働者は割安感が強い、とのことであった。

15)　インドネシア人家事労働者の雇用・斡旋システムに関しては小ヶ谷（2008）で詳しく論じている。

16)　トレーニング・センターの様子ついては、IMWU が作成した VCD "2.5 Billion Dollar for The State"（IMWU and Offstream, 2002. 53 min.）が参考になる。そこに映し出される「トレーニング・センター」の様子は、ほとんど収容所のような有様である。食事も十分でなく、そこでの辛い経験がトラウマになる女性も少なくないという。

17)　もちろん、フィリピン人労働者の場合にも、斡旋業者による高額斡旋料は十分に問題になりうる。しかし、フィリピン政府が業者に給料の 1 カ月分の斡旋料以上を徴収しないよう義務づけていることや、フィリピンの場合には渡航前の民間業者でのトレーニングがインドネシアほどは長期間にわたらないこともあり、よりインドネシア人労働者のほうが搾取の度合いが強いと考えられる。

18)　IMWU および KOTOKIHO へのインタビューは2005年 2 月20日、ATKI へのインタビューは2005年 2 月16日に行った。使用言語は英語（ATKI は一部フィリピノ語）。

19)　ATKI も、労組ではないが HKCTU と連携関係にある。

20)　月額400香港ドルの levy が雇用主に課され、その目的は香港の国内労働者の再訓練費用に充てられこととなった。しかし、同時に移住家事労働者の最低賃金も400香港ドルカットされたことから、実質的には移住家事労働者の利益を縮小させる形で香港国内労働者を保護する、移住労働者への差別だとして移住労働者サイドから反発が起こった。

21)　なお2005年 2 月現在 CTU の会長（president）と書記長（General secretary）が、香港議会の直選議員になっている。香港で直接選挙で選ばれる議員は24人である。

22)　Women's Workers Association への聞き取りについては、他の調査メンバー（伊藤るり・

澤田佳世）による記録を用いる。インタビューは2005年2月24日に実施。使用言語英語。

23) CTU に加盟し、政府の再訓練プログラムで家事労働者用トレーニングを受講した女性たちを組織している Domestic Workers General Union（2000年発足。メンバー数約1,100人。2005年2月23日インタビュー）の場合も、移住家事労働者とのシェアリングを重要視していた。DWGU の場合、当初メンバーは移住家事労働者の存在を好ましく思っていなかったが、24時間住み込みである移住家事労働者の境遇（国内の家事労働者は多くが通い）や、彼女たちの賃金の安さを説明し、連帯を説得したという。

24) なお、近年新たに S Pass というカテゴリーが新設された。これは、中間的技能労働者（middle level skilled manpower）に該当するとされている。

25) MOM ウェブサイト http://www.mom.gov.sg Foreign Levy Rates

26) 2006年以降に変化が見られている。これは、TWC 2 のキャンペーンの成果によるものである。

27) 活動の記録は Singam et al.（2002）を参照されたい。

28) バヤニハン・センターについては http://www.bayanihancentre.org を参照のこと。

29) 例えば、フィリピンの NGO との綿密な連絡体制などが挙げられる。また、2001年には MOM も招いた会議を開いてもいる。筆者もこのセッションにおいて、以下のペーパーを報告した。Ogaya, Chiho, "Implication of Migrant Women's social activities: from the experiences in Singapore", ASEAN-South Asian Migration (ASAM) Convention, December 15, 2001, Singapore.

30) 発足当初参加した団体は、以下のような組織であった。Action for Aids（AFA）、Association of Muslim Professionals（AMP）、Asian Women's Welfare Association、Commission for the Pastoral Care of Migrants and Itinerant People（CMI、のちに HOME）、Digital Boomerang、Disabled People's Association（DPA）、Handicaps Welfare Association Nature Society（Singapore）（NSS）、Roundtable（Singapore）、Saatchi & Saatchi（Singapore）、Singapore Council of Women's Organisations（SCWO）、The Necessary Stage（TNS）、The Substation、National Committee of UNIFEM Singapore、Young Muslim Women's Association。

31) Alvin Tan 氏とのインタビューは2006年2月15日に The Necessary Stage オフィスにて実施した。Bream Mathi 氏とのインタビューは2006年2月16日にシンガポール国立大学にて実施した。

付録1：聞き取りを行った主な団体一覧
〈香港〉
・Asian Domestic Workers' Union（ADWU）
・Asian Migrant Centre（AMC）
・Bethune House Migrant Women's Refuge
・Caritas-Hong Kong Asian Migrant Workers and the Filipino Social Services Project
・Domestic Helpers and Migrant Workers Programme-Christian Action
・Far East Overseas Nepalese Association（FEONA）
・Filipino Association for Mutual Development（FAMDev）
・Filipino Migrant Worker's Union（FMWU）
・Friends of Bethune House
・Friends of Thai Hong Kong
・Hong Kong Confederation of Trade Union: HKCTU
・Indonesian Migrant Workers Union（IMWU）
・Mission for Filipino Migrant Workers（MFMW）

第4章 アジアにおける移住家事労働者の組織活動 141

- St. Joseph Church Immaculate Conception Praesidium
- Thai Women's Association（TWA）
- United Filipino in Hong Kong（Uni-Fil HK）
〈シンガポール〉
- Archdiocesan Commission for the Pastoral Care of Migrants& Itinerant People（CPCMIP）
- Filipino Association in Singapore（FAS）
- Filipino Catholic Communities in Singapore
- Filipino O n-Going Development Programme（FILODEP）
- Filipino Overseas Workers in Singapore（FOWS）-Skills Training Program:（STP）
- Go Forth Training Institute for Filipinos Overseas
- Madonna Skills Training Center
- Novena Church Filipino Community- Skills Training

付録2：スキル・トレーニングの開講内容
　フィリピン大使館、フィリピン海外福祉庁、およびフィリピン・コミュニティ（Filipino Overseas Workers in Singapore: FOWS）によるスキル・トレーニング・プログラム（Skills Training Program: STP）

開講科目	講座修了者数（99年11月）
英語／看護助手＊	64
コンピューター	70
洋裁（Tailoring）	18
縫製（Dressmaking）	53
世界の料理	30
ビジネス・カウンセリング	19
会計上級	9
会計	19
ギター	13
美容	50
社交ダンス	4

＊看護助手のコースは、英語コースと対になっている。なお、このコースには病院実習が含まれる。
＊コースは年に2学期制、各講座は隔週で開講。

第**5**章　日本におけるフィリピン女性移住者の運動

5-1　女性たちの組織活動

　日本におけるフィリピン女性の社会活動は、1990年代に入り、在留統計に見られるフィリピン人数において在留資格「日本人の配偶者等」保持者が在留資格「興行」を上回るようになり、「定住化」傾向が顕著となってきたころから、徐々に研究関心を集めるようになってきたと言えるだろう[1]。

　たとえば石井（1995）は、当事者中心の自助組織を「問題解決型というよりは、『自己実現型』」として紹介している（石井 1995: 93）。また、樋口（2000）も、その多くが女性であるフィリピン人をはじめとする日本人の配偶者が、地域の政治参加に対して強い参加意欲を持っていることを指摘しているほか（樋口 2000: 32）、小笠原らは、日本における外国人支援組織の一形態として、フィリピン女性の相互扶助組織を広義の「参加」の観点から位置づけている（小笠原ほか 2001）。

　また邱（2003）は、川崎市に在住するフィリピン人妻の社会参加を、「相対的剥奪」の観点から検討している。また、高畑（2003a, 2003b）の研究は、「定住化」が顕著となっている在日フィリピン女性の取り組みが、次世代を育てるという観点において新たな広がりを見せていることを教えてくれる。

　しかしこうした一連の研究はいずれも、「日本社会への参加」あるいは日本社会内部におけるフィリピン女性の相互扶助システムの解明という点に関心が置かれており、本章が試みるようとする、国際移動とジェンダー、ないしは「移民／移動の女性化（feminization of im/migration）」という文脈の中に在日フィリピン女性の取り組みを位置づけ、相対化していこうという関心はそれほど多くないように思われる[2]。

第5章　日本におけるフィリピン女性移住者の運動　143

　本章の第1の目的は、在日フィリピン女性の社会活動を、広く「移民／移動の女性化」の文脈の中に位置づけると同時に、その中で女性たちの取り組みがどのような多様な文脈の中に埋め込まれ、またその埋め込まれている文脈がどのような点で、日本的な「移民／移動の女性化」に条件づけられているのか、さらにそこからどのような新しいダイナミズムが生まれつつあるのか、といった点の解明を試みることにある。

　こうした関心は、まず、第1章で論じたような移住女性のエージェンシーとしての側面をどのように位置づけるか、というより大きな研究関心に基づいている。グローバリゼーションをめぐる議論の代表的な論者であるサッセンは、グローバル経済と女性の関わりにおける新たな分析段階として、グローバル化の中で「可視化」され、ネットワークや集団・個人といった様々な形態で非国家的な主体として登場する「移民女性（immigrant women）」の役割に言及している（Sassen 1998）。これは、人種・エスニシティ、階級、ジェンダーの「三重の抑圧構造の犠牲者」といった従来の移住女性像を乗り越えて、移住女性のエージェンシーとしての側面をどのように位置づけるか、という移住女性研究における新たな課題と親和性を持っていると言える（Anthias 2000; 小ヶ谷2001b）。

　ホスト社会においては不可視化され、力を奪われがちな移住女性たちがいかなる形態にせよ組織活動に参加することで自らを可視化させていくことは、ホスト社会に対する移住女性側からの最初の対抗としてとらえられることは、これまでにも指摘されてきた（小ヶ谷2001c）。しかし、こうした自らの「可視化」のプロセスは必ずしも直線的かつ環境から相対的に独立して実践されるものではない。とりわけ「労働者」という形ではなく、特に国際結婚を通じて「家庭内での唯一の外国人」として暮らす（高畑2003b: 264）という文脈を余儀なくされ、かつ「エンターティナー」「フィリピン女性」という極度に固定化され、人種・ジェンダー化されたステレオタイプを割り振られていることが多い在日フィリピン女性にとっては、それほど単純で直線的なものではないはずである。

　本章の関心は、こうした「可視化」のプロセスと位置づけられるフィリピン女性の活動が、一直線にポジティヴな形で進行するものではないことを描き出

すことで、ともすれば楽観視されがちな移住女性の社会・組織活動の多様な現実に迫る端緒を導き出すことにある。活動の中に存在する葛藤や矛盾——コミュニティ内部の階層性意識、「同化」への見えない圧力、グローバル化の中での子どもに期待するストラテジー、地方自治体との奇妙な意見の一致、その中での自己実現——といった多様なプロセスが、日本的な文脈での「移民／移動の女性化」にどのように連関しているのかを探っていきたい。

　また、こうした移住女性たちの活動が「埋め込まれている」文脈は、日本社会に限定されるわけではなく、出身社会であるフィリピン社会もまた、彼女たちにとっては重要な参照軸をなしている。

　近年、移民が二国間ないし多国間にまたがってネットワークや社会空間を構築するというトランスナショナリズムの議論が盛んだが（Basch et al. eds. 1994; Portes et al. 1999; Phizacklea 2003）、本章のいま一つの目的は、在日フィリピン女性の活動をトランスナショナリズムの観点から照射してみることにある。

　すなわち、在日フィリピン女性の組織活動を中心とした社会活動を、「移民／移動の女性化」の文脈における移民女性の集合的活動、という関心の中に置きながら、それがトランスナショナリズムのような現象を引き起こす一方で、日本におけるきわめてジェンダー化された形でのフィリピン女性の流入という文脈にどのように埋め込んでいるのかを立体的に描き出し、今後の在日フィリピン女性の組織活動の類型化の素地を作ることが、本章の目的となる。

　本章は、モルガン（Sandra Morgan）とブックマン（Ann Bookman）による、エンパワーメントに対する以下のような立場に共鳴するものである。

　　「パワー（power）とは集団や個人が"持っている"何かとして理解されるだけではない。むしろそれは、社会における基本的な物質的・イデオロギー的資源へのアクセス、利用、コントロールを決定する集団間の社会関係である。ゆえに、基本的に、エンパワーメント（empowerment）とは、コンテクストにおけるパワーの性質と分配とを結びつけ、維持し、あるいは変化させることを目指す"プロセス"である。このプロセスは直線的なものではない。ねじれ、曲がり、抵抗と合意をともに含み、パワー構造と資源に異なる関係を持つ集団がコンフリクトを起こすのに合わせて満ち引きする。」（Mor-

第5章　日本におけるフィリピン女性移住者の運動　145

gan & Bookman 1988: 4）（＊下線は筆者）

　本章での分析は、筆者および IMAGE（International Migration and Gender：国際
移動とジェンダー）研究会が2001年～2003年にかけて行った在日フィリピン女性
組織および組織リーダーへの聞き取り調査、参与観察、質問紙調査に基づいて
いる。対象となった組織は、すでに一定程度活動が軌道に乗っている組織、発
足間もない組織、すでに活動が休止されているような組織、特定のプログラム
は持たずフレキシブルな形態で緩やかなネットワークを築いている組織、など
形態も様々である。本章ではプライバシーの尊重の観点から、組織および個人
が特定されないような記述方法をとる。聞き取りや参与観察の中で得られた
データを質的に検討しながら、日本における「移民／移動の女性化」の特質
が、女性たちの組織活動においてもたらす帰結を浮き彫りにすることを目指し
たい。

⑴　日本における「移民／移動の女性化」と在日フィリピン女性

　すでに論じてきたように、1980年代から、世界的に「移民／移動の女性化」
（feminization of im/migration）」という言葉が広く用いられるようになっている。
それは「移動する女性の数が男性のそれを上回る」現象あるいは傾向として広
く認識されている。しかし、「移民／移動の女性化」は、グローバルな現象で
あると同時に、その地域の文脈によって、様相は異なっている。たとえば、広
くヨーロッパにおける「移民の女性化」の場合、その多くは家族再結合型を契
機に増加し、最終的にはホスト社会の定着する存在としての「移民女性」の増
加であった[3]。他方、アジアにおける「移住労働者の女性化」は、国境を越え
て“単身”移動する女性労働者の増加という形であらわれてきた。典型的に
は、香港やシンガポールへ住み込みの家事労働者として海外出稼ぎするフィリ
ピン女性、そして日本における「興行」ビザによる主としてフィリピンからの
エンターティナーの流入、という形である。あるいは、国際結婚のために移動
してくる女性もいる。こうした女性たちは広義のホスト社会の社会的再生産部
門に流入している、と言い換えることもできるだろう（伊藤1996）。
　日本における「女性化」は、いわゆる「単純労働者」は受け入れない、とす

る制限的な入管政策を反映して、本来は芸能・興行活動従者のための「興行ビザ」が、70年代末から、現実的には「合法的な就労」の形での移住女性（特にマジョリティはフィリピン人である）の単身移動の唯一のルートとなってきた。興行ビザは日比双方の制度の強化や資格認定によって「プロフェッショナルなアーティスト」としての装いをとりながら、いわゆる「エンターティナー」あるいは「タレント」と呼ばれる、実質的には飲食店での接客業、ナイトクラブでのホステス業、性風俗産業などへの女性移住者の流入ルートとして機能してきたのである[4]。

　冒頭で述べた在留統計における在日フィリピン人口の「興行」と「配偶者」ビザの逆転は、エンターティナーとしての来日から、その後の店での出会いによる日本人男性との結婚へ、というルートと結びついている場合が多い（高畑2003b: 262）。たとえば、外国人の配偶者として移民するフィリピン人の登録と行き先別オリエンテーションを実施しているフィリピンの政府機関、在外フィリピン人委員会（Commission on Filipino Overseas: CFO）担当者からの聞き取りによれば、日本行きのオリエンテーションを受ける女性のうち（日本人との結婚のために日本へ渡航する女性たちは調査時の2003年で全体の3割）のほとんどがすでに日本への渡航経験があり、その職種の大半はエンターティナーである。

　言い換えれば、日本における在日フィリピン女性は、「移住労働型」の「女性化」と、「家族形成」型（それが新規形成であれ、再統合であれ）のそれとのちょうど中間に位置すると言えるだろう。

　この「中間」の位置は、それぞれの「女性化」構造によって引き起こされる、女性たちにとって不利な状況を重ね合わせた位置であることも、同時に意味している。

　高畑（2003b）は、日本におけるフィリピン人移民のありようを、「国際結婚による集住のなさ、そのため単身で日本社会（はじめは日本人家庭）に参入することによる葛藤の数々」（前掲書: 256）と特徴づけている。すなわち、労働移動型にきわめて近い形での「単身」移動が、移民研究において言われているような移民ネットワークや地理的領域性をエスニック・コミュニティの形成を困難にしている。その上、「結婚」という形でのホスト社会への流入は、「家族再結合」型においてしばしば指摘される、家庭内での男女の役割意識や女性の就労

などをめぐるコンフリクトという、私的領域での問題を当然含むだけでなく、そこにホスト社会への「適応」ないしは「同化」への圧力が直接に、より強い形で、作用してくる。また、子どもの教育をめぐっても、次世代のアイデンティティ問題に加えて、学校や地域社会などの公的領域における差別的なまなざしなど、ホスト社会への適応をめぐる困難がさらに生じる。

「定住」が制度的に不可能な還流型の労働移民が直面することの相対的に少ない、ホスト社会との接触が逆に多い分、日本における社会の再生産の根本に関わる「結婚」型の「移民／移動の女性化」は、「内なる他者」としての在日フィリピン女性の立場を複雑に条件づけているのである。

(2) 在日フィリピン女性の社会・組織活動：概観

先に述べたように本章では、データ的制約から在日フィリピン女性の活動の類型化を試みることはできないが、聞き取りや参与観察および若干の質問紙調査の結果から、把握している限りでの在日フィリピン女性の社会・組織活動の具体的な内容の見取り図を、ここで描いてみることにしたい。

ここで「社会・組織活動」としているのは、在日フィリピン女性の組織や社会活動が、オフィスを構え、ボランティアではあっても常駐するようなスタッフを置き、ニュースレターを発行するような本格的な機能を備えたものから、リーダーを中心にしたネットワーク型で活動を行うタイプ、また定期的な会合も持たず何かあったときに「招集」がかけられる、といった緩やかなメンバーシップからなるものまで、その形態は多様で、必ずしも「組織」と呼べるかどうかは、今後のさらなる分析を待たなければならないと考えるからである。たとえばメンバーシップの緩やかさを端的に示すものとしては、あるグループに対してそのメンバー数を尋ねると、「登録している数」と「実質的にアクティヴな数」とに大きな開きがあることが挙げられよう。ある組織では、登録しているメンバー数が200人近いのに対して、実質的な活動を担っているのは10人ほど、といった場合もある。しかし、ひとたびイベントや緊急の同胞支援のための募金などを呼びかけると、そのメンバーが積極的に関わるようになる、という点は重要であろう。こうした緩やかなネットワークやメンバーシップのあり方は、活動の実質的な基盤の弱さである一方で、既存の「組織」「団体」と

148　第2部　再生産労働の国際移転と新たなモビリティ

いった枠組みにおさまらないオルタナティヴな活動のあり方を示しているとも言えよう。

　在日フィリピン女性の社会・組織活動は様々なレベルで多岐にわたって実践されているが、その中には以下のような内容が含まれる。

- ・相談活動：結婚・離婚や出産、滞在資格、子どもの教育などに関わる様々な役所への手続きの補助や通訳、アドバイス。DV被害への対応、シェルターの紹介など。
- ・文化交流：フィリピンの舞踊や料理、伝統文化などの地元での紹介など。
- ・フィリピンの伝統行事や独立記念日などに合わせたイベントの開催。
- ・JFC（ジャパニーズ・フィリピーノ・チルドレン：日比国際児）と呼ばれる子どもたちへの教育活動。フィリピン文化の指導・英語教育など。
- ・リーダーシップ・トレーニングやセミナー、ワークショップ、シェアリングなどの女性向け教育・エンパワーメント活動。
- ・地域社会でのボランティア活動。通訳、公立学校での英語教育への協力など。
- ・出身フィリピン社会への寄付活動。
- ・フィリピン政府／大使館と滞日フィリピン人との連絡役。
- ・その他、レクリエーションやクリスマス・パーティなど。
- ・上記諸活動のための資金集めのイベント。

　列挙してみて気づくのは、こうした活動のどれもが、単独で実施されているというよりも、複合的に同じグループやネットワーク、場合によっては個人によって行われているということである。

　また、グループや組織の存続や活動内容そのものが、きわめてフレキシブルであることも指摘しておかなければならない。特に中心的なリーダーの生活状況の変化は、グループの活動全体や存続そのものに大きく影響する。たとえば、東京の代表的な在日フィリピン女性組織は、設立者である女性が日本を離れたことによって、大きくその活動が縮小した、と言われている。また、マニラのストリート・チルドレンのためのチャリティ・ショーなどを行っていた、日比双方において比較的経済的・社会的地位の高い立場にあるフィリピン女性のグループなどは、会の設立は1970年代であったものの、夫の転勤などで主要

メンバーが日本を離れ、80年代には活動そのものが休止し、また90年代になって再開された、といった経緯をたどっている。

「定住化」の一つの指標として論じられることの多いフィリピン女性の組織活動であるが、やはり「国際結婚」型が主流を占める中で、どうしても夫の転勤などによって女性たちの生活基盤もさらなる国内・国際移動を余儀なくされる。ここにも「移民の女性化」における「中間」型とも言える在日フィリピン女性の滞在が、夫に依存した形であるがゆえの流動性が投影されている。

(3) 移住女性組織の役割とその目的：キミナルの議論からの示唆

次に、フランスにおけるアフリカ系移住女性の組織活動の意義についてのキミナル（Quiminal 2000）の研究を参照しながら、広義の移住女性の社会活動の意味について概観し、日本における含意を簡単に検討してみたい。

キミナルの議論を要約すると、フランスにおけるアフリカ系移民女性のアソシエーション（結社）の果たす役割と目的は、以下の３点に集約される。

一つは、対ホスト（フランス）社会との関係において、ホスト社会内部の支配的なステレオタイプをくつがえすためのアイデンティティ戦略。具体的には、出自の違いなどを無視して均質視されがちな「アフリカ系移民女性」へのネガティヴなステレオタイプを打破し、多様な「アフリカ系移民女性」の姿をホスト社会に対して知らしめ、フランスのナショナルな社会秩序の変容を目指す。

いま一つは、対移民コミュニティとの関係において位置づけられる女性組織の役割である。これにはさらに二つの方向性がある。一つは、コミュニティ内部の伝統的家父長制などに対抗し、日常レベルでそのマネージメントを図ること。もう一つは、特に新来の移民女性たちがホスト社会の社会的コードに親しむように組織がいわゆる「仲介」を行うという役割である。

そしていま一つの役割は、私的領域、特に移民女性が直面する夫婦間問題などの緊張関係への組織やネットワークの介入である。

キミナルが、移住者の場合「公私の境界は常に流動的である」ことを強調している点は、重要であろう（Ibid.: 50）。具体的には彼女は、既婚の場合は夫からの暴力、若年女性の場合は家族内部での問題への対処を求めて移民女性たち

がアソシエーションにやってくることを指している。日本の文脈に照らして言えば、特にこうした「私的領域への第三者の介入」は、まさに先述した「相談活動」の根幹をなしている。

また、すでに述べたように、「国際結婚」を通したホスト社会への参入は、必然的に「私的領域」でのホスト社会の文化的・社会的規範や法律も含めた制度への「適応」を女性たちに迫ることになり、そこからは問題やコンフリクトが生じやすくなる。こうした問題解決の最初のアクションとしてとられる、いわば「相互扶助」的な活動が在日フィリピン女性の社会・組織活動の根幹にあることは、きわめて当然のことと言える。すなわち日本においては、「私的領域への介入」が、キミナルが述べる、「ホスト社会への変革を求めるような目的」ときわめて直結しやすい条件にあると言える。

また、こうした活動へのコミットメントが、日本における女性たちの「私的領域」、特に夫やその家族との関係にどのようなインパクトを持つのか、という新しい問題関心も生じてくる。

また、国際結婚の帰結として現実的にも大きなイシューとなっている彼女たちの子どもたちの子育てや教育問題など次世代戦略は、こうした移民女性の組織の役割や目的の中に、どのように位置づけられるのだろうか。

以下では、上述のキミナルの論点に示唆を受けつつ、在日フィリピン女性の社会・組織活動について、以下の局面をそれぞれ取り上げることにしたい。

① ホスト社会に対するアイデンティティ戦略としての組織活動
② コミュニティ内部の関係：リーダーシップの所在と「在日フィリピン女性」へのまなざし
③ 組織活動と家族・親族内交渉の相互作用
④ 次世代への教育と、そのグローバルな戦略
⑤ 組織基盤・地元の協力者の重要性

(4) 対ホスト社会のアイデンティティ戦略：内部批判から実践的な異議申し立てへ

すでに述べたように、日本における「フィリピン女性」へのステレオタイプは、根深いものがある。笠間（2002）やSuzuki（2002）が指摘するように、在

第5章 日本におけるフィリピン女性移住者の運動　　**151**

日フィリピン女性へ向けられてきた「象徴的暴力」に対し、女性たちは、時には公的な意見表明で、時には日常的な実践の中で、こうしたステレオタイプ的表象に対抗し続けている。

Suzuki が紹介しているように、その構成員の多くが日本人と結婚した女性たちで占められる在日フィリピン女性組織にあっては、その設立の目的の一つが「日本におけるフィリピン女性の地位を高める」ことにあることは、明確に意識化され、主張されている（Suzuki 2002: 196）。

たとえば筆者が聞き取りを行ってきた名古屋市および東京の代表的なフィリピン女性組織 F-A、F-T は、「日比家族が、フィリピンおよび日本社会の中心で積極的に活動できるようにする」ためのプログラムや活動を促すことを、それぞれ活動理念の一つとして明文化している。

また、同郷者集団の形態をとっている組織のリーダーは、組織の立ち上げに際して、同郷者同士を結びつけるだけでなく、「フィリピン女性のイメージを改善したい」ということも、動機の一つであった、と話す。彼女は、「日本人女性よりフィリピン女性のほうががんばっている」「日本の高齢化が進む中で、オーバーステイのフィリピン人や、国際結婚の子どもたちは社会にとって重要」なのだから、日本社会において、フィリピン女性はもっとその存在を認められるべきである、と語る。

さらに興味深いのは、「ステレオタイプを崩す」という、ホスト社会へのアイデンティティ戦略が、単なる日本社会への異議申し立てにとどまらず、既存のフィリピン・コミュニティのあり方や活動内容への不満と結びついた形で表明されていることである。

たとえば、ある組織のリーダーは、自分がグループを立ち上げた際、地元には複数のフィリピン・コミュニティがあったが、どれも「パーティ」に終始し、「それではダメだ」と思っていた、と話す。

また、「フィリピン女性と JFC（日比国際児）の教育と権利」を目標に掲げる別なグループのリーダーは、次のように話している。

　　「インディヴィジュアルな、バラバラの活動だと、アクティヴィティが発展しないでしょう。リーダーシップもないし、ほんとバラバラになっちゃう

……（中略）それに、パーティなんかがある時にだけ、ミッショナリー（教会関係者）から頼まれて、少しのバジェットでフィリピン料理を作る、っていうことにはもう飽きちゃったのね。お料理作るだけじゃだめよね、って……もっとエデュケイティヴ（教育的）なことをやらないと、と思いました……。」

　実際このリーダーは、教会に熱心に通う習慣がなかったため、これまでの約15年のボランティア活動やフィリピン・コミュニティとの関わりにおいて、教会を中心に組織化を進めるような宗教関係者との間に距離を感じていたことを認めている。フィリピン・コミュニティにおける教会関係者や教会の果たす役割の重要性は広く指摘されるところであるが、滞日フィリピン人の増加やその社会・組織活動の広がりによって、こうした教会との距離の取り方が一つの争点になってくる事例もこれから出てくる可能性がある。
　いずれにせよ、在日フィリピン女性による日本社会に向けたイメージの書き換え戦略としてのグループ化、組織化は、同時に、既存のコミュニティ活動からの一歩前進を目指す志向とも呼べる側面も持ち合わせていることが確認される。

(5) コミュニティ内部の関係：リーダーシップの所在と「在日フィリピン女性」へのまなざし

　こうした動機づけを持って活動を立ち上げたリーダー女性たちは、自らのグループのメンバーとなるフィリピン女性たち（あるいはメンバーにならない／なれない女性たち）に対して、どのようなまなざしを持っているのであろうか。この点は、グループのリーダーシップの有り様にも大きく関わる点である。
　あるグループの代表は次のように話す。

　「女性たちを助けるだけじゃなくて、エデュケーションも必要。離婚の手続きなんかも、インストラクションをしてあげると、本人が、『自分でやった！』という意識が出てくるじゃない……。」
　「中には、16歳とか18歳で日本に来て、すぐに子どもを産んだりしている

第5章　日本におけるフィリピン女性移住者の運動　153

人も多い。社会・政治・権利とか経済の問題とか、大きい広い問題に関心が
ない。どうして日本に来ることになったのか、という理由を説明するような
勉強会をやりたいと思っています。自分たちが日本に来た本当の理由につい
て、知らせることが大切でしょう。自分の問題として意識してもらって、エ
ンパワーさせたい。少なくとも、問題や、自分がマイグレーションしてきた
理由を理解してもらいたい……。」

　このグループは、グローバルなネットワークを持つ海外フィリピン人組織の
実質的な日本支部でもあり、日常的な相談活動に加えて、「移住者の権利」「女
性の権利」といったより大きな問題への理解を積極的に地域のフィリピン女性
および日本女性に対して働きかけている。また、リーダー自らが超過滞在や接
客業で働いた経験を持っており、ここには「同じ境遇」としての一種の自助意
識のほうが強く働いていると思われる。
　しかし、別なリーダーはこのようにも話している。

　　「私たちのところのメンバーは、夜の仕事をしていないので、集まりやす
いんです……。でも、ここでグループを作るのは、（以前彼女が居住・活動し
ていた）A市よりもたいへんかな……。だって、ここは日系ブラジル人が多
いこともあって、夜の仕事をしている女性が多いでしょ。そういう女の人た
ちは結婚していても、その旦那さんとかも、ドラッグとかやってたりする人
も多くてちょっと怖いんですよね……それに、女の人たちのほうも、夜の仕
事のこと、恥ずかしがってるみたいかな……。」

　前節で概観したように、その活動が個別の相談活動から、勉強会のようなプ
ログラム、文化イベントや後述するような子ども向けのものなど、形態は様々
であっても、一定の規模を持ったプログラムを実行していくためには、組織に
おけるリーダーシップが重要になる。
　しかしここで注目されるのは、こうしたリーダーたちの、一般的（あるいは
身近な）「フィリピン女性」へのまなざしが、ホスト社会日本において流布し
ているものときわめて近い、という点である。

154　第2部　再生産労働の国際移転と新たなモビリティ

　「フィリピン女性」のエンパワーメントを進める、という目的と同時に、こうした「一般的な」フィリピン女性（特に、元エンターティナー）と自分たちとを区別化していくようなまなざしがここには潜んでいるのかもしれない。
　東京近県のフィリピン女性ネットワークのリーダーを務める女性は、全般的な日本におけるフィリピン女性について次のように話している。

　　「日本以外の外国では、フィリピン女性のイメージは、"マシパッグ"（＝タガログ語で「勤勉」の意味）でしょう？　そう思わない？　でも日本でのイメージは違うじゃない。低いでしょ。
　　ナイトクラブで働いていてヤクザとつながっているとか、ドラッグやパチンコをやっている、みたいな……。」
　　「日本の文化にアジャストできない女性たちのほうに問題があると思うの。"Do as the Roman do when you are in Rome" って言うでしょう……。
　　よく、ダンナさんがフィリピン人の奥さんにお金を渡さない、と文句を言う人がいるけれど、奥さんとして夫に信じてもらえるようにするのが大事だと思う。国際電話のかけすぎとか、時間にルーズとかで、お姑さんに怒られる、なんていうのも、女の人のほうが、タイム・マネージメントができてない、ということでしょ。違う？」

　他方で、こうした「区別化」が、活動を進めていく中でリーダーによって再認識されるようになる場面もある。実質的な活動を始めて間もないあるグループの例を挙げてみよう。このグループのリーダー自身には子どもが現在おらず、ボランティア活動以外には現在はフルタイムでの仕事をしておらず、また過去のビジネスの成果による貯蓄があるため、比較的自由になるお金がある。しかし、他のメンバーは、小学生や幼稚園の子どもを抱え、自分自身も近隣の工場などに働きに出ている場合が多く、活動に割ける時間も当然限られてくる。たとえば大きなイベントを組織する際などには、他のメンバーの援助が期待できず、実質的にリーダーが単独ですべてを担い、パンク寸前になる一方で、他のメンバーからは「あの人1人が突っ走っている」「何でも1人で決めちゃうから」といった印象を与えてしまうような状況が生じやすくなってい

る。

　キミナルが示唆しているように、日常的なレベルの困難に対する実際的なアプローチと、国際的なレベルで女性運動によって掲げられてきた価値の保持、という双方の課題を移民女性の組織があわせ持っているとするならば（Quiminal 2000: 46）、在日フィリピン女性の活動も、抽象的な課題と、個別具体的な日常の問題とに、同時に取り組んでいると言える。

　上述したような、自分自身の「区別化」を少なからず意識しているようなリーダーの場合、抽象的な課題と個別具体的な日常生活上の問題とが密接なつながりがあることを、日々の生活や支援活動の中で最も強く認識していると言える。しかし、日常的な問題に現実的に取り囲まれそれとの闘いに日々膨大な時間を費やしている人に対して、抽象的な課題を理解するように促すことはそう容易ではない。そうなると、どうしても相対的に、いわば「抱えている問題が少ない」（決して「問題を抱えていない」ということではない）リーダーが、「抽象的な」問題に対して相対的に強い関心を持つことになる。そして、ほかのメンバーに対しての、「意識が低い」「自分のことしか考えず、みんなのための活動に対してあまり熱心ではない」といったフラストレーションとしてあらわれるのではないだろうか。

　こうしたグループ内部におけるリーダーとそれ以外のメンバー間の活動に傾ける熱意の差や、メンバーも含めた「一般的なフィリピン女性」に対するリーダーたちのまなざしは、決して個々人の特性に帰されるような問題ではないことは強調しておきたい。たとえばオフィスを持たないグループの場合など、ミーティングの場所一つ確保するのにも、公共施設の予約など、一定のエネルギーが必要となる。先に述べたように、在日フィリピン女性の活動基盤が、ネットワーク型としては機能しながらも、「エスニック組織」として強くなりにくい一因は、やはり「単身移動」でありかつ「国際結婚」という形での流入による制限が強いと考えられる。「在日フィリピン女性」に対するイメージもまた、日本社会における、さらにはフィリピン社会にも連なるような、「エンターティナーの出稼ぎ」の展開に伴うものであることは、繰り返すまでもないだろう。

156　第2部　再生産労働の国際移転と新たなモビリティ

(6)　組織活動と家族・親族内交渉の相互作用

　こうした社会・組織活動へのコミットメントは、女性たちの私的領域にどの
ような影響をもたらすのだろうか。次に、在日フィリピン女性リーダーとその
夫、そして夫の家族との関係について見てみることにしたい。

　あるグループのリーダーの夫は、高校の教師で、本人とは地域の語学サーク
ルを通して知り合った。そのため、妻の活動には比較的理解を示し、イベント
の際には車を出したり、人集めや報道機関への連絡など、積極的にサポートを
してきた。

　しかし、そうしたバックアップも、当然のことながら、夫と妻の関係がやや
不安定になると、減っていくようである。このリーダーの場合、2002年末に地
元の施設を借り切った大きなイベントを行った際には、夫は地元の市議会議員
をする自分の親戚や、両親、両親の友人といった人々を会場に招き、積極的に
妻のグループの活動を紹介していた。この女性は、過去に別な日本人男性との
離婚経験があるが、その男性からは「お前は頭がよすぎてこわい」などと言わ
れ、フィリピン女性として低く見られていたという。なので、現在の夫は英語
も話せるし、活動に理解があるので嬉しい、と、筆者が聞き取りを始めた当初
は語っていた。この女性の夫が折に触れて筆者に、「うちの奥さんは女にして
おくのはもったいないですよ」と話したことは、ある意味象徴的である。一つ
はホスト社会に対してステレオタイプの書き換えを求めるような活動の中心を
なす女性たちがやはり一方では対日本人夫との関係においては、依然として、
いわば「伝統的な女」役割から自由ではないこと。他方で別な見方をすれば、
「女にしておくのはもったいない」と、一種のねじれた形での「賞賛」を、彼
女にとっては最も身近な「ホスト社会」である夫にまず言わしめたところで、
彼女のアイデンティティ戦略はひとまず成功した、とも言えるのかもしれな
い、という意味においてである。

　しかし、2003年10月にこのグループがフィリピンから別なグループを招いた
イベントを行った際には、その前年に見られたような夫からの働きかけはほと
んど見られなかった。また、妻からの移動の際に車を出して欲しい、との依頼
にも彼は不快感を隠していなかった。リーダーの話によると、この間、夫婦の
間に問題が生じたことがその原因であるという。一般に、組織活動に熱心な女

第5章　日本におけるフィリピン女性移住者の運動　　157

性たちの日本人配偶者たちは、相対的にフィリピンへの関心が強く協力的か、あるいは「ノータッチ」ではあるが活動を制約するようなこともしない、と言われている。この女性の場合は夫の協力が、滞日歴は長いものの離婚を経た再婚のため地元に基盤の少なかった妻の活動の立ち上げにとってはきわめて大きな役割を果たしていた。しかしながら、こうしたバックアップもまた、夫婦間の関係の変化に左右されることは、再び、日本における在日フィリピン女性の置かれている「国際結婚」という文脈の不安定性を浮かび上がらせる[5]。

　しかしながら、メンバー間のつながりは、文字通り「私的領域への介入」と呼ぶにふさわしい働きを見せることもある。リーダーの夫に、別なフィリピン女性との浮気問題が起こったときには、他のメンバーが夫とその女性を呼び出し叱責した、といった「相互扶助」関係も生まれているのである。

　それでは、夫側家族にとって、女性たちの社会・組織活動はどのように評価されているのであろうか。

　あるグループのリーダーの夫の父親は元警察官で地域のボランティア活動などに熱心であり、彼女の活動にも理解を示しているという。また、地元の教育委員会に雇用されて小学校でフルタイムの英語教師をしているある女性について、離れて暮らす夫の両親は、「先生」だ、と言って「尊敬してくれている」という。彼女自身は、フィリピンでは弁護士を目指しており（元判事の父親に、「女の弁護士はダメだ」と反対された）、大学では経済学を学んで、その後省庁に務めたり議員の秘書をしていた経歴があり、「フィリピンでは先生の地位はそれほど高くないのにね……」と語っている。しかし、夫の両親は、彼女と自分の息子の結婚や、その後彼女が相談活動などに携わっていることに触発されて、自分の地域に住むフィリピン人とスポーツ・サークル活動をしたり、といった新しい関係が生まれているという。言うならば、夫の家族の女性自身に対する認識が、彼女たちの組織活動やボランティア活動を通して高められている、というわけである。

　しかし、この2人のリーダーに共通していたのは、夫の家族から日本名を与えられ、日常的にはその名前で呼ばれている、という点である。日本名で呼ばれ、「嫁」としてかわいがられ、当人も無意識的に「同化」の圧力の中に置かれながらも、一方で、彼女たちの存在や活動へのコミットメントが夫の家族に

158　第2部　再生産労働の国際移転と新たなモビリティ

少なからず変化をもたらしているのだ。

(7) 次世代への期待と自分たちの能力アピール：JFC への英語教育と地域の英語教育への参加

　日本で暮らすフィリピン女性にとって、切実な問題の一つは、日比国際児として生まれる子どもの存在である。彼女たちは、将来日本に永住するのか、あるいはフィリピンに夫ともども戻るのか不確定であるし、他方で子どもたちには日本の学校での「いじめ」といった問題がひかえている。

　もちろん、多くが日本で育っている子どもたちにフィリピン文化を伝える、ということも重要であるが、ダブルの環境で生まれたことを子どもたちのアドバンテージとし、いかに日本ないし、より「グローバルな」環境で活躍させていくか、という戦略を立てるときに重要になるのが「英語」である。

　活動を立ち上げたばかりのあるグループでも、最初に取りかかったプログラムの一つに、JFC 向けの英語レッスンがある。これは月に2回週末に行なわれており、内容は簡単なゲームをしたり、ビデオを見たりしながら、英語に慣れ親しむといった内容である。子どもたちは基本的にはグループのメンバーの子どもたちだが、中には両親が韓国籍の子どもも参加している。また、公民館などにちらしを置いていることから、両親が日本人である子どもからも問い合わせが来ているとのことだった。

　女性たちの、JFC への英語教育への熱心さは、二つの意味を持つと考えられる。一つは、「国際化」の時代を生き抜くマルチリンガルというスキルを持つ次世代を育てる、ということ。そしてもう一つは、そうした英語教育を「行う能力がある」自分たちの存在のアピールであり、実質的な能力の発揮である。

　英語能力が高いフィリピン女性にとって、現在小学校などでの英語教育の重点化とその担い手の不足、という点は大きな魅力である。場合によっては日本語よりも得意な英語を用いて、しかも学校という公の場で、市の教育委員会などからのお墨付きを得て正式に雇用ないし委任されるというのは、まさに「フィリピン女性のイメージを高め」「日本社会に積極的に参加する」という目的に合致するものであり、かつ有給で雇われれば収入源にもなる。

　実際、あるグループは、他県のフィリピン女性が地元でフルタイムで英語教

師をしていることに触発されて、イベントに来賓としてあらわれた市長に直接、「我々の市でもフィリピン人を英語教師に雇ってほしい」と直訴した。現在、このグループの中核メンバーは、市の小学校でボランティアではあるが英語教育に携わっている。

やはり英語教育に携わる、別な県のフィリピン女性によると、地元の教育委員会は当初は教材に対する自分の意見などは聞き入れてくれなかったが、徐々に態度が変わってきているという。彼女の場合は、国際空港が所在する市であるため、地域外国人と地元の子どもたちと PTA が空港をめぐるスタディ・ツアーなどを行う際にも、ガイド役としてかり出されているという。

また、地元の市がすべて英語で授業を行う一貫校を設置予定のため、そこへの応募や、アイデアが出た時点で、フィリピン大使館への人材紹介の仲介役などを地元自治体から要請されているフィリピン女性のグループもある。

このように、「英語」というツールが、次世代に対する一種のグローバルな上昇戦略と、自分たち自身の機会の拡大として活用され、それが現代の日本社会のニーズに合致し、複合的な活動展開の場としての可能性を示しているとも言える。

(8) 理念と現実のはざまで：求められる、「仲介」のローカルな「仲介」

しかしながら、在日フィリピン女性の活動が、すぐに地元で受け入れられたり、温かく迎えられる、というわけではない。ここでは組織および活動の立ち上げ間もないある地方都市のグループの代表が直面した状況について簡単に紹介しよう。

このグループは、2003年秋に、フィリピンで同様の活動を行っているグループを招聘し、イベントや交流行事を行った。

グループの代表は、これまで通訳ボランティアなどを通して培ってきた地元市役所との人脈を活かし、市の教育委員会の指導主事（当初彼女は、この指導主事のことを「教育委員長」と誤解していた）にイベントのサポートと、本番当日の挨拶、そして翌日の市内の小学校訪問を、それぞれ口約束で取り付けていた。しかし、たまたま居合わせた筆者がその指導主事に確認をしてみると、教育委員会の担当者は次のように返答してきた。

第2部　再生産労働の国際移転と新たなモビリティ

「たしかそういう話はしましたが、どうも○○さん（リーダーの名前）の話
はよくわからないんですよ。アポも取らずに突然やってきたり、携帯に電話
をかけてきたり……。

　小学校には話はつないでありますが、そちらのほうは、きちんと皆さんの
ほうで校長に挨拶を入れて、打ち合わせしてくださいよ。こちらは、ただ
『フィリピンからの人が行く』としか伝えてませんから。」

　実際、グループのリーダーはこの指導主事が当日会場に来てスピーチをする
ものだと固く信じ、当日の式次第にも彼の名前を盛り込んでいたが、結局本人
は連絡もないまま現れず、代表は苦い思いをすることになった。

　このリーダーの場合、この地に移り住んでまだ年月が経っておらず、地元の
日本人コミュニティとのつながりがそれほど確立されていない点が、こうした
行き違いを生む原因となったと考えられる。

　これと対照的なのは、名古屋で活動を展開しているフィリピン女性のグルー
プである。このグループは、文字通り地域社会とのネットワーク作りは活動の
展開の中核を担っており、個別の相談活動の際の日本人主催 NGO との連携が
成功する中から、そのほかの大きなプロジェクト（超過滞在の子ども向けの学校
設立など）にも地域の日本人グループの協力を得、活動をさらに展開させてい
る。このグループの活動の展開は日本人ネットワークとフィリピン・コミュニ
ティをうまくつないだ点にあり、この意味で他の移住者支援 NGO には見られ
ない、重要な役割を担っていた[6]（小笠原ほか 2001）。この点から、地元社会と
の連携、特に行政との間にきちんと入ってくれるネットワークの存在が重要で
あることが指摘できるだろう。むしろこうしたつながりをいかに作っていける
か、という点が日本の中での活動基盤や展開にとって重要になると言える。

　言わば、ホスト社会と移民コミュニティを「仲介」する役割を果たす滞日
フィリピン女性組織にとって、さらにその「ホスト社会」と彼女たちとの間
を、より具体的に「仲介」してくれる、ホスト社会側の、特にローカルなグ
ループやネットワークの存在が求められている、ということなのかもしれな
い。

　他方でこうした状況は、日本における外国人支援組織が、外国人コミュニ

第5章　日本におけるフィリピン女性移住者の運動　161

ティとの連携がうまくとれておらず、「何かプログラムを始めても、移住者を集めるのが難しい」（小ヶ谷ほか 2001: 56）といった問題の裏返しとも言える。

(9)　在日フィリピン女性の活動におけるトランスナショナリズム

　最後に、対フィリピン社会という観点から見た在日フィリピン女性の活動について検討してみたい。

　近年、移民が二国間ないし多国間にまたがってネットワークや社会空間を構築するというトランスナショナリズムの議論が盛んだが、在日フィリピン女性の活動に多く見られる、フィリピンへの寄付活動は、こうした文脈で考えることが可能であろう。出身社会への寄付活動は、たとえば同郷集団が地元に公共施設などを建設するために日本で募金を集めたり、あるいはフィリピンで教会やNGOが実施している社会福祉プロジェクトに寄付を送ったり、あるいはフィリピンの学生に奨学金を与える、といった内容のものがある[7]。このほかにも、たとえば金銭ではなく、クリスマスの時期に、フィリピン人の多く集まる教会のそばのサリサリ・ストアの軒先に古着を集める箱が置かれ、集められた古着がフィリピンの教会を通して子どもたちにクリスマス・プレゼントとして渡される、といった活動もある。また、グループ単位ではなく、個人として奨学金制度を持っていたり、教会への寄付活動を行っている人もいる。

　ゴールドリング（Luin Goldring）は、トランスナショナリズムを「地位を主張し安定させる（status claiming and valorizing）」プロセス、と位置づけ、バッシュ（Linda Basch）らの議論を援用しながらトランスナショナリズムの成立要件を、以下のように挙げている（Goldring 1998: 168）。

　①　家族の再生産が経済的・政治的に不安定であること。
　②　ホスト国における人種化された排除の存在。
　③　出身国における社会的排除（特に女性の場合）。

　こうした条件の下で、トランスナショナルな紐帯や多様な階級、ナショナル、人種に基づくアイデンティティを維持することで、トランスマイグラントが自分たちの経済的状況を改善ないしは維持し、社会的立場を強化ないし上昇させ、自尊心をゆるぎないものにする、とされている。

　この成立要件を在日フィリピン女性の文脈に対応させてみると、次のように

言えるのではないだろうか。

①　国際結婚の中の不安定性。特に、滞在資格が「日本人の配偶者」の場合は、基本的に夫の存在に自分の在留資格が依存している。自国ではない国での将来の生活、中でも子育てへの不安。夫の死後（夫の年齢のほうが相対的に高い傾向）の生活、あるいは夫の退職後のフィリピン移住の可能性など、日本への「定住化傾向」が進んでいると言われながらも、これらの不安要素は少なからず存在している。

②　日本社会における「フィリピン女性」への特定のイメージの意識化。現実問題としての様々な生活問題や差別問題。

③　「Balikbayan」（帰国者＝海外移住者）としては新参者の立場。特に国際結婚の相手としての日本人の、必ずしも高くはない位置づけ。エンターティナーか「日本人の配偶者」、という特定の渡航カテゴリーに対するフィリピン社会からのまなざし。

③については、若干補足しておきたい。"White Love" などと称されるように、フィリピン女性にとっては、特に「白人」外国人男性が国際結婚の相手としては「最も望ましい」とされる風潮がある。Roces（1998）がオーストラリア人男性と結婚したフィリピン女性の例で述べたように、フィリピンの家族や親戚への送金行為、フィリピンへの帰国時に、おみやげや持ち物、そして「白人の夫を同伴すること」によって、女性たちは出身社会において「地位が高められる」経験をする（Roces 1998:4）。これに比べると日本人男性は、「日本人＝金持ち」イメージは当然あるものの、それ以外の点においては白人外国人男性ほどのステイタス・シンボルとはなりえていない。

しかし、近年、国際結婚の相手先国として長年第1位の位置を占めてきたアメリカに、日本は届かんとする勢いで第2位となっており、2000年ではアメリカに結婚相手として移動する数が5,636人に対して、日本は5,146人である。ちなみに、結婚のための移動を含めた、定住移民としての出移民数は、2000年でアメリカ向けが3万1,324人、日本向けは6,468人であるので、日本向け定住移民の8割が「結婚目的」であることがわかる[8]。また、国際結婚のうち、9割がフィリピン女性と外国人男性の組み合わせとなっている。

こうした条件下でのフィリピン女性たちの寄付活動は、フィリピン社会に対

第5章　日本におけるフィリピン女性移住者の運動　163

して、まさに「在日フィリピン女性」としての地位をポジティヴに示す一つの
手段になっていると考えられるのではないだろうか。

　もちろん、圧倒的な経済格差の中にあって、母国の貧しい人々やニーズが満
たされていない層に支援をしたい、という意志が根底にあるのは間違いないで
あろう。しかし、そうした行為が女性たちのアイデンティティ戦略の中に埋め
込まれている、という点もまた事実ではないかと考えられる。

　本章での分析は、きわめて限られた事例からの試論の域を出ていない。しか
し、将来的に在日フィリピン女性の社会活動を、類型化も視野に入れつつ分析
していく上での、いくつかの重要な視点は確認できたのではないかと思われ
る。

　以下、本章で見出された知見を簡単に要約すると、以下のようになるだろ
う。

・在日フィリピン女性の社会活動は、複数の目的と戦略（日本社会へのアイデ
　ンティティ表明・日常的レベルでの自助ネットワーク・出身フィリピン社会への地
　位表明など）の束として考えることができる。
・これらの活動は日本社会への「適応」にとどまらない、トランスナショナ
　リズムと呼べるような空間的・領域的広がりを持っている。
・彼女たちの活動は、次世代の教育を重視しているという点で、時間／世代
　的広がりも持ち合わせている。
・また、これらの複数の戦略が分かちがたく結びつき、一体となっているこ
　とに意味がある。特に、公的領域と私的領域の境界が常に流動的な女性の
　国際移動においては、複数の戦略の多層性が重要になる。
・しかしまた、戦略が多層的であるゆえに、様々な文脈が女性たちの活動を
　取り巻いており、そうした女性たちの日々のストラグルを軽視して、表面
　的な活動の成果や実態のみを取り上げることには限界があるだろう。
・彼女たちの活動を取り巻く制約や困難と、その中でも生じつつある新しい
　変化の契機──女性たちの能力を生かした地域参加や、「仲介」役割、夫
　家族との関係変化など──とを同時にとらえる視点が必要だろう。
・こうした諸相は、「移民／移動の女性化」の日本的展開──「エンター
　ティナー」に特化したフィリピン女性の流入と、「国際結婚」のプレゼン

164　第 2 部　再生産労働の国際移転と新たなモビリティ

ス——に深く条件づけられており、いわば「単身労働移動型」と「家族移
動型」の「移民／移動の女性化」の中間的なタイプの「女性化」の帰結と
して位置づけられるのではないか。

5-2　挑戦される日本の「家族」

　女性の国際移動を通して立体的に結合され、空間を越えて拡大する「家族」
がある一方で、移動する女性たちによって挑戦される「家族」もある。とりわ
け日本における「家族」制度に挑戦するようなダイナミズムが、国境を越えて
移動する女性たちの営みの中に存在している。それを端的に表している事例と
して、現在日本とフィリピンの双方において展開されている、日比国際児／
ジャパニーズ・フィリピーノ・チルドレン（JFC）とその母親たちの運動を取
り上げてみることにしたい。

　日比国際児／JFC とは、本来「日系フィリピン人児童」といった意味であ
る。しかし実際にはその中に、日本人男性とフィリピン人女性の間に生を受け
ながらも日本人の父親から養育を拒否されたり認知を受けていない子ども、国
際婚外子である子どもたちが多く含まれている。そのため、日本人の父親から
何らかの理由で連絡を絶たれているジャパニーズ・フィリピーノの子どもたち
に限定して、JFC と呼ぶことが多い。JFC のケースには様々なパターンがある
が、最も多いとされているのは、母親であるフィリピン女性が日本でエンター
ティナーとして働いているときに店の客であった日本人男性と出会い妊娠・出
産する、というタイプである。こうした子どもたちはフィリピンに数万人いる
と言われている。父親からの養育放棄によるフィリピン人母親の経済的負担
増、父親からの認知を受けていないという法的資格の不安定さ、ひいてはフィ
リピン・日本双方における差別、父親不在による心理的影響など JFC を取り
巻く問題は複雑かつ多岐にわたっているが、要は二つの国の間にきわめて不安
定な形で生を受けたゆえに、子どもたちの権利が奪われている状態、と言える
だろう。父親に認知されていない場合が多いため、日本政府から具体的援助を
受けることは当然不可能であり、また父親の連絡先を探すために在比日本大使
館に助けを求めたとしても、「プライバシーの問題」「個人的な問題」として公

第5章　日本におけるフィリピン女性移住者の運動　165

的な支援を受けにくい。ましてや、フィリピン政府からの介入も期待できない。1980年代半ば頃から、フィリピンから日本への女性エンターティナーの流入が増加するのに伴って1990年代初めには日本国内でも注目されるようになってきたJFCの権利問題であるが、現在もなお支援主体は、日本及びフィリピンで活動するNGOやボランティア弁護士である。

　JFCと呼ばれるこうした子どもたちは、もちろん日本国内にも存在している。まさに「ケース・バイ・ケース」で様々な事情が存在するわけだが、日本で暮らし将来も日本社会を基盤に生活していこうと考えている国際婚外子のJFCにとっての大きな問題は、「日本国籍の有無」である。国際婚外子が日本国籍を取得するためには、出生以前の「胎児」の状態で父親に認知を受ける、「胎児認知」という手続きが必要であった。つまり、たとえ出生後に日本人の父親の認知を受けたとしても、その子どもに日本国籍は付与されない。しかし、この「胎児認知」制度の存在はあまり知られておらず、ゆえに生まれてくる子どもを認知する意志を日本人男性が持っていたとしても、生後認知を届ける時点でその子どもが日本国籍を自動的には取得できないことを初めて知る、といった事態が起こる。胎児認知を除いては、両親が合法的に結婚する以外、国際婚外子のJFCに日本国籍取得の道はほぼ閉ざされていると考えられてきた。しかし、2005年4月に東京地方裁判所で、日本で同居に近い事実がある日本人の父親とフィリピン人の母親の間に生まれ生後認知しか受けていなかった婚外子のJFCに対して、両親が婚姻関係にないことを理由に日本国籍を付与されないのは違憲である、との画期的な判決が出た。この判決によって、「両親の婚姻関係」と「子どもの国籍」を結びつける日本の国籍法の問題性が明らかにされた。言い換えればこれは、「合法的な家族＝両親の婚姻に基づく家族」の成員のみが正当な「日本国籍保持者」だとする、「家族＝国家」観を、JFCとその両親が打ち破ったとも言える。この判決を受けて、同様に出生後認知のため日本国籍を取得できていない婚外子のJFCとその母親9組が、NGOの支援を受けて集団で国籍確認訴訟を起こし、2008年4月ついに最高裁において、両親の婚姻の有無を理由に子どもに日本国籍を認めないのは憲法違反であるとの判決が下され、その後国籍法が改正された。こうした子どもと母親たちの運動は、まさに日本の「家族」とそれに依拠した国籍のあり方を、根底から

166　第2部　再生産労働の国際移転と新たなモビリティ

ゆさぶるものであると言えよう。

　同時にフィリピン国内における JFC とその母親たちの運動は、さらなる「挑戦」を日本の「家族」に突きつけている。フィリピン国内における JFC とその母親の主張には、もちろん日本人の父親からの認知を求めるものもある。しかしその多くは、認知が無理であれば経済的支援、ないしは子どもとの定期的な連絡を求めるものが多い（DAWN 2003）。一見すると、経済的支援のみ、あるいは父親との情緒的なつながりのみを求めているように見える彼女ら／彼らの運動であるが、それは「国籍」や「家族としてのオーソライズ」を超越して、トランスナショナルな、「実態としての家族」を再形成しようとする志向とも読める。トランスナショナルな「家族」を求めるフィリピンにおける JFC の運動は、言うなれば「国籍」や「国境」を超越した「承認（recognition）」（日本国籍の取得を求めるのでもなく、その存在そのものの承認と、実態としての家族形成の権利要求、という意味において）を求める運動なのである。この運動を前にして、日本における「国家によってオーソライズされたナショナルな家族」は、その存在基盤をゆるがされ、大きな挑戦を受けることになるのだ。国家の承認のみによらない、「家族」の承認はどのようにして可能なのか――。これは、今後 JFC の運動において深められていくべき命題と言えるだろう。

　こうした日本の「家族」への挑戦を生み出したものは、――たとえそれだけが理由ではないにせよ――「単純労働者を受け入れない」という方針の下で、「興行」カテゴリーのみをアジア女性（その大半がフィリピン人女性である）に対して巧妙に開放し、結果的に彼女たちの合法的な日本での就労範囲を接客業ないし性産業のみに限定させてきた、すなわち実態としてきわめてジェンダー化された出入国管理法そのものであることは忘れてはならない。現在、日本とフィリピンとで起こっている、日本の「家族」へのゆさぶりは、まさに日本およびフィリピン両政府の人の移動をめぐる施策の結果として生まれているのである。

5-3　小括

　第4章で見てきたようにフィリピン人女性の家事労働者としての国際移動を

通して、相対的先進国である受け入れ国の「家族」と相対的後進国である送り出し国フィリピンの「家族」は複雑に結びつけられる。フィリピン人女性は香港やシンガポールの「家族」の再生産を支え、同時にその「家族」の不平等な「一員」として、しかしそれでも「家族」に新しい変化や交渉をもたらす存在として結合される。他方、フィリピンの「家族」は時間と空間の圧縮の中で、女性たちを労働や婚姻のために海外に送り出すことで、トランスナショナルなネットワーク拡大を実現している。しかしその裏側では、日本に婚姻移動したフィリピン人女性の場合、日本の「家族」への適応とフィリピンの「家族」への責任との間での葛藤も生じている。また、政策的に導入された女性の国際労働移動がもたらした帰結として、日本の「家族」はフィリピン人女性とその子どもたちの運動によって、そのナショナルにオーソライズされた存在基盤をゆさぶられている。

　いずれの局面も、言うまでもなく静態的ではなく、常に矛盾と葛藤、そして同時に様々な方向に向かいうる変化の可能性を含んだ今日の「家族」の姿である。「家族」が国境を越えて連結し、拡大し、それが他の社会の「家族」にインパクトを与えていく、という動き―。まさに現在、世界の多くの「家族」がグローバリゼーションの中で越境し、越境されているのだ。人の国際移動が、今日のグローバリゼーションを考える一つの鍵であるのならば、ジェンダー化された人の国際移動、とりわけ女性の国際移動は、グローバリゼーションの中での「家族」のあり様を探る上でも多くのヒントを提供してくれる。

　また、本章では問題構成の指摘にとどまったが、在日フィリピン女性におけるトランスナショナリズムは、今後さらに分析を進めていく必要があると思われる。「定住化仮説」が日本においても、批判的にとらえられ始めてきている中、こうした在日フィリピン女性の活動は、日本における移住者のアイデンティティの現実に迫る上でも、まだまだ多くの論点を内包していると考えられる。特にフィリピン側において、こうした「在日フィリピン女性」たちの活動がどのように評価されているか、といった点は、筆者の今後の課題としたい[9]。

168 第2部 再生産労働の国際移転と新たなモビリティ

注

1) あわせて、「定住」や「永住」資格を得る人たちも増加している。その中には日本人配偶者と離婚した人も含まれる。

2) この中で邱（2003）は、「移民女性における主体性の構築」というより広い関心から在日フィリピン女性（特にフィリピン人妻）の活動について議論している。

3) もちろん、ヨーロッパにおける女性の移動は「家族再結合」だけにとどまるものではない。たとえばMorocvasic（2003）は、近年旧東欧からの単身移動型の女性の移動、いわゆるコミューターの増加について紹介している。

4) フィリピン政府は、いわゆる「エンターティナー」のことを、「OPA（Overseas Performing Artist）＝海外パフォーミング・アーティスト」と総称してきた。しかしこの呼称は、必ずしも日本社会においては定着を見ていないため、ここでは便宜的に「エンターティナー」を用いる。このOPAというネーミング自体が、その「専門性」を過度に強調することがあらゆる面での実態のカムフラージュを助長している、との批判も多い。

5) ちなみにこの夫は、一切お小遣いをこのリーダーには渡しておらず、彼女はこれまでの自分のカード・ビジネスなどの収入や貯蓄で活動を行っている。

6) ただしこのグループには、高畑がいう「市民運動の専門家」（高畑 2003b: 285）の存在があり、この「専門家」が教会関係者であることからそのネットワークの存在もある。

7) こうした海外フィリピン人からの寄付（金銭および物品）を、各地の大使館を通じて海外フィリピン人委員会（Commission on Filipino Overseas）が各省庁との連携の下で教育や小規模ビジネス、保健や福祉、小規模インフラや技術移転といった分野に活用するプログラム、LINKAPIL（Lingkod sa Kapwa Pilipino: Link for Philippine Development）が1989年に編成されている。これはもちろん、在日フィリピン人に限らず世界中の海外フィリピン人を対象にしたものだが、「下からの」トランスナショナリズムが、政府による「上からの」トランスナショナリズムへと昇華した一つの事例と言える。

8) ちなみに出移民先上位国のうち、オーストラリアの出移民に占める「結婚」理由の比率が約53％で、日本に次ぐ2位となっている。

9) 本章執筆に際しては、多くの在日フィリピン女性個人および団体・グループ、ネットワーク、そしてその支援者や家族の皆さんに貴重な時間を割いて協力していただいた。イベントの参与観察や、インタビューを快く許可してくださった多くの方々に、この場を借りてお礼申し上げたい。

第3部

ローカル・ナショナル・グローバルの交差するところ

第 6 章　フィリピンの海外雇用政策と「女性化」

6-1　概観

　基本的に「買手市場」とされる国際労働移動においては、送り出し側の政策が注目されることは少ない。しかし、国際環境の変化と人の国際移動の進展に伴い、送り出し国は積極的な送り出し政策を実行しながら、同時に受け入れ国とは異なる課題に直面し、対応を迫られている。本章では世界有数の送り出し国であり、合法・非合法を合わせると約1,000万人が海外で就労しているとされるフィリピンの海外雇用政策を取り上げ、送り出し政策が現実の変化を受けてどのように推移してきたのかを考察する。世界中に海外労働者が点在する中、送り出し国政府が果たせる役割とは何なのか――フィリピンの経験はこうした問いに対する答えを探る上で、様々な意味で格好の題材と言える。実際、70年代に始まるフィリピン人海外労働者の動向はまさに世界経済のトレンドをそのまま反映しており、海外雇用政策もそれに応じて推移している。

　その歴史的経験から欧米へ定住移民として移動する人々や、さらに近年では外国人の配偶者として移住するフィリピン人女性も増加している。しかし、1974年以降のフィリピン政府の海外雇用政策のターゲットであり、かつ現在のフィリピン人の国際移動の中心をなしているのは、海外フィリピン人労働者（Overseas Filipino Workers: OFWs）と呼ばれる人々である（Go 2000）。本章の関心の中心はこうした「一時的な就労目的」とされる海外労働者に対するフィリピン政府の諸策である。本章では74年以来のフィリピンの海外雇用政策の変遷を概観しながら、特に80年代後半に「海外労働者の女性化（feminization of overseas migrant workers)」が政策にどのような影響を与えてきたのかを明らかにしたい。95年に起こったシンガポールでの家事労働者の死刑事件（コンテンプラシオ

ン事件）を受けて制定された「移住労働者と海外フィリピン人に関する95年法（共和国法8042号）（Migrant Workers and Overseas Filipinos Act of 1995: RA8042）」（以後「95年法」と表記）は、1980年代後半からの「女性化」の進展とそれに伴う「労働者保護」という課題の広がりを象徴するものであった。と同時に、これまで「短期的」とはいえ、国家開発政策の一つとして打ち出されていた海外雇用政策を「推進しない」と言わしめた点で重要な意味をもつものと期待された。

　しかし、経済危機や政権交代を経て、「95年法」の実践は、もともとのねらいであるはずの労働者保護に関しての動きが鈍い一方で、「適正な送り出しと規制緩和」の方向に向かいつつある。「女性化」傾向の定着に加えて、帰国者の再統合といった課題、より専門的な労働市場の確保などへ向けた政府の新たな重点化傾向も見られている。こうした「95年法」以降の動向についても、検討したい。

(1) フィリピン人の国際移動

　まず1990年代以降のデータから、フィリピン人の国際労働移動の大まかな見取り図を描いてみることにしたい[1]。

① 海外雇用契約数

　POEA（Philippine Overseas Employment Administration: 海外雇用庁）データによると、2013年に海外就労のための雇用契約を結び海外渡航した労働者の数は183万6,345人で、そのうち陸上労働者（land-based）が146万9,179人、船員などの海上労働者（sea-based）は36万7,166人となっている。また、陸上労働者のうち68％にあたる100万4,291人が「再雇用者（rehires）」である。

　1999年の同じデータを見てみると、海外渡航者数全体が83万7,020人、陸上労働者が64万331人、海上労働者が19万6,689人であるので、15年間で海外就労件数は約2.2倍、実数でちょうど100万人増加していることがわかる（表6-1）。

② 男女比

　2010年現在のフィリピンからの新規海外労働者に占める女性比率は55％となっている（POEA Statistics）。1999年には新規雇用者に占める女性比率は64％であったことから、過去10年で新規雇用者に占める女性比率は10％ほど減り、男女比は均衡しつつある。ただし、図6-1にあるように、海外雇用政策開始

第6章 フィリピンの海外雇用政策と「女性化」 173

表6-1 90年代のフィリピン人の国際移動数 (1990-2001年) (単位：人)

	1. 海外労働者	a. 陸上	b. 海上	2. 永住移民
1990年	446,095	334,883	111,212	63,208
1991年	615,019	489,260	125,759	62,671
1992年	686,461	549,655	136,806	64,172
1993年	696,630	550,872	145,758	66,413
1994年	719,602	565,226	154,376	64,537
1995年	654,022	488,621	165,401	56,259
1996年	660,122	484,653	175,469	60,926
1997年	747,696	559,227	188,469	54,078
1998年	831,643	638,343	193,300	39,010
1999年	837,020	640,331	196,689	40,508
2000年	841,628	643,304	198,324	51,031
2001年	866,590	661,639	204,951	52,054

出所）Go (2000)（出所は POEA および CFO 内部資料）および http://pinoymigrant.dole.gov.ph より作成。

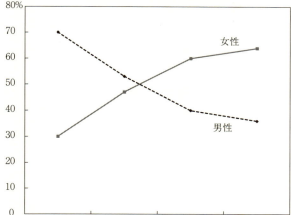

図6-1 海外労働者の男女比の推移 (新規雇用者)

出所）Gonzalez (1998: 42) および Go (2000) より作成。

時から見ると、フィリピン海外労働者の「女性化」は顕著である。アジア経済危機において打撃を受けたのは建設や生産労働を中心にする男性労働者であり、家事労働者を中心とした就労者の「女性化」は今後も引き続いてフィリピンからの人の移動を特徴づけていくだろう、との予測どおり (Go 1999)、女性比率が今後減少していくことはほぼないと考えられる。

③ 就労先

就労先を地域別に見るとアフリカ、北米、アジア、ヨーロッパ、中東、オセアニア、信託統治領など世界中に広がっているが、2013年現在で最も多く海外労働者が渡航した国はサウジアラビアで再雇用・新規雇用合わせて38万2,553

人が渡航している。次いでアラブ首長国連邦（UAE）に26万1,119人、そのあとにシンガポール17万3,666人、香港13万686人と続く。サウジアラビアは、後述するようにフィリピンの海外雇用政策開始時から一貫して渡航先の第1位であり続けている。なお、1970年代から80年代前半まで受け入れ先として支配的であった中東諸国に対して、相対的にアジア諸国の比率が上がっているのがフィリピン人の海外移動の80年代後半以来の傾向であるが（表6-4）、1998年のアジア経済危機後に中東諸国への移動がやや増え、2000年代に入るとヨーロッパ諸国への渡航が増加した、といった傾向が見られた。

なお、2014年の国家統計局（National Statistics Office: NSO）による「海外フィリピン人調査（Survey on Overseas Filipino）」によれば、海外フィリピン人労働者の就労先第1位がやはりサウジアラビア（全体の24.8%）、次いでアラブ首長国連邦（UAE）が15.8%、第3位はシンガポール6.4%となっている。

④　職種

海外労働者の就労先での職種構成は、年次によって職業カテゴリーの変遷があるものの、2013年現在では新規雇用者の最多数、23万30人がサービス職に従事している。そのうちの7割が家事労働者[2]（16万4,396人）である。次いで、生産労働者（Production Worker）が14万7,776人、そのあとに専門職5万3,840人、と続く。ちなみに2010年のデータでは家事労働職の実に98%が女性であった。サービス業全体でも女性比率は87%である。他方で生産労働者の8割は男性である。なお、後述するように2005年まで日本への出稼ぎ者の9割を占めていたエンターティナー／海外パフォーミング・アーティストは、専門関連職カテゴリーに含まれていた（表6-2）。

(2)　海外雇用政策に関わる政府機関

次に、海外雇用政策に関わる政府機関とその基本的な役割・業務について概説しておこう。

フィリピンの海外雇用政策を具体的に担当している省庁はいずれも労働雇用省（Department of Labour and Employment: DOLE）の管轄下にある POEA（海外雇用庁）、OWWA（海外労働者福祉庁）、それに外務省である。具体的には海外労働者の渡航管理とオリエンテーション、民間斡旋機関の監督を POEA が、海外

第6章　フィリピンの海外雇用政策と「女性化」　175

表6-2　1975-1998年の海外労働者職種別内訳（％：海外出稼ぎ者全体数に占める割合）

	1975年	1980年	1985年	1987年	1995年	1998年
専門・技術職	53.5	15.5	22.5	27.6	20.5	24.6
（興行）	(15.4)	(7.9)	(5.4)	(8.9)	(10.9)	(15.6)
管理職	0.6	0.5	0.4	0.4	0.2	0.2
事務職	1.8	3.4	4.5	3.6	1.6	1.4
販売職	0.5	0.3	0.8	1.0	1.0	1.2
サービス職	22.0	14.9	27.1	33.7	38.0	36.7
（家事／介護労働）	nda	nda	nda	(21.5)	(29.3)	(33.1)
農林漁業	0.9	1.0	0.4	0.6	0.5	0.2
生産関連・運転・単純労働	20.8	64.4	44.4	33.2	38.2	35.7

出所）Go（1998: 15）および Go（1999, 2000）より作成（出所は POEA 内部資料）。

表6-3　上位就労先に占める女性比率（％）（1992-1996年。新規雇用のみ）

	1992年	1993年	1994年	1995年	1996年
香港	93.5	95.1	95.7	94.4	92.8
シンガポール	89.0	79.6	76.2	60.4	28.4
台湾	31.7	53.7	59.2	59.6	47.9
日本	94.0	95.5	95.2	93.7	93.9
サウジアラビア	24.9	28.1	31.0	33.9	34.4
U.A.E.	75.0	74.7	71.0	62.4	65.0

出所）Go（1998: 20）より作成（出所は POEA 内部資料）。

労働者およびその家族に対する福祉・厚生関係のプログラムは OWWA が、そして渡航後のフィリピン人の保護に関しては外務省と OWWA の連携が見られている。

① POEA: Philippine Overseas Employment Administration（海外雇用庁）

　フィリピンの海外雇用政策において中心的な役割を担うのが POEA である。74年の海外雇用政策の導入と同時に設立され OEDB（Overseas Employment Development Board: 海外雇用開発局）と NSB（National Seamen Board: 国家船員局）、そして BES（Bureau of Employment Services: 雇用サービス局）を統合して82年に設立された機関で、労働雇用省の管轄下に置かれ、フィリピン人労働者の海外雇用を管轄している。POEA の主要業務は、①雇用契約手続き、②斡旋機関を通じてフィリピン人労働者を雇う外国人に対する雇用主認定、③労働基準認定、④民間雇用斡旋機関の認可、⑤斡旋機関に対する裁定、⑥海外労働者への雇用前オリエンテーションと渡航前オリエンテーション実施、⑦海外労働者への海外雇用許可証（Overseas Employment Clearance: OEC）の発行とエンターティナーへ

176　第3部　ローカル・ナショナル・グローバルの交差するところ

表6-4　就労先上位10カ国の推移（陸上）

	1975-1979	順位	1980-1984	順位	1985-1989	順位	1990-1994	順位	1995-1999**	順位
総数	211,878		1,299,086		1,766,703		2,489,896		2,688,095	
上位10カ国総数	180,660		1,211,855		1,595,071		2,037,539		2,177,668	
上位10カ国比率	85%		93%		90%		82%		81%	
アジア諸国比率*	16%		10%		20%		28%		40%	
中東諸国比率*	62%		82%		70%		54%		39%	
U.S.A.	9,348	3	11,736	10						
ブルネイ							44,501	9	50,578	9
香港	8,484	4	46,751	4	150,829	2	262,069	2	392,440	2
インドネシア	2,950	9								
日本	22,996	2	62,085	3	148,368	3	249,272	3	150,315	4
マレーシア							41,316	8	49,543	10
シンガポール			19,778	9	55,868	6	43,943	7	82,232	6
台湾							58,692	5	345,480	3
イギリス	5,317	6								
イタリア									61,258	8
バーレーン	2,880	10	21,300	8	33,571	7				
イラク	3,576	8	69,109	2						
クウェート	6,585	5	40,840	6	90,947	5	58,440	6	62,048	7
リビア			32,715	7	29,005	10				
オマーン					29,233	9				
カタール					32,473	8	44,425	10		
サウジアラビア	113,473	1	864,869	1	925,639	1	1,104,494	1	839,557	1
U.A.E	5,051	7	42,672	5	99,138	4	130,387	4	144,217	5

出所）Go（1998: 13）および Go（2000）より作成（出所は POEA 内部資料）。
*上位10カ国中に含まれている国の全体比　　**99年は1月から9月まで

のアーティスト・レコードブック（Artist Record Book: ARB）の発行である（Ateneo Human Rights Center 1999: 5-6）。

　POEA が取り扱う海外雇用の形態は、①民間斡旋機関を通した雇用、②知り合いなどを通じた直接雇用（Name Hire）、③ POEA の斡旋部に直接申し込まれた雇用の3種類である。97年の POEA データによると、陸上労働者中の新規雇用者21万1,746人中、民間斡旋機関を通じた雇用が12万8,825人と最大のカテゴリーになっている（POEA 1997）。民間斡旋機関は POEA のサーチエンジンによると現在1,450存在している。斡旋機関を通じて手続きをする労働者は、その機関が労働基準に則って POEA に登録済みであることが必要である。不当に多額な斡旋料を請求したり、場合によっては労働者から斡旋料をだまし取って雲隠れする、といった非合法民間斡旋業者は後を絶たず、こうした違法業者の取り締まり問題は現在のフィリピン海外雇用政策が抱える課題の一つであ

る。

いずれの雇用形態であっても、雇用契約は POEA が定める最低基準を満たしていなければならない[3]。これら諸条件を満たした労働契約は斡旋機関によって POEA に提出され、承認を受ける[4]。契約の整った海外労働者は全員、労働者の権利や就労先の国・地域についてのガイダンス、政府機関や NGO によるサポート・ネットワークなどに関する渡航前オリエンテーションを受けなければならない。この渡航前オリエンテーションは、斡旋業者、NGO、政府がそれぞれ実施することができるが、エンターティナーに関してのみ、NGO の関与が許されていない。またこのほかに、海外雇用の手続きや非合法斡旋機関に関する情報提供を行う雇用前オリエンテーションも実施されている。

エンターティナー／パフォーミング・アーティスト（Overseas Performing Artist: OPA）は POEA の規準を満たした民間斡旋業者によるダンスや歌のトレーニングを経て、TESDA（Technical Education and Skills Development Authority: 技術教育・技能開発庁）が実施する試験に合格したのち、知識や能力証明、海外雇用経験、個人データなどが記載されたアーティスト・レコードブックの発行を受けなければならない（Ateneo Human Rights Center 1999: 5）。このいわゆる「芸能人登録制度」はエンターティナーへの年齢制限の設定と同様、91年に日本で起こったマリクリス・シオソン事件[5] を受けて導入されたものである。

② OWWA: Overseas Workers Welfare Administration（海外労働者福祉庁）

OWWA は、80年に設立されていた海外労働者福祉基金（Welfare Fund for Overseas Workers）を母体として1987年に作られた、海外就労者とその家族への社会・福祉サービス提供業務を行なう機関であり、POEA と同じ労働雇用省の管轄下にある。海外労働者は渡航時に25米ドルの拠出金を支払い、それが OWWA のプロジェクトやサービスの資金源となっている。

OWWA の具体的な業務は、①海外労働者が渡航先で死亡したり事故に遭った際の援助、②帰国に関するアシスタント、③空港でのアシスタント、④医療サービス、⑤法的アシスタント、⑥トレーニングとカウンセリング・サービス、⑦帰国者の生計支援プログラムと再統合プログラムの実施である。OWWA は18カ国に Filipino Development Workers Center を設置し、労働者に対するカウンセリングやシェルター活動、および受け入れ先でのトラブルの処

178　第3部　ローカル・ナショナル・グローバルの交差するところ

理や支援を専門とする NGO の紹介などを行っている。海外就労者が抱える具
体的な問題ケースの公式統計を出しているのは OWWA である。

　この2機関に加えて、受け入れ諸国の領事館や大使館での労働者支援を行う
のが外務省の役割であり、労働雇用省からの派遣スタッフが駐在し、就労先で
のフィリピン人保護を担当している。

　このほかに、外国人配偶者や永住移民など海外労働者以外の在外フィリピン
人を扱う政府機関として海外フィリピン人委員会（Commission on Filipino Over-
seas: CFO）が80年に設立されており、やはり行き先別の事前オリエンテーショ
ンや渡航に関する諸手続き一般の事務処理、およすでに海外に在住している
フィリピン系移民の福祉・厚生の促進を図る任務にあたっている。特に近年
は、外国人配偶者としての移民者が増加しているため、CFO の役割も強化さ
れている。行き先別の語学や結婚・離婚に関する諸手続きの説明に加えて、重
婚や偽装結婚などを防ぐためのデータベース化が進められ、重婚や偽装結婚の
前歴のある外国人のブラックリスト化も進んでいる。

(3)　フィリピン海外雇用政策の推移

　それでは、フィリピンの海外雇用政策は約四半世紀の間にどのような推移を
経て今日にいたっているのであろうか。ここでは、74年から90年代後半までの
「積極的送り出し」から「労働者保護」へという政策方針の変化の推移を概観
し、その中でフィリピン政府が直面していく政府方針と現実との乖離に注目し
てみたい。

①　海外雇用政策導入以前：アメリカとの強い関係

　まず、1974年の海外雇用政策導入以前のフィリピン人の国際移動を簡単に振
り返っておくことにしよう[6]。1898年に米西戦争の結果アメリカの植民地と
なったフィリピンは、他のアジア系とは異なって1917年のアメリカの移民制限
法の影響を受けず、"special non-citizen national status" として法的な優位性を
保持していた。1920年代から40年代までのフィリピンからの海外労働者の大半
はハワイやアメリカ西海岸のプランテーションで雇用される男性農業労働者で
あった。1934年に、その後12年間での独立の決定とフィリピンのコモン・ウェ
ルス化が決まると、アメリカへのフィリピン人の帰化数は年間50人に制限され

た。

　しかし、アメリカにとってフィリピンは太平洋における重要な軍事拠点で
あったため、第二次大戦開始直後からアメリカへのフィリピン人の入国規制は
弱められ、1946年のフィリピン独立直前には、アメリカへの帰化割り当ては年
間100人に拡大され、特別な市民権機会を付与された軍関係者とその家族、お
よび医師、看護師、エンジニアといった専門家やビジネスマンがアメリカやカ
ナダ、西欧諸国へ永住移民として移動した。1965年のアメリカ移民法改正に
よって「家族再結合」カテゴリーによる入国が優先されると、フィリピン人の
移動は増加していった。

　50年代から60年代には、非専門職フィリピン人契約労働者への需要も周辺ア
ジア諸国で徐々に増加し始め、ミュージシャンなどの移動も見られるように
なったが、多くのフィリピン人の移動を促したのは、ベトナム、タイ、日本、
グアムなどの米軍基地での建設労働者の需要であった。1970年代になると、
フィリピン人エンジニアがイラン・イラクの多国籍建設会社やエンジニアリン
グ会社と契約雇用を結ぶようになり、74年の本格的な海外雇用政策の開始の基
盤の発端となった中東諸国への移動が増加し始めることになる。

　このように、74年以前のフィリピンからの人の移動は植民地統治から引き続
くアメリカとの強い結びつきの中で形成されていた。また、戦後から1970年代
前半までのフィリピン人の移動の中心となっていたのは医療技術者などを中心
とする専門職の人々の、永住移民としての移動であった。こうした移動形態は
今日までも引き続いている。実際、海外からの送金額の最大は依然としてアメ
リカからのものである。しかしながら、今日のフィリピン人の移動の中核を占
めるのが非専門職の契約労働者の移動であることとは対照的であり、この意味
で海外雇用政策導入以前のフィリピン人の国際移動は、相対的に限られた人々
にとっての選択肢であったことがわかる。

　当時フィリピン政府は15歳以下の海外雇用と、保護者の許可なしの18歳以下
の海外雇用禁止といったミニマムな制限を設けてはいたが、基本的には民間セ
クターや個々人が海外雇用を主導していた。

　②　海外雇用政策の開始：「短期的開発政策」と思惑のずれ

　1974年に、オイルショックが世界をゆるがすと、フィリピンはその影響を二

つの側面で受けることとなった。石油価格の上昇による債務の増大と、一方でオイルブームに沸く中東での建設労働者を中心にした労働力需要である（Battistella 1995）。時のマルコス政権は、失業問題の解決と対外債務返済のための外貨獲得、さらには海外からの新技術の導入といった目標の下（菊地 1992）、開発政策の一貫として74年の新労働法（Labor Code）の下で海外雇用政策を導入した。当時マルコス大統領は、海外雇用政策について次のように述べている。

　　「人的資源の輸出は、不完全就業を緩和する一時的な手段としてのみ認められるものであり、国内の生産的な雇用機会創出に合わせて抑制されていくだろう」（Chin 1998: 96）

　このように、74年当初の海外雇用政策は、「短期的政策」として導入されたのである。新労働法の下では、陸上労働者を扱う海外雇用開発局（Overseas Employment Development Board: OEDB）と海上労働者を扱う国家船員局（National Seamen Board: NSB）が設立された。これらは82年に設立されるPOEAの母体である。両機関はともに、海外の労働市場開発、労働者のリクルートと送り出し、労働条件の保証をその主な業務としており、政府を介さない直接雇用（direct hiring）の禁止と、海外労働者の職種別送金義務づけ割り当てが定められた（Asis 1992）。これによって、政府は拡大する中東諸国における労働力需要に政府主導で対応することで、海外雇用における民間セクターの介入をブロックし、国家政策として海外雇用の制度化を目指したのである。

　しかし、政策が軌道に乗るに従って、フィリピン政府は予期しなかった困難に直面することになった。海外雇用政策導入直後の75年には3万6,035件であった契約件数が78年にはすでに8万8,241件に増加し、就労者の増加に伴って生じる多様な業務が政府の手に負えなくなる事態が発生したのである（Battistella 1995）。そのため海外雇用政策導入4年目の78年には、民間企業の海外雇用への参加が改定されて、政府はリクルートの業務を民間セクターへ譲渡し、海外雇用への間接的な関与にその立場を移行せざるをえなくなったのである。海外雇用政策導入初期からフィリピン政府は、当初の政策意図と現実との乖離に直面していたと言える。

82年に上記の OEDB と NSB を統合して POEA (Philippine Overseas Employment Administration) が設置され、これまでの権限に加えて海外労働者に関わる裁定権が与えられた。また同年には、これまでの送金義務づけが効果を持たなかった反省から、違反者への罰則規定が強化されたが、これも実質的な効果を挙げることなくその後罰則は廃止された（寺田 1991）。84年には送金義務割り当て比率の引き上げ提案も出されたが、これに対して香港のフィリピン人グループなどが反対運動を展開し、結果的に引き上げは頓挫した[7]。また、送金はフィリピンの銀行を通じてするよう奨励されている。しかし、国家統計局 (National Statistics Office) のサンプル調査でも、銀行を通して送金しているのは約6割にとどまり、残りは民間送金会社を介して送金を行っている（NSO、Highlights of the Survey on Overseas Filipinos (SOF) 1999）。

　1975年から1986年のマルコス政権下での約10年間で、フィリピンの海外就労者数は、3万6,000人から41万4,500人へと約12倍に拡大した。この規模の拡大は、当初政府が海外雇用を掌握することで短期的な問題解決策として位置づけられていた海外雇用政策の性格を自ら変化させていったと言える。その結果初期の段階で、現状の変化が政府の手には負えなくなり、政府は間接的な管理に方針を移行せざるをえなくなったのだ。一方で、86年には送金額が国家予算の13％にあたる総額6億8,044万米ドルに及んだことからもわかるように、政策導入後10年で海外雇用はフィリピン政府にとってもはや「一時的」な対処策ではなく、海外雇用への国家的な依存が高まっていくことになった。しかしながら、国際環境の変化と合わせて、海外雇用のフィリピン社会への定着が進み、関与する人々の層が広がってくるに従って、フィリピンの海外雇用政策は新たな問題に直面することになる。

6-2　「海外労働者の女性化」と政策変化

(1)　海外労働者の女性化と「労働者保護」の課題化：アキノ—ラモス政権下での海外雇用政策

　1986年に成立したアキノ政権は、海外労働者を「現代の英雄（Bagong Bayani)」と名づけ、新憲法では、国家が国内と同様海外の労働者も完全に保

182 第3部 ローカル・ナショナル・グローバルの交差するところ

護する、と明言された（Gonzalez 1998）。1987年には、現在の海外雇用政策において重要な機関となっているOWWAが設立され、アキノ政権下での「海外労働者保護」対策がアピールされた。また同年には、POEAが再編され、ここでも労働者保護の強化と民間斡旋業者への規制強化が重点化された。

80年代後半になって海外労働者の福祉や権利保護へと政策の力点が動いた最大の要因は、この時期から海外労働者に占める女性比率の増加が見られたことであろう。74年の海外雇用政策導入時に念頭に置かれていたのは中東諸国における建設労働者への需要であった。表6-5を見てみると、1975年から1979年まで、そして80年から84年までは行き先上位10カ国内の中東諸国が全海外労働者のそれぞれ62％、82％を占めていたことがわかる。また、1975年時の海外就労者の70％は男性であり、80年には64％であった（伊藤 1992: 311）。しかし、87年には男女比は53：47にまで縮小し、94年にはついに新規雇用者の6割を女性が占める、いわゆる「海外労働者の女性化」が言われるようになる（図6-1）。これは、就労先と職種の変化とも連動している。上位就労先での女性比率を見ると、アジア諸国に女性労働者が集中していることがわかる（表6-3）。表6-4にあるように、上位10カ国内中東諸国の比率が減少傾向にあるのに対して、アジア諸国の比率は上昇している。

また、職種を見ると、8割以上を女性が占めるサービス業（代表的には家事労働者）の比率が87年には全体の33.7％と、生産関連の33.2％とほぼ同じになり、その後95年には38％にまで増加している（表6-2）。すなわち、80年代後半からのフィリピンの海外雇用は、①サービス職種の増加、②就労先のアジアへのシフト、③海外就労者における女性比率の増加の3点に特徴づけられるのである（Go 1998）。

この頃になると、家事労働者やエンターティナーといった社会的に弱い立場、不可視になりがちな立場に置かれることの多い職種への女性の集中から、就労先でのとりわけ女性労働者をめぐる劣悪な労働条件、雇用主からの肉体的・性的虐待などが徐々に問題化し始めるようになった。たとえば、94年にOWWAが扱った海外労働者の被害ケース1万4,314件中、83％は女性労働者であった[8]（Gonzalez 1998: 92-93）。

こうした状況を受けたフィリピン政府は、87年にはギリシャとキプロスへの

エンターティナーの送り出しとクウェートへの家事労働者の送り出しを停止し、1988年3月には家事労働者の出稼ぎを全面的に禁止し、個別交渉を経て状況改善が確認された国から随時禁止を解除していく、という方針を打ち出した。

88年の家事労働者送り出し全面禁止措置は、海外で働く家事労働者女性をめぐる人権侵害の報告が相次ぐ中で、送り出しを止めることで、受け入れ政府に対してフィリピン側の強い態度を示し、フィリピン人の海外雇用に関してフィリピン政府が受け入れ政府に対してイニシアティブを取ることを意図したものであった。しかしながら、この措置は最終的に失敗に終わった。

その理由としては、一つは受け入れ側の政府がフィリピン政府の予想以上にこの措置に対して冷淡であったという点、もう一つは家事労働者としての出稼ぎを希望するフィリピン女性たちの側から、「なぜ自分たちの働く権利を奪うのか」という反発があがったことの2点が挙げられる。後述する91年のエンターティナーの年齢制限措置と同様、フィリピン政府は一方では対抗しようとした受け入れ国からはほぼ無視され、他方では保護する対象である自国民からも逆に反発をくらうという、二重の困難に直面したと言える。結局送り出し停止措置が出された同月内にイラク、ヨルダン、カタールと香港、10月にはシンガポール、11月にはサウジアラビアと相次いで送り出し停止措置は解除され、89年2月には計28カ国への停止措置が解除、91年には53カ国へ再び家事労働者の出稼ぎが始まっている。

こうした「女性化」によって加速された労働者の保護の課題化は、それまで中心的であった中東向けの男性建設労働者と、80年代後半からの女性を中心にした家事労働者とのその雇用形態の違いと分かちがたく結びついている。建設労働者の多くが、建設会社との契約関係に基づいて就労し、生活形態も含めて集合的な労働力として導入されていたのに対し、「女性化」の中心をなす家事労働者は、個々の雇用主世帯において雇用され、多くが「住み込み」として生活の場も雇用主家庭に限定される。レイシズムの対象となる外国人であり、女性であり、受け入れ社会において最も低い労働として位置づけられる家事労働者は、生活と労働の場が社会的に可視化されにくいゆえに、契約違反や虐待などの問題の温床となる（Anderson 2000）。こうした問題は公的な保護介入の必

要を迫るが、問題を未然に防ぐためにどのように個々の世帯内部に国家が介入しうるのか、さらにはこうした労働者の保護を受け入れ・送り出しどちらの政府が負担するべきなのか、という大きな問題がそこには存在する。フィリピンの海外雇用政策における「海外労働者の女性化」は、国際労働移動において送り出し国が果たせる役割の困難と限界をより際立たせることとなった。

このように80年代後半はOWWAの設立や家事労働者の送り出し禁止措置など、労働者の福祉と権利の保護、という新しい課題が、送金や行政関連の整備という古い課題に加わり、むしろそれをしのぐまでになった時期と言える。しかし送り出し禁止措置に見られるように、新しい課題に対して受け入れ国に対するイニシアティブを強めることで答えようとした努力も、結果的には送り出し側政府の無力さと、政府の意図とは裏腹の国内における海外流出圧力を露呈することとなった。

90年代に入ると労働者保護の課題は、女性海外労働者をめぐる大きな事件によってますます重要化し、ついには海外雇用政策そのものに対する政府の方針転換の表明を促すにいたるのである。

(2) 「海外労働者の女性化」と「95年法」

1990年代に入ると、フィリピン国内の世論を喚起する女性海外労働者をめぐる事件が立て続けに大々的に報道された。特に95年のシンガポールの家事労働者フロール・コンテンプラシオンの処刑事件は、フィリピンの海外雇用政策のエポック・メイキングとされる「95年法」の制定を促し、80年代後半から90年代後半にわたってのフィリピンの海外雇用政策の推移と海外労働者の女性化との関連を決定づけたと同時に、フィリピン社会において海外労働者女性が持つナショナルな意味づけを浮き彫りにしたと言える。本節では、90年代に起こった海外労働者女性をめぐる代表的な事件と、それに対応したフィリピン政府と受け入れ側政府との政策や協定の推移から、「95年法」の成立の経緯とその内容について考察する。

① 90年代の事件と政府の対応

〈マリクリス・シオソン事件とエンターティナーの渡航制限〉

1991年9月14日、福島県でエンターティナーをしていた21歳のマリクリス・

第6章 フィリピンの海外雇用政策と「女性化」　185

シオソンが死亡した事件は、70年代後半からすでに始まっていたフィリピンから日本への「興行」ビザによるエンターティナーの派遣に関してフィリピン政府が「保護」の方向へ取り組み始める契機となった。シオソンの死は、マスコミで大きく報道され、日本人医師によって劇症肝炎の自然死と判断され、次いでフィリピン側の医師によっても、同様の診断を受けた。しかし、フィリピンに送還された遺体に大量の傷痕があったことから、シオソンの家族がフィリピン政府に再調査を要求、その結果フィリピン側の労働大臣の日本訪問など、日比両政府レベルでの再調査が行われ、自然死という検死結果が再確認された（バレスカス 1994: 105）。事件の真相は結局判然としなかったが、フィリピン側の報道では、シオソンが劣悪な労働環境に抗議し、それに対してヤクザが暴行を加え、それが彼女を死に追いやったという点で一貫していた（梶原1999）。

　シオソン事件を受けてフィリピン政府は、91年11月にエンターティナーの渡航に関して、23歳以上の渡航のみを認める条件付き禁止令を打ち出した。それまでフィリピン政府はエンターティナーの送り出しを、「合法な労働者を多く送り出すことで非合法労働者を減少させる」という立場で推進しており、POEA長官もエンターティナーの送り出しに関しては拡大の意志を表明していた（石山 1989: 187）。しかしシオソン事件を契機にエンターティナーの渡航に関して条件を厳しくすることで、自国民女性労働者の日本での被害を食い止めようとする立場が政策上とられるようになったのである。その後も、日比両国間、およびフィリピン政府はエンターティナーの渡航や興行ビザの発給をめぐって細かな条件を変更している。94年にはフィリピン政府が、「芸能人登録制度」と呼ばれる制度を導入し、第1節で述べたアーティスト・レコードブックを保持しない「興行」での出国を禁じ、これを受けて96年には日本政府の側も興行ビザの入国基準を厳しくした[9]。実際、94年には5万3,704人に上っていた「興行」ビザでのフィリピンからの新規入国者数は、入管による「興行」ビザの実態調査が始まった95年には2万4,022人、96年には1万8,905人へと激減した（入管協会、出入国管理関係統計概要94年〜96年）。また95年にフィリピン政府は2000年までにはエンターティナーの渡航を全面的に停止する方針を打ち出していた[10]。

　エンターティナーの渡航先第1位である日本において起きたシオソン事件

186 第3部 ローカル・ナショナル・グローバルの交差するところ

が、フィリピン政府のエンターティナー送り出しにおいて、現実はともあれ、「労働市場の拡大」から「停止へ向けての制限付き渡航」という、少なくとも表向きの方針転換を促したことは確かである。しかし、91年の年齢制限実施時には、エンターティナーやプロモーターの側からは、「安易な渡航制限は女性たちの雇用機会を奪うだけ」と抗議が起こるなど、制限に関する当事者側からの反発は大きかった。これは88年の家事労働者の渡航禁止例時の労働者側の対応と一致している。フィリピン社会において海外出稼ぎが定着し構造化していく中で、保護しようとする対象者から逆に反発されるという、政府方針と現実の乖離のジレンマは、フィリピン海外雇用政策の展開を特徴づけていると言える。

　実際、エンターティナーの渡航全面的禁止方針は、2000年を過ぎても、まったく実現されず、むしろ再び増加した。2001年6月現在で、日本へ向かうフィリピン人労働者の数は前年の同時期に比べて21％上昇した（Philippine Daily Inquirer 2001年8月23日）。2001年上半期に日本に海外労働者として移動した3万1,353人中、3万1,088人（約99％）がエンターテイメント関連の職種である（POEA内部資料）。さらに、日本行きのエンターティナーを養成するプロモーション・エージェンシーとPOEAの関係は、許認可制の結果より制度化され、ますます密接になっており、日本側のプロモーション・エージェンシーとPOEAの間の情報交換も緊密である[11]。政府方針と現実の乖離は、法律上の文言と制度の現実的運用、という点においても生じている。

　その後、第7章第2節で論じるように、アメリカ政府から「人身売買」との指摘を受けて、在留資格「興行」は再びその基準が厳格化されることになる。

〈コンテンプラシオン事件とサラ・バラバガン事件：家事労働者の保護問題〉
　91年5月に、35歳のフィリピン人家事労働者女性とその雇い主の子どもが殺される事件がシンガポールで起こった。その容疑者として逮捕されたのが、同じフィリピン人家事労働者のフロール・コンテンプラシオン（当時38歳）であった。コンテンプラシオンは93年1月に死刑判決を受け、上告をしたものの95年3月17日に刑は執行された。この事件はマスコミにも大々的に報道され、状況の曖昧さや捜査方法などをめぐってフィリピン国内ではコンテンプラシオンの

助命を求める世論が巻き起こった。ラモス大統領も、シンガポール政府にコンテンプラシオンの助命を求める親書などを送ったが結局刑は執行された。国内世論においては、コンテンプラシオンの無罪主張もさることながら、自国民を守り切れなかったというフィリピン政府の無力さへの批判が相次いだ（Gonzalez 1998: 6）。マニラではマスコミの大々的なキャンペーンに加えて、同年5月に中間選挙をひかえていたこともあり、野党や教会組織、女性団体、労働組合、海外雇用関係のNGOがラモス政権への批判を展開した。この事態にラモス大統領はコンテンプラシオンの死刑執行の3日後にあたる3月20日に、海外フィリピン人保護のための独立した大統領の事実調査・政策諮問委員会（通称ガンカイコ〈Gancayco〉委員会）を急遽発足させた。同時に、対シンガポール策として、在シンガポールのフィリピン外務省と労働雇用省の職員の帰国と、ガンカイコ委員会の報告が終わるまでのシンガポールへの家事労働者の渡航禁止措置がとられた。また、あわせて外相と労働相も罷免され、シンガポールとの外交関係も急激に悪化した。巻き起こる国内世論をかわす方針を打ち出したラモス政権は、中間選挙に勝利後は、すぐにシンガポールとの関係改善の方向に方針をシフトしていった。96年には二国間の関係が正常化し、96年5月に在シンガポールのフィリピン大使館が厳しいガイドラインを策定、96年7月にはシンガポールへの家事労働者の渡航が解除されるにいたった。

　一方、コンテンプラシオン事件の半年後には、UAE（アラブ首長国連邦）においてミンダナオ出身の家事労働者サラ・バラバガン（実年齢16歳）が、雇用主からレイプされ、その際に雇用主を刺殺した事件によって逮捕され、コンテンプラシオンと同様死刑判決を受ける、という事件が起こった。殺人事件自体は94年に起きており、95年6月の一審判決ではバラバガンの正当防衛も一部認められ、殺された雇用主の家族への補償金と同時にバラバガンへの補償も決定されていた。しかし、コンテンプラシオン事件の記憶の生々しい中、フィリピンではバラバガン事件も大々的に報道された（Beltran and Rodriguez eds. 1996）。ラモス大統領も3月の時点で嘆願書を出し、同年7月に再審が発表された時は減刑が期待されたが、二審の結果は一転して死刑判決となった。これに対しては国内の運動体やムスリム組織、さらには国際機関も非難を表明し、ラモス大統領も特にUAEを対象とした「ムスリム諸国におけるフィリピン人契約労働者

事件嘆願のための特別公使」を指名した。結果的に、10月には死刑は取り下げられ、鞭打ち刑と禁固、遺族への補償に減刑されている（松井 1996）。

　バラバガンの事件は、彼女が渡航時には実年齢15歳にもかかわらず28歳と偽っていたことや、彼女が十分な食事も与えられずに雇用主男性からのレイプの恐怖に怯えて常にナイフを隠し持っていたこと、また彼女から状況を訴えられていたにもかかわらず UAE 側の民間斡旋業者が「我慢してとどまるように」とアドバイスしていたことなどが明るみになると、中東でのフィリピン人家事労働者女性の悲劇の象徴とされた（Beltran and Rodriguez eds. 1996）。

②　「95年法」の内容と評価

　コンテンプラシオン事件後に結成されたガンカイコ委員会は、フィリピン人海外労働者の就労先で行った調査結果をまとめ、海外労働者の「脱女性化（defeminization）」を求める提言を行った[12]。その提言を受けて制定されたのが、フィリピンの海外雇用政策の転換点といわれる「移住労働者と海外フィリピン人に関する95年法（RA8042：The Migrant Workers and Overseas Filipino Act of 1995：「95年法」）である[13]。「95年法」は送り出しの方針、非合法リクルートメント、サービス、政府機関、海外就労者関係の法的支援、カントリー・チーム・アプローチ、専門家と他の高技能海外フィリピン人関係、その他の9部からなっており、以下の九つの基本方針が掲げられている。

① 　国内外フィリピン人、特にフィリピン海外労働者の尊厳の擁護

② 　フィリピン海外労働者に対して、適切で時宜を得た社会的・経済的・法的サービスを提供する

③ 　海外雇用を、経済成長を維持し国家発展を達成するための手段として促進することはせず、国内での雇用機会を創出し、公正な富の分配と発展の利益を促進する

④ 　ネイション・ビルディングにおける女性の役割を認め、海外労働者女性の貢献と固有のヴァルネラビリティを認識し、海外労働者に関する政策やプログラムにジェンダー・センシティブな基準を適用する

⑤ 　合法・非合法にかかわらず、フィリピン人海外労働者は法的協力を得られ、適切に保護される

⑥ 　フィリピン人海外労働者の、政府の民主的な意思決定過程への参加およ

び海外雇用に関わる機関における代表権利を保証する

⑦　技術のある（skilled）労働者のみを送り出す

⑧　フィリピン人労働者の保護や福祉の促進に関して、NGO と協力する

⑨　海外雇用に関する政府機関の手数料は無料にされる

「95年法」の最大の特徴は、はじめて「経済成長の維持と国家開発の手段として海外雇用を促進することはしない」と明言したことであった（2条c）。海外雇用を最終的には段階的に停止する方向で、現時点で「労働者の保護」を全面に押し出し、「よりよい管理（management）」を政府が行っていくという立場が打ち出された（Battistella 1995）。同法では関連する NGO と提携しながら労働者保護の施策を打っていくことが定められ、その一貫として非合法リクルートメントに関する取り締まり強化、政府機関の整備（フィリピン人の集中する各国へのフィリピン人労働者資料センターの設置とカウンセリングやモニタリングの実施、帰国者向けオリエンテーションや再統合プログラムの強化、各省庁間での情報提携など）に関する条項がふんだんに盛り込まれた。

また、海外労働者が就労先で被害に遭いやすいのは彼女ら／彼らが低技能職にあるためであるとして、基本的には技能のある労働者のみを海外に送り出す「選択的送り出し」の方針を明言したことも同法の中心の一つである。しかしながら、何をもって「技能がある（skilled）」とするのか、という基準は明示されていない（DAWN & KAIBIGAN 2000: 15）。

また、「95年法」は労働市場の傾向やフィリピンの経済状況、移住労働者の福利をめぐる状況の変化を視野に入れながら、2000年までに斡旋業務において包括的な規制緩和を行う、と明言している（29条）。「労働者保護」と「技術のある労働者のみの適正な送り出し」の最終的な帰結として、政府の役割を「労働者保護」に関してのみ強化すると同時に、他方では徐々に海外雇用そのものから政府が手を引いていくことで、長期的には「労働者保護」という役割そのものも不必要な状態にしていこうとするロジックとも読める。海外雇用に関する規制緩和に関しては、斡旋業者のさらなる競争を生み、結果として労働者の権利が蔑ろにされかねない、との懸念の声が上がっている（Opiniano 2001）。

しかし、同法においては、今までと同様 POEA の役割が「海外雇用の促進」であるとも明言されており（23条b-1）、こうした法律内部での矛盾点は、政

190　第3部　ローカル・ナショナル・グローバルの交差するところ

府がたてまえほどには海外雇用政策の位置づけを変化させる意図がないことの
あらわれだと指摘されている（Battistella 1998）。

　また95年法は、労働者保護の一貫として非合法斡旋の取り締まりの強化を宣
言している（6条）。これに関しては斡旋業者の側から、具体的な手続きの違
法性のみが強調されることで、斡旋機関の営業免許の有無が相対的に軽視され
るのではないか、また非合法の海外労働者に対しても合法者と同じ権限を与え
ることで、非合法労働者を生み出す巣窟である非合法斡旋機関が逆に優遇され
ることになる、という反対の声も上がっている。

　このように「95年法」は海外労働者保護を高らかに謳い上げてはいるが、美
辞麗句を並べ立てるだけで実質的には何ら変わる所はない、という海外労働関
連 NGO の見方は依然として強い。「ジェンダー・センシティビティ」という
言葉も挿入されてはいるものの、これも「リップ・サービスにすぎない」との
批判も強い（Beltran and Rodriguez eds. 1996; DAWN & KAIBIGAN 2000）。その一方
で、「95年法」では NGO だけが政府のパートナーとされており、大多数の海
外労働者の渡航を具体的に担っている民間斡旋業者が無視されている、との業
者側からの反発もある（Battistella 1998）。「95年法」が「選択的な送り出し」の
一貫として、国益の追及や公共利益の要求に応じて、いつでも労働者の送り出
しを終結・禁止できる、と規定している（5条）点に関しても、斡旋業者の側
から「移動の自由」を奪うものだとして反発が出ている。「95年法」をめぐる
こうした評価からもわかるように、海外雇用政策の推進にあたって、海外労働
関連 NGO と斡旋業者団体という二大勢力といかにバランスを取るか、という
対内的な課題が政府には突きつけられている。

　また同法は、受け入れ国との関係にも言及し、①移住労働者の権利を保護す
る労働・社会法がある、②移住労働者の権利に関する多国間条約や宣言を批准
している、③フィリピン人労働者の保護に関してフィリピン政府と二国間協定
や合意を締結している、④移住労働者の権利に関して積極的で具体的な方策を
とっている、という四つの基準のいずれかを満たしている受け入れ国のみに海
外就労者を送り出すとしている（4条）。しかし、受け入れ国の条件整備に関
する基準が、「積極的で具体的」といった曖昧な表現を含んでいて、結果的に
は何の規制にもなっていないことは明らかである（Ibid.）。現実的な問題とし

て、送り出し国政府の政策は、「海外に移動する自国民を国内法では管理できない」という根本的な限界を抱えている。そこでの唯一の解決策は、受け入れ国との二国間協定や多国間協定の締結である。しかし1999年1月現在で実際に労働者保護に関する正式な二国間協定が結ばれているのは、10カ国のみであり、主要受け入れ国は含まれていない。また、多国間条約として1990年の国連「移住労働者とその家族の権利条約（1990 UN Convention on the Protection of the Rights of All Migrant Workers and Members of Their Families）」をフィリピンは1995年に批准しているが、主要受け入れ国側の批准がないことから、交渉手段としての実質的な拘束力は今のところない。この点からも、「95年法」で言われている「選択的送り出し」が、受け入れ諸国との関係においても依然として困難を抱えていることがわかる。

　「95年法」は、送り出しそのものではなく労働者保護を優先し、最終的には送り出し停止を目指しつつ、一方では技能のある労働者を権利の整った受け入れ国のみに選択的に送り出し、最終的には規制緩和をして介入を最小限にとどめたい、とするフィリピン政府の何重にも錯綜した意図を包含している。依然として国家発展のために海外雇用政策と送金収入を期待する要請と、労働者の権利保護という異なる政策理念が並存し続けた中で、女性海外労働者の事件を起爆剤として、両者の妥協の産物として誕生したのが、この「95年法」だと言える（村下 1999a: 51）。

　しかしながら、「95年法」施行後の国際環境の変化は、「95年法」の意図のうち「労働者保護」方針の具体化をますます難しくしていっている。95年法制定後に二度の政権交代を経、フィリピンの海外雇用政策は、「労働者保護」と「適正な送り出し」の二つの課題のうち、より後者の方へと再び力点を移しているように見える。

③　「95年法」その後：アジア経済危機と専門職の市場確保、帰国後の再統合

　97年以降のアジア経済危機は、マレーシアや韓国など経済危機の影響の激しかった国からの労働者の帰国はあったものの、全体的に見ると当初懸念されていたよりは海外労働へのアジア危機の影響は少なかったと言われている。むしろ低熟練職への需要が減らなかったことから、「95年法」によって目指された「選択的送り出し」ないしは低熟練労働者の送り出しの停止の方針を労働雇用

192　第3部　ローカル・ナショナル・グローバルの交差するところ

省が再検討する姿勢さえ示した。

　家事労働者の最大の受け入れ先である香港の97年の中国返還前には、返還後中国本土から低賃金労働力が流入することで香港のフィリピン人家事労働者女性たちが大量に職を失うのではないか、との懸念が広がった。これに対しても大統領が直接、返還後もフィリピン人家事労働者の受け入れを保証するよう香港側に要求するなど、「95年法」に見られた長期目標とは矛盾する現実が見られた。

　1998年から2000年にかけて、新規雇用の海外労働者に占める女性比率は6割のレベルで持続している。現在海外労働者女性の職種の中心を占めている家事労働に加えて、台湾、イスラエルなどでは介護労働者の需要も高まっている。日本においても本格的な導入に向けた議論が始められており[14]、今後も「女性化」はフィリピン人の海外雇用において引き続いていくと考えられる。98年6月に成立したエストラーダ政権も、海外労働者の保護対策を、外交政策の柱の一つとしていたが（Go 1999）依然として引き続く「女性化」を受けて政府が「労働者保護」方針の強化を表明せざるをえない一方で、国際環境の変化と海外出稼ぎの社会的定着の進展によって、ますます政策と現実との乖離が進み、「労働者保護」のスローガンがますます形骸化していくことも予想される。

　2001年の「ピープルズ・パワー2」により成立したアロヨ政権は、「経済重視」のキャッチフレーズの下、海外労働者の「経済効果」を積極的に認める方向にある。特に新政権の海外雇用政策は、専門職種の労働市場の確保に熱心な姿勢を見せている。中でもターゲットになっているのは、看護職、教師、船員、IT技術者などであり、こうした職種の需要が特に欧米で増加していることを政府側は強調している（Philippine Star 2001年7月30日）。具体的には、イギリスおよびアイルランドにおける看護師への需要増加に対応して、POEAは最近、両国に民間斡旋業者からなる使節団を派遣し、具体的なビザの手続きや雇用斡旋手続きについての調査を行っているほか、教育関連の政府機関、およびフィリピンの看護師団体などと連携して、ヨーロッパ向けの看護師の大規模な送り出しがフィリピン国内の保健・医療と教育の両分野に及ぼす影響について検討も進められている（POEA 2001）。また、POEAとイギリスの教員斡旋業者との交渉や（Ibid.）、在マニラのアメリカ大使館とも、看護師や医療関係フィ

第6章 フィリピンの海外雇用政策と「女性化」 193

リピン人専門職への新たな需要を受けて交渉も進められている（Philippine Star 2001年10月28日）。

2001年に入ってからも、海外雇用率は増加傾向にあり、アロヨ大統領は失業の増加や引き続く経済の低迷から、海外労働者を吸収する国内労働市場がいまだ不備であるため、経済が回復するまで海外労働者は引き続き海外にとどまるように、との見解すら示している（Philippine Daily Inquirer 2001年8月2日）。また、大統領は海外労働者を新たに「海外フィリピン投資家（Overseas Filipino Investor)」と名づけ、あらためてフィリピン国家に対する経済貢献を強調した（ABS-CBN News 2001年8月10日）。「最大の輸出品が労働力」と言われるように、海外労働者からの送金はフィリピン経済を支え続けている。ちなみに2014年末現在で、銀行を通しての送金額だけでも240億米ドルに達している（Banko Sentral ng Pilipino http://www.bsp.gov.ph/statistics/keystat/ofw.htm)。この額はフィリピンのGNPの1割相当と言われている。送金元別データが得られた最後の2000年の時点では（当時の送金額は約6億米ドルであった。14年で送金額は40倍になっている）送金元の第1位はアメリカであり、それに続いて、サウジアラビア、香港、イギリス、日本、ドイツ、シンガポール、クウェート、オランダ、ギリシャが上位10カ国に名を連ねている。在外人口に占める女性比率が高い香港、日本、シンガポールが上位に位置していることからも（表6-4）、女性労働者の海外送金が重要な位置を占めていることは明らかであろう[15]。

また、海外就労時の送金に加えて、帰国後に海外出稼ぎによる貯蓄を有効に運用させることで、国家の経済発展と帰国者の再統合を図ることも、政府にとっては重要な課題となっている。前述したように、帰国した海外労働者の再統合を担う政府機関は、OWWA（海外労働者福祉庁）である。OWWAは、TESDA、DSWD（Department of Social Welfare and Development: 社会福祉開発省）などと協力して、帰国者向けの融資や起業家養成、技術プログラムなどを展開している。具体的には「拡大自立生計開発プログラム（Expanded Livelihood Development Program: ELDP)」と呼ばれる帰国者およびその家族がビジネスを始める際のコンサルタント・サービスと資金貸付のプログラムや、起業にあたって必要な備品を免税しTESDAでの技術訓練に補助金を出す「Kabuhayan 2000」という民間企業も含めた省庁間連携プログラムがある（ILO and ICMC 1998）。女性海

194 第3部 ローカル・ナショナル・グローバルの交差するところ

外労働者が対象となるプログラムとしては、OWWA が行っている女性向けの
ソーシャル・カウンセリングのほかに、労働雇用省の女性向け起業トレーニン
グや社会福祉開発省による女性向け技術訓練（しかしこれらは必ずしも帰国者に
限定されたものではない）などが挙げられる。しかしながら、政府による再統合
プログラムは、人的資源および予算の不足と関わって、外見ほどは現実に効果
を上げていない（Ibid.）。OWWA のデータによれば、99年の OWWA が融資し
たプロジェクト件数は99件である（Overseas Filipino Worker's（OFWs）Welfare、
Livelihood and Insurance Programs of the Overseas Workers Welfare Administration、Phil-
ippines: 1997-1999）。アロヨ政権は、海外就労中の住宅ローンを新たに導入する
などしているが（Philippine Daily Inquirer 2001年8月7日）、フィリピンの海外雇
用政策における再統合政策の位置づけは、その重要性が認められながらも、現
時点では十分に機能しているとは言いがたいものがある。なお、再統合プログ
ラムに関しては、NGO による取り組みも90年代後半から始まっている[16]。

6-3　2000年以降の変化：ケア労働への需要と送り出し国フィリピン　の生き残り戦略

(1) 国家の論理：「技能化」と「権利保護」ディスコースの一体化

　2006年には政府の目標であった「年間送り出し数100万人」を突破したフィ
リピンにとって、最近注目の就労分野となっているのが看護を含む医療関係お
よび介護労働である。医師・看護師の国際移動は海外雇用政策に先んじてあ
り、1960年代に「頭脳流出（brain drain）」が問題化されたこともあった。しか
しながら2000年以降、先進国における高齢化と医療の民営化、看護師・介護士
不足といった要因から、医療・介護職として海外就労するフィリピン人労働者
の数は増加した。また、2003年前後からは日比経済連携協定（Economic Part-
nership Agreement: EPA）の中で日本への看護師・介護士送り出しの可能性が現
実味を増してきた。こうした状況の中で新たな傾向として見られているのは、
労働者の「技能」をフィリピン政府が訓練の上認定する、というものである。
この傾向をここでは「技能化」と呼ぶことにしたい。中でも、95年法の制定契
機となったヴァルネラビリティの高い女性労働者が集中する家事労働者や介護

労働者について、「技能化」の取り組みが進められてきていることにここでは
着目したい。

　フィリピン技術教育・技能開発庁（Technical Education and Skills Development
Authority: TESDA）によれば、フィリピン政府がはじめて介護労働者の「技能標
準」を定めたのは2002年のことである。すでに私立大学の中に、とりわけフィ
リピンからの介護労働者の導入を望んでいたカナダ政府から直接にアプローチ
を受けて、「介護士（caregivers）」養成コースを設立していたところもあり、政
府としてはこうした既存の訓練コースを制度化することによって、フィリピン
からの介護労働者の「技能」の標準化を図ったと言える。実際、日比経済連携
協定（JPEPA）でもこのTESDAによる介護労働者資格の保持が、フィリピン
からの「介護福祉士候補者」受け入れの条件とされている。しかし、TESDA
が考える介護労働者の「技能」とは、あくまでも「看護師と家事労働者の間」
という中間的な技能の位置づけである（伊藤ほか2008）。すなわち、「専門」労
働者である看護師よりは専門性が低いが、家事労働者にはない標準化された技
能をもっているのが介護士、ということである。この動きは、前述の「95年
法」に定められた「技能のある労働者の送り出し」という方針が、グローバル
なケア労働への需要を受けて、本格化したものと言える。また介護士送り出し
への期待の背景には、1990年代末から家事労働者の主要な就労先である香港や
シンガポールなどでフィリピン人労働者の賃金が相対的に上昇し、結果として
フィリピン人の競争力が賃金面では低下傾向にあることとも無縁ではない。す
なわち、介護という新たな需要の登場に加えて、家事労働分野での競争力低下
を補う方策として、かつ「95年法」の方針にも合致するという意味で、介護労
働者の「技能化」による送り出し、という方針は最も都合がよかった。

　さらに、ヴァルネラビリティの高い職業の代表であった家事労働者について
も、2006年12月に同様の「技能化」方針が打ち出されている。具体的には、
フィリピン政府が独自に最低賃金400米ドルや家事労働者としての最低渡航年
齢を23歳と定めるほか、TESDAによる国家資格（Household Service NC Ⅱ）資
格の取得と渡航先での言語オリエンテーションを新規雇用者に義務づけ、その
証明がないと政府が契約を認証しない、ということが決まった。これは、2006
年7月レバノン戦争によって、センセーショナルな形でレバノンから出国した

196　第3部　ローカル・ナショナル・グローバルの交差するところ

フィリピン人家事労働者たちの帰国支援対策として、「スーパー・メイド」な
る、高技能の家事労働者を養成する、というアイディアが大統領自らから出さ
れたことに端を発している[17]。こうした家事労働者の「技能化」は、労働市場
の中で競争力をつけるための「付加価値のある家事労働者」の創出、という政
府の送り出し戦略に、「労働者の権利保護」という名目が重ね合わされた施策
であり、この点において「95年法」のねらいが結実しているとも言える。

　ここであらためて「95年法」における「技能」と「権利保護」の一体化の
ディスコースを参照してみると、2000年代に入ってからの「技能化」傾向は、
資格付与によって海外労働者自身の自助努力を要請し、それによって送り出し
政府による「海外労働者の権利保護」という責任を後退させるという論理立て
を持っていることがわかる。これは、秋池（2009）が指摘するように、「政府
としては個人の決断に基づく移動については関与しないという立場」、すなわ
ち「『個人の権利をベースとした自由主義』が浸透することで、人権保護の監
視体制は空洞化しつつある」状況であると言えるだろう（秋池 2009: 77）。

　さらに、現在「技能化」の主要なターゲットとなっている介護士および家事
労働者という再生産労働部門職種は、「95年法」制定の経緯からわかるよう
に、就労先でのヴァルネラビリティが最も高く、その意味で最も政府による
「権利保護」にコストがかかる存在とされてきた。同時に、これらの職種は
「海外労働者の女性化」を現在においても牽引するものであり、今後も需要が
枯渇する見込みの低い分野である。その意味で、海外雇用政策を今後量的にも
安定させ、かつ政府にとっての権利保護にかかるコストをできるだけ低減す
る、という点においても介護および家事分野の海外労働者の「技能化」は政府
の戦略として有効になる。

　サッセンは、今日様々な国境横断的な「サーキット」において女性のプレゼ
ンスが増大していると論じている（Sasssen 2002: 264）。そこで共通するのは、
不利益な状況にある人々に歳入が負担させられるという特徴である。その一つ
は、性産業やそのほか多様な労働への人々を非合法に人身売買するサーキッ
ト。もう一つは、合法・非合法を問わず移住者の出身政府にとって外貨獲得の
重要な資源となるような越境移動のサーキットだという。実際、フィリピンに
代表されるように、海外雇用政策を重要な国家戦略として掲げ、まさに外貨獲

得の貴重な資源としている国は少なくない。フィリピンのほかに、インドネシア、スリランカ、バングラデシュ、といったアジアにおける代表的な労働力送出国において共通しているのは、海外労働者に占める女性比率の高さである（Oishi 2005）。1980年代半ばからの「移動の女性化」傾向は、まさにサッセンが指摘する、送り出し国家、民間の斡旋業者、そして労働者自身によって国境を越えてグローバルに展開される複数の「サーキット」を編成してきたと言える。サッセンはこうしたサーキットがより女性の負担の上に実現されていることを、「生存の女性化（feminization of survival）」（Sassen 2002: 265）と呼ぶ。すなわち、女性を送り出す世帯のみならずコミュニティを含めて、その生存を移動する女性に依存していること、そしてまた送り出し政府や移動に関わって利益を得る企業も同様に女性にその存続を依存している、というのである（Ibid.）。

　この議論に照らせば、フィリピン政府が展開するサーキットは、「技能化」という戦略をもってますます制度化の度合いを強めている、ということになるだろう。

(2)　市場─国家の共犯関係と移動する主体による戦略

　しかしながら、海外就労を希望する労働者は、TESDAが定める資格を取得するためにTESDAより認可を受けた民間の訓練校や大学の特設コースなどで研修を積む必要がある。その費用は渡航前にフィリピン国内で支払われるか、あるいは海外就労の実現後に給料から天引きされる形であるにせよ、労働者個人に直接的に負担される。この意味で「送り出し政府にとって「技能化」は、海外就労後に労働者が個別の問題を抱えた際に政府が「自国民保護」の下に労働者保護のために移動先国と交渉したり、帰国費用を負担したり、といった予測できないリスクに備えることに比べて、相当にコストの低い戦略となりえていることがわかる。この意味で、サッセンが論じた「移動する女性への依存」は、単に実質的な送金行動のみならず、「リスク軽減」という意味で政府から移動する女性たちへのコストの移転、という形でも起こっていると言える。

　また、もう一つ指摘しておかなげければならない点がある。それは、「95年法」における「権利保護」のディスコースは、フィリピン国内の世論を抑える

ためだけではなく、1990年に採択された条約「国連移住労働者とその家族の権利保護に関する条約（1990 UN Convention on the Protection of the Rights of All Migrant Workers and Members of Their Families）」（2003年7月に発効）の批准に伴う国内法の整備の一環でもあった、という点である。国際人権レジームの国内法化の試みが、たとえ形式的なものであるにせよ実施されていく中で、結果としてそれが移動先での「権利保護」の責任を、送り出し政府から徐々に労働者個人の責任へと、「技能化」の名の下にシフトさせていく、という動きは、「再生産労働の国際分業」における「現代性」の、もう一つの側面として把握しうるだろう。

　それでは労働者個人にとって、この「技能化」はどのような含意を持ちうるのだろうか。「家事労働者」が、キャリアアップとして看護助手などの訓練を受ける、という現象は、たとえば第4章で取り上げたシンガポールなどのフィリピン人移住家事労働者が集中する場所において、休日のスキル・トレーニングの中でも人気を集めてきたように、散見されてきた。そこには、当事者たちからの「ナーシング・エイドを学んだ経験があれば、カナダなどより条件のいい場所で就労しやすくなる」といった評価があった。また、フィリピンで筆者らが訪問したケアギバー訓練校、特に大学付属のコースなどでは、医学生や看護学生と同様の制服に身を包み、机に向かう彼女・彼らたちには「家事労働者とは違う」という態度が強く出ていた。もちろんそこには、「海外に最も行きやすいルート」として「資格化された介護職」を視野に入れる、個々の労働者の「戦略」がある。たとえばカナダでの住み込み家事・介護職のためのプログラム LCP（Live-in Caregiver Program）を利用して、実質的には親族を雇用主としてそこに「雇われる」という形でカナダ――移住家事労働者にとっては、2年間の住み込みを完了すれば、永住権が得られるという点で大きな魅力を持っている――への移動を試みる場合も少なくない。すなわち、「職業」という観点よりも、「移動のための手段」としての「技能」「資格」という認識が当事者においても優先されている現実がある。

　と同時に、高畑（2009）が指摘するように、在日フィリピン人女性にとって日本でのホームヘルパー2級職という「資格」の取得が、「子どもに誇れる仕事」として意味づけされる事例のように、再生産労働の「技能化」「資格化」

が、当事者による「職業」「技能」そのものへの実質的な評価に結びつきうることも、忘れてはならないだろう。

6-4　小括

　1974年の海外雇用政策の本格的な開始以来、フィリピン政府は局面局面で新たな課題に直面し、そのつど対策を講じながらも、結果的には現実に裏切られる、というプロセスを繰り返してきたと言える。当初の短期的開発政策としての国家主導型政策方針も、海外雇用の規模の拡大によって民間部門との提携を余儀なくされ、また送金システムの整備強化も思惑どおりにはできなかった。また一方では海外雇用に関する規制緩和政策をとりたいにもかかわらず、80年代後半からの「海外労働者の女性化」を受けて、「労働者保護」の課題に答えるべくとった海外出稼ぎの一時的禁止措置も、保護の対象である海外労働者自身からの反発を受けるという結果に終わった。労働者保護に関する具体的な対策は、国内世論からも、また国際的な潮流やNGOとの関係からもいっそうの強化を求められている。他方、受け入れ国に対しては、バーゲニング・パワーの弱さを承知の上で、外交関係を悪化させずに「自国民保護」を訴えなければならないというデリケートな課題がある。また、その「自国民保護」のために将来的にその数を減らすことを目標としながらも、97年以降に見られたように、現実には労働市場の確保が依然として具体的な課題であり、実際「専門職」「欧米」をターゲットに労働市場の確保はますます積極的に推進されている。

　こうした中で、80年代後半からの「海外労働者の女性化」を受けた「95年法」にいたるまでのフィリピン政府の対応とその困難は、今日の国際労働移動と国家の役割、さらには主として家事労働者の移動としてあらわれる女性の移動との関係において重要な論点を提供している。移住家事労働者の存在は、ある国家の再生産の最も基礎的な部分を別な国の国民が、しかも制度的に導入されて担う、という図式を示している。彼女たちは受け入れ国においては滞在資格の不安定な「外国人」であり、その中でもさらに「女性」であり「家事労働者」という低い地位の労働者として位置づけられ差別される。こうしたすべて

の要素と重なって、住み込み家事労働者に特有の、労働・生活の場の雇用主家庭内への限定性が、移住家事労働者女性への虐待や契約違反といった問題を引き起こす。しかし多くの受け入れ国が移住家事労働者に対して労働法を適用していないことからもわかるように、受け入れ国は基本的に彼女たちに対する保護役割を担おうとはしていない。外国人家事労働者は、低価格で外部化を実現した再生産労働力であり、その保護に乗り出すことは、元来払う必要のない余分なコストを支払うことになり、外国人労働力を導入するメリットを軽減させるからである。そうなったとき、送り出し国政府はいかにして、受け入れ国の中の、最も個別化された個々の家庭内で就労する自国の労働者を保護することができるのであろうか。このように、国際労働移動をめぐるトランスナショナルな現実とそこでのナショナルな論理・課題との交差は、特にジェンダーという媒介項を通して、重層化している。

　最後に、「女性海外労働者保護」に潜むジェンダーとナショナリズムの関係についても、触れておきたい。女性海外労働者をめぐる具体的な問題が増大したことは言うまでもないが、本章で見てきたような90年代のフィリピンにおける一連の動きには、男性労働者の人権侵害よりも女性労働者の被害により敏感になる、「我々の女を守る」というジェンダー化されたナショナリズムの噴出が読み取れる (Stivens 1998)。中でもコンテンプラシオン事件は、「ぬれぎぬを着せられた我々の女」「家族を支える健気な母親」「グローバル経済の犠牲者（女性）＝フィリピン」といった（梶原 1999）「ナショナル」で、そしてジェンダー化された言説の束を生み出した。上述した三つの事件は、いずれもフィリピンでは映画化され、コンテンプラシオン事件にいたっては、本人の実の娘が出演し話題を呼んだ。いずれの映画においても、フィリピン女性たちは民衆的ヒロインとして描かれ、対する受け入れ社会の側は、日本はヤクザ社会、シンガポールは華人系の抑圧社会と独裁強権、そして中東は不気味なイスラーム、といった固定的なステレオタイプを割り当てられている（前掲書）。

　しかし同時に、日本へのエンターティナーの渡航のように、性労働との境界の曖昧なきわめて危険度の高い労働領域に長年にわたって自国女性を送り出すという行為をフィリピン政府が続けてきたことも、また事実である。POEA の幹部が、日本で働くエンターティナーのことを、「フィリピンの草の根文化大

第6章　フィリピンの海外雇用政策と「女性化」　201

使」と呼んだことに象徴されるように、ひとたび侵犯されたときには憤慨する
ものの、それ以外の場合には「国家に奉仕する母・娘」として持ち上げる、と
いった形で、女性海外労働者は常にナショナルな境界役割を担わされている。
「海外労働者の女性化」は、フィリピンのナショナリズムとジェンダーとの絡
み合いをも浮かび上がらせている。

　再生産労働のグローバリゼーションとは、きわめてマクロなプロセスとして
みなされるグローバリゼーションが、「人間の再生産」という最もミクロな水
準においても作用していることを明らかにする。と同時に、その担い手の国際
移動に着目するならばグローバリゼーションというプロセスが、きわめてジェ
ンダー化したものであることも確認される。こうした議論の上に、本章では、
グローバルなサーキットが送り出し国家、斡旋業者、労働者とその出身世帯と
いうそれぞれの水準で、それら相互作用しながら人の国際移動を展開している
ことに着目した。その中でも「再生産労働の技能化」の傾向は、「移動する
人々——とりわけヴァルネラブルであるとされてきた女性労働者——の権利保
護」、という国際人権レジームが具体化される中で、制度的に国家が積極的に
介入しながら、実態としての利益は民間の企業が受け取り、結果的に「技能の
獲得による権利の保障」にかかるコストは移動する労働者個々人に負担され
る、という「個人負担」「自助努力」の新自由主義的な傾向の強まりを見せて
もいる。しかしながら、グローバル・サーキットの中で、移動する労働主体が
新たな対抗的アクターとして台頭しうることも事実であろう（本書第4章、第5
章；稲葉 2009）。移動主体のエンパワーメントも含めた、グローバル・サーキッ
トの動態的な編成と強化こそが、今日の再生産労働のグローバル化を特徴づけ
ていると言えるのかもしれない。

注
1）　なお、いわゆる「永住移民」については、第7章で紹介する。
2）　現在、POEAの職業区分では家事労働者はHousehold Service Workersと表記されてい
る。
3）　基準の具体的内容は以下の通りである。POEAが定める正規労働時間に対する賃金／正
規労働時間を超えた場合の手当／採用の地点から就労先国までの無料往復渡航／救急時
の医科歯科の治療費、施設費／契約終了の正当な理由／労働者災害補償給付および戦争の

危機からの保護／労働者の死亡時の遺体および遺品の送還／労働者の給与送金の手助け／無料で適切な宿泊設備（Ateneo Human Rights Center 1999: 4）。

4）　雇用手続きの詳細については、日本労働研究機構（1994）やバレスカス（1994）に詳しい。また、POEA ウェブサイトにも紹介されている。

5）　シオソン事件の経緯については第3節参照。

6）　ここでの歴史的記述は Gonzalez（1998）によっている。

7）　この反対運動をきっかけとして、香港のフィリピン人組織の中でも大きな発言力を持つ、United Filipino in Hong Kong（Uni-Fll Hong Kong）が結成された。香港におけるフィリピン人労働者をめぐる組織活動の展開については安里（2001）および小ヶ谷（2001d）および本書第4章を参照されたい。

8）　被害の主な内訳は、虐待、契約違反、給料の不払い、劣悪な労働環境、セクシャル・ハラスメントなどである。

9）　法務省による96年の「外国人芸能人に関する入国審査基準の改正」の詳細については、村下（1999c）を参照されたい。

10）　なお、日本以外の国で就労するエンターティナー女性に関しては、すでに87年にギリシャとキプロスへのエンターティナーの渡航が禁止され、また1989年にはレバノンで300人のエンターティナーが人質にされた事件を受けてフィリピン政府が調査団を派遣し、190人の女性をレバノンから帰国させたという経緯もある（Asis 1992）。

11）　POEA では、エンターティナーの渡航手続きや、プロモーション・エージェンシーに関する詳細な規約や制度を解説するビデオの日本語版を作成していた。このことからも、フィリピン政府による「全面的禁止」方針はほとんど現実的意図を伴っていなかったことがわかるであろう。

12）　ガンカイコ委員会の提言内容に関しては、Beltran and Rodriguez eds.（1996）を参照されたい。

13）　「95年法」の全文は、Ateneo Human Rights Center（1995）、Gonzalez（1998）の巻末付録を参照されたい。日本語による条文の部分訳と解説は、村下（1999b）を参照のこと。

14）　日本においては2000年2月に法務省が、介護労働への外国人の導入を初めて検討課題として挙げた。これは、いわゆる「単純労働」での外国人労働者の就労を認めない、という日本政府のこれまでの方針において、画期的なことである。と同時に、介護労働という3K労働の一つが新たに、外国人——おそらくその大部分は女性——に下請けされる、という新たな労働市場の重層化も意味している。

15）　91年8月には、労働者の送金と対外債務と結びつけ、送金の最大化を目指す「海外投資基金法」（RA7111：Overseas Investment Fund Act）が制定されている。具体的には「海外労働者投資基金局」（Overseas Workers Investment Fund Board）を設立し、送金会社や配達サービス会社などを公式の外貨送金センターとして任命し、非金融機関を通じた送金を債務返済に充て、金融機関を通じた送金を労働者やその家族を優先的な顧客とするローンや投資の資金に充てる、というものである（Asis 1992: 76）。銀行を通した送金は手数料を取られる上、フィリピンで家族や帰国後の本人が引き出す場合には公定レートでのペソしか入手できないため、正規のルートでの送金は敬遠されている（菊地 1992）。この法律は、海外労働者子弟のための奨学金や住宅プログラム、ビジネスや生活プログラムへの信用貸し付け支援などのプログラムを盛り込んで、送金を帰国後の生活設計のために有効利用させると同時に、国家のマクロ経済に送金をより確実に取り込もうとしたものであるが、これに関しては、現時点で評価の基準となる情報がなく、その具体的な成果は明らかではない。

16）　たとえば、出稼ぎ先での共同貯蓄に基づく再統合プログラムを支援する NGO、Un-lad-Kabayn は香港をはじめとして日本や台湾とネットワークを作りながら1996年以来確

実に実績を挙げている。また、日本から帰国した元エンターティナー女性を主に支援する DAWN（Development Action for Women Network）の自立生計プロジェクトは、2000年に在フィリピン日本大使館の草の根援助金を得ている。こうしたプログラムの対象の多くが女性労働者である。フィリピンにおける政府および NGO の再統合プログラムについては ILO and ICMC（1998）に詳しい。

17)「スーパー・メイド」は、「応急処置、蘇生法、火事の際の避難方法、ペットのグルーミングなど、より報酬が高い仕事ができるメイド」（TESDA 長官のコメント。Manila Bulletin Aug. 21. 2006, TESDA, PGMA TRAINING FOR WORK SCHOLARSHIP: SUPERMAID）と定義され、116時間のトレーニング・プログラムが策定された。

第7章　フィリピン社会と海外フィリピン人

7-1　フィリピン政府の在外国民政策

　マニラのニノイ・アキノ空港から市内へ向かう道のりほど、フィリピンを感じさせる光景はないのではないだろうか。空港の荷物受け取りカウンターには、世界各国の住所が書かれた大きなダンボール箱が次から次へと流れてくる。ターミナルに入ることが許されていない迎えの家族たちが、1名の帰国者につき、老若男女5～6名くらいで柵の向こう側で列をなして並ぶ。道路の向こう側に自分の家族や友人を見つけると、駆け寄って抱擁しキスを交わす人たち。中には、欧米系や日本人の男性を、家族に紹介する人の姿も見える。出迎え者専用の駐車場には、乗用車よりもむしろ、自家用ジープニーや大きなワゴン車が目立つ。

　空港から市街へ向かう道路の両脇には、大きな広告看板。そこには、海外向けの携帯電話のローミング・サービスのポスター。海外にいる家族にフィリピンから電話する、という構図だ。その隣には、「海外で夢をつかもう！」とばかりに、医療関係、看護専攻の私立大学の看板。白衣に聴診器、高齢者の車椅子を押すフィリピーノの笑顔に、"better future" という言葉が重なる。

　テレビをつければ、里帰りのフィリピン人が参加するゲーム番組や、国際電話のテレビCM。主要な新聞の全面広告も、海外でも使える携帯電話の「家族割引」サービスの公告が目立つ。

　地方の農村部に行けば、教会やバランガイ・ホール、小学校などの壁や塀に、「カリフォルニア州○○のロドリゲス夫妻の寄付」といったサインも目立つ。地元出身の海外フィリピン人（Overseas Filipino）が、まさに「故郷に錦」を飾っている例である[1]。いずれも、「国連加盟国数よりも多い」数の国々に

第7章　フィリピン社会と海外フィリピン人　205

800万人を超える在外人口を持つフィリピンを象徴する光景である。

　海外フィリピン人の集まる世界各地には、フィリピンでもおなじみのファスト・フード Jollibee や、Goldilocks といった店のロゴが並び、フィリピンの芸能タレントたちのにこやかな笑顔が並ぶ国際電話や国際宅配便の広告と海外フィリピン人向けフリーペーパーが飛び交う。日本でも見ることができる、フィリピンの二大チャンネルの一つ、ABS-CBN が開設する海外フィリピン人向けチャンネル TFC（The Filipino Channel）では、「グローバル・ポスト」と称して、アジアのフィリピン人組織のイベントの案内や、ハイスクールや大学の同窓会のお知らせが、度々流される。海外宅配便や、フィリピン製食品の宅配ビジネス、安い国際電話の CM に混ざって流されるのは、海外フィリピン人を称えるスポットである。エンジニア、ホテルマン、看護師、医師、教師、工場労働者、アーティスト……様々な職業で働くフィリピン人の姿と、彼ら・彼女らが働く世界の国々のシンボル（ロンドンのビッグ・ベン、シドニーのオペラハウス、日本の鳥居、ニューヨークの自由の女神、ドゥバイのタワーなど）とが見事にコラージュされ、彼らの貢献を称える歌が、フィリピンの人気歌手によって高らかに歌われる。

　300年にわたるスペインによる植民地支配ののち、アメリカによる「友愛的支配」（中野 2007）を受けたことによって、フィリピンからアメリカ、そして世界への人の移動は拡大し、「海外フィリピン人（Overseas Filipino）」そして「海外フィリピン人労働者（Overseas Filipino Workers）」は、いまやフィリピン社会にとって、さらには国家としてのフィリピンにとっても、きわめて曖昧で多義的な存在でありながら、しかし同時に様々な意味で不可欠の存在となっている。

　本章では、こうした「曖昧なニューヒーロー／ヒロイン」としての海外フィリピン人の存在と、現在のフィリピンとの関係、特に国家としてフィリピンとの関係について概観してみたい。

(1)　「海外フィリピン人」とは誰か：概観

　現在のフィリピンの文脈において、海外フィリピン人は国民国家の持続において、経済的・社会的・政治的にきわめて重要な存在である。と同時に、歴史

206　第3部　ローカル・ナショナル・グローバルの交差するところ

を振り返れば、植民地フィリピンの歴史が、ディアスポラの存在によって彩られてきたことがよくわかる。

　中野（2007）が叙述するように、アメリカにとって「国民であるが、非市民」であったフィリピン人は、アジア系移民労働力として、さらには軍事力の担い手としてアメリカにとって重宝されてきた。植民地フィリピンは、巧妙な形でアメリカの支配下に置かれ、また庶民レベルでの「アメリカへのあこがれ」（中野、前掲書）が浸透していった。その上に、現在在外フィリピン人人口の最大であり、また送金額でも依然として第1位を占めているアメリカにおけるフィリピン人ディアスポラの歴史的位置づけを考えることができる。フィリピンには『Citizen Pinoy』という TV 番組がある。アメリカへの移民手続きについて、視聴者参加型で行われる番組だ。筆者は最初、この番組のタイトルにはきわめて違和感を覚えざるをえなかった。ここでの「Citizen」とは、フィリピンの Citizen のことなのか。それとも「アメリカの Citizen」のことなのか。答えは後者であった。真剣に、「アメリカに行く」ことを考えるフィリピンの人々が、公開録画の会場に詰めかけ、英語でアメリカへの移住手続きについて質問をするのである。『Citizen Pinoy』に典型的に見られるように現在においても、「海外フィリピン人」としての理想モデルは、在米フィリピン人であり続けている。と同時に、こうした歴史的なディアスポラと、海外フィリピン人労働者（Overseas Filipino Workers: OFWs）と呼ばれるような、主として短期契約型の労働者であり家族帯同が許されない場合も多い現代的フィリピーノ・ディアスポラが併存しているのが、現在のフィリピンの姿である。

　フィリピンは、メキシコに次ぐ世界第2位の移民送り出し国とされている。しかし、メキシコ移民の圧倒的大多数がアメリカに向っているのに対し、フィリピンからの人の国際移動の特徴は、その分布の広さ、すなわち一国集中ではなく世界中に「海外フィリピン人」存在が点在しているところにある。

　後述するように、フィリピンの在外国民政策において重要な位置を占める海外フィリピン人委員会（Commission on Filipino Overseas: CFO）の調べによれば、2013年12月現在で、約1,024万人のフィリピン人が、約221の国と地域に在住している。この数は現在のフィリピンの国内人口1億185万人の1割に相当する。この海外フィリピン人人口の内訳は、CFO の概算によれば、永住（perma-

第7章　フィリピン社会と海外フィリピン人　　207

nent）486万9,766人、一時的滞在（temporary）420万7,018人、非正規滞在（irregular）116万1,830人である。ちなみにそれぞれのカテゴリーは、CFO によって以下のように定義されている。

a.　「永住（permanent)」：その滞在が労働契約に依存しない、移民（immigrants）や合法的永住者（permanent resident)。

b.　「一時的滞在（temporary)」：海外での滞在が雇用に関係しており、労働契約の終了後に帰国することが想定されている人。

c.　「非正規滞在（irregular)」：正規に登録されていない（not properly documented）か、有効な滞在資格や雇用許可を持たない人、あるいは外国に超過滞在している人。

　上記 a、b のカテゴリーを便宜的に、a「永住移民」型と b「海外出稼ぎ」型、と呼ぶことにしよう。

　次に、海外のフィリピン人人口の分布を、滞在カテゴリー別に見てみよう。そこには、地理的な分布、すなわち移民先ないし就労先と、上記の「永住移民」型および「海外出稼ぎ」型のカテゴリーとが密接に結びついていることが示される。「永住移民」型人口の最大は、アメリカ合衆国の313万5,293人で、「永住」カテゴリーの64％を占めている。「永住」カテゴリーで次に多いのはカナダの62万6,668人、オーストラリアの33万4,096人、日本の16万3,532人であり、圧倒的に「永住移民」がアメリカ合衆国に集中していることがわかる。ちなみに、在外人口全体の最大もまたアメリカ合衆国で、上記3カテゴリーの合計で353万5,676人となっている。

　一方、「海外出稼ぎ」型人口の最大は、国別で見るとサウジアラビアの94万8,038人で、「海外出稼ぎ」カテゴリーの22.5％を占めている。次いで、UAE（アラブ首長国連邦）の77万7,894人、マレーシア31万9,123人、クウェート19万1,787人、カタール18万9,534人、香港18万2,843人となっている。ちなみに2004年末には香港や日本といった東アジアが、サウジアラビアに次ぐ「海外出稼ぎ」型のフィリピン人人口を抱えていたのに比べて、最近は中東でのフィリピン人労働者の比率が相対的に増えていることがわかる。ちなみに「海外出稼ぎ」型を地域別分布で見てみると、西アジア（いわゆる中東地域）が230万8,087人で最大、第2位が東・南アジアで84万1,228人、第3位がヨーロッパの28万6,371人

208 第3部 ローカル・ナショナル・グローバルの交差するところ

である。

　このことから、「永住移民」型は圧倒的にアメリカ合衆国に、そして「海外出稼ぎ」型は中東とアジア、というフィリピンの在外人口分布の特徴がわかる。OFWs の職種は、建設労働や住み込みの家事労働、サービス業、工場労働などから、看護や介護、技術など多岐にわたっている。フィリピンの代表的英字紙 Philippine Daily Inquiry 紙のウェブ版には、「グローバル・ネイション」という世界中のフィリピン人に関する記事や寄稿を集めたコーナーがあるが、まさに今日のフィリピン人の在外人口分布は、まさにグローバルな広がりを見せていると言える。

　この二つのカテゴリーを合わせた海外フィリピン人からの送金額は年間約240億米ドルに達し、GDP の約1割を占めるまでになっている[2]。第6章で詳細に論じたように、フィリピン政府はこうした海外労働者の出稼ぎを、1974年から正式に国家政策として導入し、現在にいたるまで重要な労働政策の一つとして維持・促進している。海外労働者に関しては、労働雇用省（Department of Labor and Employment: DOLE）の下にフィリピン海外雇用庁（Philippine Overseas Employment Administration: POEA）が置かれ、海外労働者の登録、労働問題への介入、民間斡旋業者の認定、海外労働市場に関する情報提供といった業務を行っている。これに対して、同じく労働雇用省の下に、海外労働者福祉庁（Overseas Workers Welfare Administration: OWWA）が設置され、海外労働者およびその家族への各種福祉・生活サービスを提供している。国内の貧困層や高齢者向けサービスが社会福祉開発省（DSWD）によって実施されているのに対し、海外労働者への福祉サービスは OWWA が一括して行っている。

　他方、「永住移民」型の在外国民に対しては、1980年代に入って外務省に「海外フィリピン人委員会（Commission for Filipino Overseas）」が設立され、国際結婚による出移民を含む在外国民、さらにはその子孫たちを、フィリピンの開発政策に積極的に取り込もうとする施策が展開されてきた。

　こうした在外フィリピン人は、フィリピン国内においては、「海外フィリピン人労働者（＝ OFWs: Overseas Filipino Workers）」「海外フィリピン人（Overseas Filipino）」「Balikbayan（バリックバヤン＝帰国した国民、の意のフィリピノ語）」、「現代の英雄（Bagong Bayani ＝ New Heroes）」など様々な呼称を与えられてきた。

もちろん、「短期滞在の海外労働者」と「永住移民」型に対して、政府は異なる施策を展開してきている。特に前者をターゲットにした「海外雇用政策」は開始から30年を迎え、様々な課題を抱えながらも、アジアの送り出し国を代表するシステマティックなものとなっている。

「海外フィリピン人は現代の英雄（Bagong Bayani）＝ニュー・ヒーローだ」と最初に発言したのは、コラソン・アキノ大統領であった。その後、「Bagong Bayani＝海外フィリピン人（Overseas Filipino）」という言説は、広くフィリピン国内で流布していく。毎年クリスマスになると歴代の大統領が空港で、帰国する「海外フィリピン人」たちを出迎えるシーンは、国内外のフィリピン人に、国家が「ニュー・ヒーロー」の日ごろの海外就労と国家への経済的貢献に感謝するパフォーマンスとして——たとえば冒頭で紹介した海外フィリピン人向けチャンネルのスポット映像に典型的なように——映し出される。

このように、現在の「フィリピーノ・ディアスポラ」がとりわけ興味深いのは、Nation State としてのフィリピンの現在のあり様に、ディアスポラの存在が多面的に関わっているからである。

レヴィット（Peggy Levitt）とグリック・シラー（Nina Glick Shiller）は、移住者を送り出す国家と移住者との関係を、①二重国籍を認めて出移民（emigrants）を長期的に遠隔地（long-distance）メンバーとして扱う「トランスナショナル国民国家（Transnational Nation-States）」、②政治経済的な遠隔地ナショナリズムをある程度促進するものの、移住者の権限を可能な限り戦略的に管理しようと考える「戦略的選択国家（Strategically Selective States）」、そして③移住者を、もう自分たちの成員とは認めない、「無関心・廃棄通告国家（Disinterested and Denouncing State）」の三つに類型化している（Levitt and Glick Shiller 2008: 202-203）。レヴィットとグリック・シラーの指摘するように、フィリピンは第二のカテゴリーと第一のカテゴリーの間に位置すると言える。「戦略的選択国家」においては移住者のステイタスは部分的であり、税の優遇やサービスのパッケージは常に変化にさらされ、遠隔地メンバーシップは促進するものの、法的権利は認められない。しかし2003年に二重国籍法と在外投票法を制定するなど、フィリピンにおいては「トランスナショナル国民国家」と「戦略的選択国家」との境界は常に変化していると言えるだろう。この間に属していることの

210　第3部　ローカル・ナショナル・グローバルの交差するところ

意味は、第1節で述べたような、実質的には異なるカテゴリーの「海外フィリピン人」を国家が巧みに混同させていることと関連している。以下、在外国民に対するフィリピン政府の政策を中心に見ていくことにしたい[3]。

(2) 1970年代から1990年代までのフィリピンの在外国民政策：揺れ動く「バリックバヤン」の境界

フィリピンの在外国民政策の代表的なものは、戒厳令下のマルコス政権で1973年に「帰国作戦（Operation Homecoming）」として開始された「バリックバヤン」優遇政策である。これは、特に在米フィリピン人を主たるターゲットとした故国訪問促進政策で、航空券代金の割引、ビザの延長、マニラ到着時の入国手続きの優先、といった内容を含んでいた（Okamura 1998: 123）。

このバリックバヤン政策は、当時のマルコス政権が、戒厳令下のフィリピンの政治・経済状況を在外フィリピン人に直接知らしめ、結果としてその印象を好転させることをねらったものとも言われている（Basch et al. eds. 1994: 257）。しかし、「Balikbayan」の定義は、その後変化していく。

当初は、「Balikbayan」にはすべての在外フィリピン人が含まれていたが、1980年時点では、その対象は外国で市民権や永住権を取得した者とその家族に限定されていた（Ibid.: 265）。この間、1974年からは同じマルコス政権下で、「短期的開発政策」として「海外雇用政策」が開始され、1980年は、折しも陸上勤務（land-based）の海外労働者が統計上初めて10万人を超える15万7,394人に、海上勤務（sea-based）を含めると21万4,590人と20万人の大台に乗った年でもあった（菊地 1992: 173）。

ちなみにアキノ政権下の1989年に出された「Balikbayan Law（共和国法 Republic Act No.6768）」によって、「Balikbayan」は以下のようにその定義が拡大された。

1. 外国のパスポートを持つかつてのフィリピン市民（Filipino Citizen）およびそれに同行する配偶者と子ども
2. 1年間継続してフィリピンを離れていたフィリピン人
3. フィリピン人海外契約労働者（Filipino Overseas Contract Worker）

ちなみにこの法律で定められた「Balikbayan」は、以下のような恩恵を受け

ることができる。

1. 通行税（travel tax）の免除
2. 外国のパスポート保持者の場合、1年間ビザなしでのフィリピン滞在を認める
3. 2,000米ドルまでの購入品の免税（ただし、到着後2日間以内で、1年に一度、本人による購入のみ）

（http://www.philippineconsulatela.org/balikbayan.htm）

ここでの最大の特徴は、それ以前まで除外されていた「海外労働者」型フィリピン人にまで「Balikbayan」カテゴリーが拡大されたことにある。アキノ政権は、1987年の新憲法で「在外国民も国内の国民と同様に権利を保障される」（Gonzalez 1998: 121）と明言したことに象徴されるように、在外国民のフィリピン国家への統合を積極的に打ち出す政策をとっていく。これには、アキノ政権成立において、在外フィリピン人、特に在米フィリピン人コミュニティが果たした役割が反映されているとも言われる（Basch et al. eds. 1994: 227）。と同時に、この時期は、海外雇用政策が開始から15年あまりを経て、現象の拡大と政策としての安定化が見られた時期でもある。海外労働者の帰国後への対策への関心が生まれたのも、また同時期である（小ヶ谷 2003）。言い換えればそれまで主として在米フィリピン人を中心とする「永住型移民」を対象としてきた「海外フィリピン人」カテゴリーが「海外出稼ぎ」型労働者を含む形で拡大されたことは、「出稼ぎ」と「永住」のカテゴリーの境界の曖昧化が政府によって意図的になされた、とも解釈されうる。この含意については、後述する。

今日にいたるまでフィリピンの在外国民政策において中心的役割を果たしている海外フィリピン人委員会（Commission on Filipino Overseas: CFO）が、移民事務局（Office of Emigration Affairs）を経て改組されたのは、マルコス政権下の1980年であった（菊地 1992: 171）。CFO は当初外務省の管轄下に組織され、その後1981年には大統領府直属の機関に昇格、再び1991年からは外務省に戻っている。

CFO がサービス提供の対象とするのは、①永住移民や外国の永住者であるフィリピン人、②他の国の市民権を取得した海外フィリピン人、③外国人の配偶者／婚約者として移民したフィリピン人、④海外フィリピン人の子弟、⑤海

212　第3部　ローカル・ナショナル・グローバルの交差するところ

外のフィリピン人青年（Filipino Youth Overseas）とされている（CFO リーフレット "Ten Questions about the Commission on Filipino Overseas" より）。

またその組織としての役割は国内法（Batas Pambansa）79号によって、以下の4点として定められている[4]。

1.　海外フィリピン人に関係するあるいは影響を与える政策の作成にあたって大統領およびフィリピン議会に助言と支援を行う。
2.　海外フィリピン人の利益と福利向上のためのプログラムを開発し、実行する。
3.　海外フィリピン人と母国フィリピンとの社会・経済・文化的紐帯を維持し高めるようなフォーラムとしての役割を果たす。
4.　海外フィリピン人がフィリピンでビジネスや事業を行う際に、適切な行政機関や民間業者との連絡窓口となる。

こうした目的の下で CFO が具体的に行っている業務には、①「移民向け社会・経済的統合プログラム」（移民前の行き先別オリエンテーションやカウンセリング）、②「教育・文化遺産プログラム」（海外でのフィリピン人学校設立や、海外フィリピン人の子弟のフィリピン体験旅行など）、③「フィリピン人の結束と持続的国家開発プログラム」（海外フィリピン人の、フィリピン国内への寄付活動促進）、④政策開発とデータ蓄積（海外フィリピン人に関するデータベース作成と渡航前登録など）、が含まれている。

ちなみに、「教育・文化遺産プログラム」の中心である、「Lakbay-Aral Program」（海外フィリピン人の15歳から25歳までの子どものフィリピンへの体験学習旅行）はマルコス政権下の1983年に開始されている。これは、フィリピン政府による「海外でのフィリピン文化継承」に力点を置いたプログラムの一つであり、1988年には UNESCO によって文化交流のモデルとして取り上げられている（http://www.cfo.gov.ph）。

一方、「国家開発への在外フィリピン人の動員」を重要な役割として掲げる CFO のもう一つの代表的なプログラムである、「Linkod sa Kapwa Pilipino（LINKAPIL）」と呼ばれる、海外フィリピン人からフィリピンへのコミュニティ・ベースの寄付活動促進プログラムが開始されたのは、アキノ政権下の1988年であった。

第7章　フィリピン社会と海外フィリピン人　213

　以上、70年代から80年代末までのフィリピンの在外国民政策を概観してみた。マルコス政権下でのバリックバヤン政策は、主として永住移民型フィリピン人を対象とし、観光促進とそこから見込まれる消費への関心、および政治的プロパガンダの観点から進められていた。また、CFO 設立に見られる在外国民政策全般も、比較的、文化的紐帯の維持の観点から行われていた。しかしアキノ政権以後、「海外フィリピン人」カテゴリーは契約労働者型にまで拡大され、さらに「海外労働者」は、「現代のヒーロー」として称えられるようになる[5]。それまで主として在米フィリピン人を中心とする永住型移民を指し、庶民にとっては羨望の対象となってきた「海外フィリピン人」カテゴリーが、契約労働型の「海外労働者」にまで政府によって拡張された。このことは、マルコス政権下で「短期的開発政策」と位置づけられて開始された海外雇用政策が、国家の基幹をなす長期的政策の一つとしてあらためて位置づけられたこと、同時にそしてフィリピン政府が、在外国民を巻き込んだ形での国家形成に本格的に取り組み始めたことを示していよう。

　その後1990年代に入ると、前章で論じたように、フィリピン政府にとって在外国民をめぐる施策は、「海外労働者の女性化」を受ける形で、海外労働者の権利保護、として課題化するようになる。ラモス政権下の1995年には、シンガポールでの家事労働者死刑事件（コンテンプラシオン事件）を受けて、「共和国法8042：移住労働者と海外フィリピン人に関する95年法海外労働者法（RA8042:Migrant Workers and Overseas Filipino Act of 1995)」が制定されるにいたる[6]。「95年法」の最大の特徴は、はじめて「経済成長の維持と国家開発の手段として海外雇用を促進することはしない」（2条c）と明言したことであった（小ヶ谷 2003:339)。その後のエストラーダ政権でも、この「海外労働者の保護」は原則として保持されたものの、2001年1月に成立したアロヨ政権下において、再びフィリピンの海在外国民政策は、海外雇用政策の進展とより強く結びつく形で新たな展開を見せるようになった。

(3)　「在外投票法」と「二重国籍法」の成立とその実施：2004年5月の総選挙と海外労働者の逆襲？

　2004年5月10日の総選挙は、いわゆる「ピープルズ・パワー・2」によっ

214　第3部　ローカル・ナショナル・グローバルの交差するところ

て、エストラーダ前政権の副大統領からの昇格として選挙を経ずに大統領に就任したアロヨ大統領が、出馬表明の二転三転を繰り広げた結果、有力候補の俳優フェルナンド・ポー・ジュニアを破って当選する形で幕を閉じた。

　しかし、国内人口の1割に匹敵する在外人口を持つにいたる移民・移住労者送り出し国のフィリピンにとって今回の選挙が歴史上重要なものとなったのは、2003年2月に成立した「在外投票法（Overseas Absentee Voting Act）」が、この選挙においてはじめて適用され、海外での投票が実施されたという意味においてであろう。

　「在外投票法」は、送金による経済貢献を政治的権利の行使に反映させることを望む、海外フィリピン人（主として海外労働者）からの15年に及ぶ要望に政府がようやく応える形で成立し、2004年5月の国政選挙においてはじめて実施された[7]。

　「海外フィリピン人の政治的エンパワーメント」をキャッチフレーズに、2001年半ばから海外フィリピン人・フィリピン人労働者とその支援 NGO による積極的なキャンペーンやロビーイングが展開された。その前哨戦として位置づけられるのが、2001年のエストラーダ前大統領弾劾を求める海外フィリピン人のインターネットを通じたキャンペーン活動である。代表的なものとしては、インターネット上のフィリピン人ネットワーク、E-Lagda（http://www.eLagda.com）による、エストラーダ大統領弾劾要求署名21日間キャンペーンがあった[8]（Alegado 2003: 9）。これは、1980年代に、反マルコス運動に対して、主として在米ミドルクラスフィリピン人が果たした役割を彷彿とさせるものであった（Ibid.）。

　法律の制定に関しては与野党ともに大きな反発はなく、2002年2月から3月には、議員団や中央選管によるミッションが世界のフィリピン・コミュニティを周遊して公聴会を開き、海外フィリピン人コミュニティからのポジティブな反応を得、在外投票法は2003年2月に成立した[9]。

　法律制定後には、外務省に「在外投票事務局（Overseas Absentee Voting Secretariat）」が開設され、外務省と前出の海外フィリピン人委員会（CFO）スタッフが中心となって、中央選管（Commission on Election）と連携し、情報キャンペーン、在外選挙人登録、海外投票の実施などが進められた。

選挙人登録や投票の方法をめぐっては、中央選管をはじめとする政府側と、移住労働者支援 NGO や在外投票キャンペーンに尽力するアドボカシー NGO の間で様々な攻防が続いたが、結果として特に生活に制限の多い「海外労働者」に対してきわめて不利な登録・投票方法がとられることとなった。その結果、実際の登録・投票者数は35万8,660人に終わり、目標数だった97万5,000人（潜在的有権者数は約550万人）を大きく下回った。

　他方、「在外投票法」からやや遅れた2003年9月には、在外国民政策においてはいま一つ重要となる法律、「国籍留保および再取得法（Citizenship Retention and Re-acquisition Act 〈RA9225〉）」（いわゆる「二重国籍法（Dual Citizenship Law）」）が成立した。成立した「二重国籍法」は主として在米フィリピン人およびフィリピーノ・アメリカンを対象としたもので、移民先国に帰化した「元フィリピン人」に対して、宣誓によってフィリピン国籍の再取得を認め、また、今後別な国に帰化するフィリピン人に対してフィリピン国籍の保持を認めた。これにより、フィリピン国籍の再取得による「在外投票」権も自動的に取得されることになった。

　ふたを開けてみると、初の在外投票で最も登録者が多かったのは「海外労働者」の渡航先上位を反映し、サウジアラビアの9万6,783人（陸上労働者のみ）、次いで香港の8万7,506人（陸上労働者のみ）であった。「二重国籍者」の登録はわずか2,020人に終わった（http://www.comelec.gov.ph/stats/2004stats.html）。また、実際の投票数は、その約65％にしか満たない23万3,092人であった（http://www.pinoy-abroad.net/index.shtml）。

　もちろん、2004年時点での制度の「不発」には、手続き上の不備（①「二重国籍法」の成立が遅れたため、二重国籍者の選挙人登録の期間がきわめて短かった、②選挙関連の必要書類の発送や到着の遅れなど）が大きく関わっている。しかしながら、「永住型移民」の主要な行き先であるアメリカでの選挙人登録数が3,187人にとどまっていることからも、海外労働者以外のカテゴリーでの海外フィリピン人の関心が相対的に薄かったことは推定される。すなわち、フィリピンにおける政治的権利の行使を求めたのは、「永住型移民」ではなく、「海外労働者」のほうであった。実際、登録数の多かった香港では現役の家事労働者が2人、上院の Party-list system に立候補もしている。

216　第3部　ローカル・ナショナル・グローバルの交差するところ

　「在外投票」成立は、主としてフィリピン人「海外労働者」からの、経済的な貢献を政治的圧力に転換しようとする「下からのトランスナショナリズム」(Portes et al. 1999) の結果と言える。他方、同時期に成立した「二重国籍」法は、フィリピン政府が、在米フィリピン人をターゲットに、さらなる投資の呼び込みを図った「上からのトランスナショナリズム」的なものであり、二重国籍者への選挙権の付与は、いわばこの二つのトランスナショナリズムの接点として生まれてきたものであった。

　しかし、少なくとも2004年5月総選挙においては、フィリピン国内への政治的関与が、「永住移民」にとっては大きな関心事にまでには熟成されず、むしろその運命を「海外雇用政策」に左右されることの多い「海外労働者」側の関心のほうを引いた（しかしそれも十分なものではなかったが）形となった。

　前節までで概観してきたように、フィリピン政府による在外国民政策と、他方での海外雇用政策の進展に伴う「海外フィリピン人＝ニュー・ヒーロー」といったキャッチフレーズは、生活の安定した「永住移民」と、契約型の「海外労働者」との実際の分断をカムフラージュし、結果として海外雇用政策の積極的な推進を社会的に促進する一つの原動力となってきた。この意味で、「海外フィリピン人」というカテゴリーは政府によって意図的に曖昧にされてきたとも考えられる。しかしながら、はからずも「海外フィリピン人」の内部の多様性を知らしめる結果となった「在外投票」制度の成立は、これまで政府にとっては「手駒」とされてきた「海外労働者」の、「海外フィリピン」内部におけるプレゼンスの高まりを予感させるものとなっている。

(4) 在外国民政策と海外雇用政策の接続：フィリピン国家の行方とフィリピン人ディアスポラ

　「在外投票法」の成立は、たしかに歴史的にはじめて海外フィリピン人が政治的権利を正当に手にした重要なモメントであった。しかし、この点を楽観視ばかりはできない。すでに述べたように、アロヨ政権以後、専門職移民を中心に、再び積極的な海外雇用促進政策がとられている。すなわち、「在外投票法」がアロヨ政権下で成立した背後には、海外雇用政策のさらなる推進を担保するための地ならしとしての海外労働者への選挙権付与、という側面もあると

考えられるのである。しかしながら、はじめての選挙での海外フィリピン人の投票行動結果からもわかるように、「海外フィリピン人」の中での海外労働者の存在感が増し、その意味でもさらに海外雇用政策と在外国民政策が、より強く接点を持つようになったことは、今後フィリピン国家が本格的に、国家主導の「領土外（extra-territorial）」政治を実施していくことを予兆するものであると言えるだろう。実際、2004年7月のイラクでのフィリピン人労働者人質事件とイラクからのフィリピン軍撤退の決断は、米比関係という歴史的にもきわめて重要な外交関係を、海外雇用政策の延長としての在外国民政策（人質となったデラクルス氏は契約労働者であったことから）が上回る、という図式を見せた。

在外投票制度はその後、2007年の中間選挙を経て認知度が高まり、2010年の総選挙の際も在外選挙人登録のキャンペーンが世界で展開された。

グローバリゼーションの過程の中で、国民国家がどのように変容するのかをめぐっては、サッセンが、「脱国家化（denationalization）」と「再国家／国民化（renationalization）」の同時的な発生、として論じている（Sassen 1996〈伊豫谷訳1999〉）。サッセンの議論はもっぱら経済のグローバリゼーションと、出入国管理に端的にあらわれる、主として移民受け入れ国におけるメンバーシップの再定義としての「再国民化」とのせめぎ合いを念頭に置いていた。しかし、本章で検討したフィリピン政府の在外国民政策もまた、永住型移民と出稼ぎ型海外労働者の同時的な出現という「脱国家化」的現象と、その在外国民を国家開発に十全に取り込もうとする送り出し国家による「再国民化」との結節点を示しているとも言えるのではないだろうか。そしてその中で海外労働者の「政治的エンパワーメント」が実現されるというダイナミズムは、スミス（Robert Smith）のいう、「トランスナショナルな生活の創出において国家が果たす重要な役割」（Smith 2003: 299）を我々に想起させる。

7-2　海外フィリピン人労働者とNGOアドボカシー

海外労働者の権利をめぐる問題は、送り出し国にとって、「国民の権利をどのように守るか」という問題でもあることを示している。実際、本書で扱ってきているフィリピンのように、政策として海外雇用を促進している国家にとっ

218　第3部　ローカル・ナショナル・グローバルの交差するところ

て、海外労働者が他の社会の「市民」になることは必ずしもよい意味を持たない。すなわち、送り出し国家の「市民・国民」として海外労働者を「保護」ないし維持するというスタンスをとることで、彼女ら・彼らからの送金を確実に確保するということが重要になる。アジアにおける移住労働者の権利問題を考える上で、送り出し国の果たす役割は多層的な意味で重要であると考えられる。

　このように人の国際移動における国家の果たす役割や政策的制約が大きい、東・東南アジアにおいて、国家と市民社会とは「移住労働者の権利」運動を通してどのようなダイナミズムを見せているのだろうか。アジア域内における人の国際移動の活発化に伴って、移住労働者権利運動のネットワークもトランスナショナルな展開を見せている。本章では、政策の規定により、常に「一時的滞在者」であり続けることの多いアジア域内の移住労働者の権利を保護していく上での国家、特に送り出し国家と市民社会の役割と、その相互関係について検討する。具体的には、日本および東・東南アジアにおいて、国家と市民社会との関係が「移住労働者の権利」をめぐってどのようなダイナミズムを見せているのかを、送り出し国であるフィリピン、および日比間での最近の二つの大きな変化（「興行」ビザ厳格化と日比EPAによる介護士・看護師受け入れ）に対するフィリピン側の市民社会の対応から考察していく。最後に、アジア域内における移住労働者の「権利」をめぐる諸問題が、ナショナル、とトランスナショナル、さらにはローカルな次元を横断して存在しており、その確立や保護に取り組む試みは、グローバル化の中での再帰的な運動としての可能性をはらんでいることを提示してみたい。

(1)　移住労働関連 NGO と政府の関係：フィリピン移住労働者権利ウォッチの事例

　フィリピンにおいては、いわゆる「移住関連 NGO（migrant NGOs）」と呼ばれる NGO が数多く存在している。教会を活動基盤とするものや、政党と結びついたものなどその性格も様々であると同時に、活動の範囲も多岐にわたっている。越智（2007）によれば、こうした NGO の活動は以下の三つの大別される（越智 2007: 246-247）。一つは、移住労働者とその家族を対象にした直接的な

サービスの提供。いま一つは就労先で問題に直面して帰国した労働者のための
カウンセリングや法的扶助サービス。そして、国際移住労働に関する調査研
究、政策提言である。これら移住労働関連 NGO の多くは1980年代末から1990
年代初頭にかけて設立されており、フィリピンにおける海外雇用の増加、なら
びに「海外労働の女性化」が始まった時期と一致している（越智、前掲論文：
247)。

　それでは、こうしたフィリピン政府による「労働者保護」政策に対して、上
述した移住労働関連 NGO はどのような態度をとっているのであろうか。移住
関連 NGO の連合であるフィリピン移住労働者権利ウォッチ（Philippine Migrant
Rights Watch: PMRW）を、事例として取り上げてみたい。PMRW は、2003年 7
月に成立した「すべての移住労働者とその家族の権利保護に関する条約（The
International Convention on the Protection of the Rights of All Migrant Workers and Mem-
bers of their Families)」のフィリピン政府による批准を求めて1995年に結成され
た。その時期には、既出のコンテンプラシオン事件が起きた、「95年法」が制
定された時でもあった。これは、国連の「移住労働者権利条約」を国内法化し
たものである。条約への署名・批准と、95年法の成立のロビー活動を行う上で
結成されたのが PMRW であった。設立後すぐに条約批准という最初の目的を
達成した PMRW は現在その活動目的を以下の三つに定めている。

1.　教育やロビー活動、モニタリング活動を通して、渡航前、海外就労中、
　　帰国後のフィリピン人移住労働者とその家族の権利の承認、保護、遂行を
　　図る。
2.　フィリピン人移住労働者の権利侵害問題への関心をモニタリングし、そ
　　の内容を明らかにし、正義を追求する。
3.　移住労働者とその組織に情報を提供し、彼らの間での対話を促進する。
　　（PMRW ウェブサイトより）

　現在 PMRW は八つのフィリピン国内の移住労働関連 NGO（移住労働関連ア
ドボカシー、シンクタンク、船員、エンターティナーとその子ども、などの各分野）、
および韓国、台湾、スイスの四つの移住労働 NGO から構成されている。

　最近の PMRW の活動としては以下のようなものが挙げられる。①在外投票
法実現のためのロビー活動（2003年に成立）、②人身売買禁止法（Anti-trafficking

220　第3部　ローカル・ナショナル・グローバルの交差するところ

表7-1　海外出稼ぎの各段階における諸問題と各セクターの役割

段階	問題や課題	各セクターの役割
渡航前	・非合法斡旋や人身売買 ・高額の斡旋料や手続き料 ・斡旋業者による借金強要	・政府・NGO・業者…渡航前オリエンテーション、カウンセリング ・政府…出稼ぎ先に関する渡航情報発行 ・政府・NGO・業者…メディア・出版物を通した情報提供 ・業者…OPA（Overseas Performing Artist）やケアギバーへの技術訓練
海外就労中	・カルチャーショック ・契約違反 ・雇用主からの虐待 ・労働条件の悪さ ・賃金未払いや不当天引き ・不当解雇 ・大使館からの支援不足 ・福祉サービスへのアクセス問題 ・滞在資格の不備	・政府・NGO・業者…メディア・出版物を通した情報提供 ・政府…社会・文化的活動 ・NGO（＋移住労働者組織、労組）…現地でのカウンセリング言語クラス、トレーニング、組織化 ・NGO…フィリピン側での海外出稼ぎ者の家族やコミュニティの組織化
帰国後	・破産 ・海外出稼ぎ以外の収入源の欠如 ・特に海外で虐待を受けた人の社会的再統合の問題 ・家族への適応問題	・NGO…コミュニティや帰国者の組織化

出所）AMC, ASPBE, and MFA（2001: 93 Table 10）より作成。

law）制定のまでのロビー活動（2003年に成立）、③毎年の国際移住労働者デー（12月18日）記念会議の開催、④2004年12月に海外フィリピン人世界会議をマニラで開催、⑤OWWAのオムニバス政策（海外労働者からの25米ドルの拠出金からなるOWWA基金の一部を政府の別基金移転する政策）への反対キャンペーン、などいずれも、フィリピン国内での海外雇用政策に関わる法律制定に向けてのロビー活動と、モニタリング、および国際的な移住労働者権利に関するアドボカシー活動が中心になっている。

　PMRWの代表は、筆者とのインタビューにおいて、「フィリピンの場合、海外労働者をめぐる法律の内容はいい。しかし、内容がきちんと実行されていないことが問題だ」と、とかく海外労働者の「保護」に関しては、上述したようにその充実ぶりを自負しているフィリピン政府の態度を、政策の実効性の面で批判した。また、代表は次のようにも話した。

「外国に、フィリピンの"よい"政策が実際には様々な欺瞞に満ちていることを知らせたい。ある意味で、フィリピン政府は世界中を欺いている。」

　世界で最も包括的な「海外雇用政策」を持つと自他ともに認めているフィリピン政府に対して、PMRWのようなNGO連合は、モニタリングの機能を果たしている。PMRWは現在、アジア域内でのトランスナショナルなネットワーク活動にも力を入れている。と同時に、フィリピン社会にとってはきわめてナショナルであり、かつトランスナショナルな問題としての海外就労について、市民社会の側もまた、ナショナルなレベルでのモニタリング機能を、トランスナショナルな回路を通じて充実させようとしている。

　2003年には、長年要求されてきていた海外労働者および海外フィリピン人による在外投票が実現する運びとなった。海外労働者の政治的権利を海外でも行使できる制度を実現する上でも、PMRW移住労働関連NGOsが果たした役割は大きかった。しかしながらこれも、労働者の権利保障であると同時に、政治的な権利も保障することで、より海外雇用の安定化にもつながっている。「在外国民」としての存在感を示すことが可能となれば（現実の結果は必ずしもそうではないが）、結果的に海外雇用の長期化を促す一因ともなりうる。こうした、「自国民の権利保護」というナショナルなディスコースの中で、いわば「フィリピン型」の海外雇用政策が、たとえばインドネシアなど後発の労働力送り出し国のモデルになっていることも事実である。

　フィリピンの事例からわかるのは、海外労働者の権利の確立という課題は、問題の性質としては国境を越えた労働者の権利保護というトランスナショナルなものであるが、同時にその実現はきわめてナショナルな取り組み、すなわち「自国民保護」、という方向にならざるをえないことであろう。と同時に、ここで紹介したPMRWのみならず、他の移住関連NGOもMFA（Migrant Forum in Asia）やCARAM-Asiaといったトランスナショナル／リージョナルな移住労働関連NGOの連合に加盟している。このことからもわかるように、常にナショナルな海外雇用政策は、トランスナショナルな回路を通じたモニタリングの目にさらされているのだ。具体的なその実態に加えて、海外労働者に加えて定住型移民や結婚移民など大量の在外国民を抱えその経済力に負うところの大きい

フィリピンという国家のあり方を考えていく上でも、今後もきわめて重要なポイントの一つになっていくだろう。

(2) 「興行」ビザをめぐる制度変更と、日比 EPA による介護士・看護師の受け入れをめぐって：移住労働者の「権利」の観点から

移住労働者の「権利」をめぐって、2000年代後半には、フィリピンとの関わりにおいて、日本においても人の移動をめぐる大きな変化が生まれている。それは、滞在資格「興行」の基準厳格化と、日比経済連携協定（Japan Philippine Economic Partnership Agreement: JPEPA）での介護士・看護師受け入れの決定である。これらはともに、再生産労働の国際分業という諸相をめぐる、日比関係を取り巻く重要なできごととして注目された。ここでは、本章の課題との関係から、特にフィリピンの移住関連 NGOs がこれら二つのできごとに対してどのような反応を見せたのかを考察したい。その中で、移住労働者の「権利」や「尊厳の確立」というできごとが、ナショナルな制度とトランスナショナルな人権レジームのとの間でせめぎ合うダイナミズムを、今一度明らかにしてみたい。

① 「人身取引（売買）対策」と在留資格「興行」基準厳格化

フィリピンから日本への人の移動の中でも、とりわけ特徴的であったのは、1980年代後半からの、いわゆる「エンターティナー」としての女性労働者の流入であった。

1990年の入管法改正によって「興行」での滞在資格が新たに制定されると、在留資格「興行」で日本に入国する中で最大のカテゴリーがフィリピン人となっていく。「興行」とは本来、芸能活動やスポーツ活動などに従事する場合の在留資格であるが、フィリピンからの若年女性を中心に、実際には「フィリピン・パブ」と呼ばれるようなナイトクラブでの接客業が就労の実態となってきた。こうした制度と実態とのずれについては、社会的にも広く知られる中、入管は90年代前半の一斉摘発など、「実態が接客である」状態を「資格外就労」として五月雨式に取り締まりを行ってはきたものの、実際には90年代後半にはフィリピン人の「興行」資格での入国者数が年間 8 万人を超えて過去最多になるなど、接客業務のための入国ルートとして実際には機能し続けてきた。

図7-1　フィリピン人興行ビザ入国数の推移（1989-2006年）

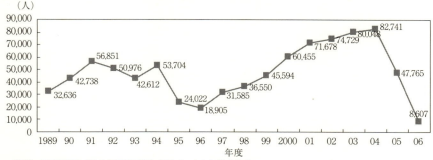

出所）入国管理局『出入国管理年報』各年データより筆者作成。

　しかしこのエンターテイナーの就労をめぐっては、80年代からすでに日本国内をはじめ、フィリピンのNGOなどから多くの問題点の指摘がなされてきた。それは、就労現場が実際には日本人男性を主要な客とする接客であるために起こる危険——性的虐待やハラスメント、レイプ——にとどまらず、その後多くの研究が指摘するように、そのリクルートメントのプロセスが多くの中間搾取を含んだものであったことである（詳しくは、DAWN 2003〈DAWN-Japan訳2005〉; JNTAIP 2005など）。通常、エンターテイナーとして合法的に日本で働く場合、「興行」資格の認定のためにはフィリピンで「芸能登録手帳（Artist Record Book: ARB）」を取得しなければならない[10]。これはフィリピン政府が発行するものであり、資格の認定にあたっては、定められた歌やダンスのモジュールに基づく訓練を、政府認可の民間訓練機関で終えた後に、認定試験を受ける必要があった。そのため、通常日本でエンターテイナーとして働くことを希望するフィリピンの女性たちは、斡旋機関もかねた民間業者の寮などで暮らしながら、一定期間ダンスや歌のレッスンを受け、日本語の勉強なども行う。そして、在留資格が認定され契約が成立し、日本に行ってからは、その給料から、事前にかかった経費および、日本の招聘業者およびフィリピンの斡旋業者がそれぞれコミッションを取る、という仕組みになっていた。渡航前に借金をし、渡航後にそれを支払う、という形であるが、実際にはそこでの中間搾取が不当であることがしばしば指摘されてきた。また、そもそも借金の事由であるところのダンスや歌のレッスン費用も、実際には就労後に使われることはほとんど

なく、「接客」での就労を認めない日本で「興行」資格を得るために必要な過程、としての意味しか持っていない。その意味で、エンターティナーとしての渡航を希望する女性たちは、広い意味で日本の入管政策の限定性の中にあって、搾取を受けているということになる。また、上述したように、日本政府も実態を十分に把握していながらも、何らかの対応をとることがなかったこと、またフィリピン政府にあっては、業者との癒着も含めてエンターティナーの送り出しには現実的にはきわめて積極的であったことなどを受けて、「興行」でのフィリピン女性の日本への入国には、多分に、日本政府もかかわった「制度的人身売買」的要素がある、との指摘もなされてきた（DAWN 前掲書）。これら就労や女性の人権の問題に加えて、フィリピンでは日本人男性とフィリピン人女性——多くがエンターティナーとして日本で働いていた女性たち——との間の国際婚外子問題が、1990年代初頭から、新たに国際的な子どもの権利をめぐる問題として、NGO によって取り上げられるようになった。JFC（Japanese Fil-ipino Childen: 日比国際児）と総称される子どもたちの中には、日本人の父親からの経済的援助を含めた養育放棄、アイデンティティの問題、さらには日本国籍取得が胎児認知を経ないと成立しない、といった様々な問題に苦しむ場合があり、そういった子どもと母親への生計活動支援や社会サービスの提供などを行うNGO もフィリピン、および日本にはある。こうした国際婚外子の問題も含めて、日本政府は、在留資格「興行」やフィリピンからのエンターティナー入国の問題——とりわけその権利状況について——はほとんど真剣に取り組んではこなかったし、国内外の NGO からの批判に耳を傾けることもほとんどなかった。

　しかし、2004年に大きな転機が訪れる。それは、米国国務省の『人身売買報告書』の中で、第2群（Tier 2）「人身売買に対する取り組みが足りない」カテゴリーに初めてランクされた。そしてその中で、特に日本の性産業が東南アジアおよびラテンアメリカからの女性の人身売買の温床になっている、との指摘がなされたのである。日本政府はその後、2004年12月に発表した「人身取引対策行動計画」の中で、「興行」資格基準の見直し——「外国の国若しくは地方公共団体又はこれらに準ずる公私の機関が認定した資格を有すること」を削除する——ことを掲げたことがある。フィリピンの場合、具体的には ARB を今

後芸能人資格としては認めない、ということになったわけである。計画策定にあたって日本政府の調査団がフィリピンを訪れ、関係する NGO にヒアリングを行っている。

「興行ビザ引き締め」方針の波紋は、予想以上に大きかった。2004年12月には、エンターティナーと民間業者が、日本政府の方針に反対し、少なくもビザ発給制限に2年間の猶予期間を設けるよう訴えるデモをマニラの日本大使館前で行った。他方日本ではフィリピン・パブの常連客やエンターティナーの招聘団体が反対署名を集めるといった動きも見られた。

こうした動きの中で2005年1月26日、フィリピンの関連する NGO（DAWN、バティス女性センター、バティス－アウェア、移住労働者アドボカシー・センター、女性の人身売買に反対するアジア太平洋連合、カンルーガン・センター、スカラブリニ移住センター、女性の搾取に反対する第三世界運動、ウィメン・リード、フィリピン移住労働者権利ウォッチ）は連名で、日本政府の興行ビザに対する新方針を支持する以下のような意見書をフィリピン議会に提出した。

　「我々は、日本で働いた経験を持ち、日本のエンターテイメント産業の現実を知る女性エンターティナーとともに活動している NGO である。この問題に関する日比両国の長年の調査研究や運動が示すように、より広く客観的な視野をもってこの問題に取り組む必要がある。日本の短期的政策変化は、女性とその家族にもネガティブな影響を及ぼすであろうことはわかっている。しかし、戦略的には、これらの政策変化は真のエンターテイメント産業の専門化の強化と、この業界がこれまで行ってきた望ましくない搾取を取り除くことになると考える……。」

　「フィリピン人女性を"エンターティナー"として市場に送りこむことに伴う人身売買と性的搾取は、長く続いてきた問題である。もちろん、そこから得られた経済的利益を無視することはできないが、移住労働がもたらす別の帰結から目をそむけてはいけない。今こそエンターティナーの日本への渡航が及ぼす影響と結果——才能あるフィリピン人女性に対する中傷、性的搾取、虐待、誰かに依存する文化、父親から連絡を絶たれた JFC の存在——を包括的に、そして現実的に今一度見直すべきである。

フィリピン人女性の尊厳と、フィリピン人アーティストの才能を取り戻すために、もう一度声を上げる時が来たのだ。」（抜粋）

またこの意見書の中では日本政府に対して、興行ビザへの新方針を実施するにあたってすでに人身売買の被害者となっている女性に対してはそれを適切に保護し、当事者の意志を尊重して帰国か日本滞在かの選択をさせるようにも求めている（DAWN 2003〈DAWN-Japan 訳 2005〉）。

結果的にフィリピンから日本への女性エンターティナーの入国数は激減した。2004年末に 8 万2,741人にまでのぼっていた数字が、2006年末では8,607人にまで減少した。フィリピン・パブの中には閉店を余儀なくされたところもあると言われるが、実際には水面下でオーバーステイの増加や、配偶者ビザでの就労など様々な形でフィリピン女性の接客業への就労は続いていると考えられる。

「興行」ビザをめぐる一連の事態は、移住労働者の「権利保護」、というトランスナショナルな課題にナショナルな政策——この場合には日本の入管政策の部分的変更——がきわめて大きなインパクトをもたらしうると同時に、ナショナルな政策が、「権利を保護する、ないしは安全を確保するために入国そのものを制限する」という方向に動く可能性が強いことを示唆している。実際、今回の人身売買の問題をめぐっては、それが純粋に女性や子どもなどの人権侵害の防止、という目的のみによっているかどうかは疑問の余地があるだろう。とりわけ米国国務省の報告書には様々な意見も寄せられている。しかしながら、広い意味では人身売買の防止、という取り組みが移動する人々の権利侵害を防ぐということであることは否定できない。今回の日本政府による「入国基準の厳格化」という動きは、結果的に、「移住労働者の権利保護」が、「移動の制限」に変質する可能性があることを強く印象づけたとも言える。しかしながら、国連「移住労働者権利条約」のように、「どこに移動しても、労働者としての権利が守られるべき」という原則に立てば、「移動の制限」という方策は、本来の意味での移動者の権利の保護・確立にはつながらないと言える。ここにもまた、「移動し続ける存在」としての人々をそれとして承認し、その上で適正な権利保護をどのように行うのか、いう大きな課題が突きつけられてい

る。

② 日比 EPA での看護師・介護士受け入れをめぐって：フィリピン市民社会の反応

エンターティナーの日本への入国が厳しくなった時期に、次に日比間の人の移動をめぐって突如議論の俎上に上がってきたのが、日比 EPA におけるフィリピンからの介護士・看護師受け入れに関する二国間の基本合意、というできことであった。

メディアが盛んに「フィリピン人介護士がやってくる」といった視点で取り上げたと同時にフィリピン側においても、「日本にケアギバーとして行こう」といったうたい文句を掲げた介護士養成学校が急増した。折しも上述したように 2005 年 3 月に、日本の在留資格「興行」の認定基準が厳格化され、日本へのエンターティナーの送り出しが事実上難しくなったことも重なり、「エンターティナーから介護士へ」と送り出しのターゲットを変えた斡旋機関・養成校も存在した（小ヶ谷 2005c）。正式な受け入れ枠組みや人数が発表される前に、いわば「見切り発車」的に介護士養成校が増えていった傾向を、フィリピン政府も黙って見ていたわけではない。たとえば海外雇用政策全般を束ねるフィリピン海外雇用庁は、「メディアなどで報じられているほど実際にはフィリピン人ケアギバーの海外雇用は進んでいない」「卒業後すぐに海外に行ける、とうたう訓練学校には注意するように」、また、「日本における介護士・看護師の受け入れも、まだ実際には始まっていない」といった勧告を発表した。現実的に、受け入れ方針も定まらない中で、6 カ月の介護士養成コースを受講料を払って修了した卒業生たちがどうなるのか、という懸念もあった。

2004 年 11 月に、日比 EPA 大筋合意に伴って外務省から発表された「フィリピンからの看護師・介護士受け入れ枠組み」[11] は、フィリピン側にとっては予想以上に条件の厳しいものだった。中でも、来日後に 6 カ月の日本語研修を受けた後、看護師は 3 年、介護福祉士は 4 年の研修を国内の施設で受けた後に日本の国家試験を受けて資格取得をしなければならない、という点が、とりわけ大きなハードルとなった。交渉の過程において「言葉の壁」を問題としてきた日本側が、日本の国家試験の受験を求めたことは大きかった。日本人と同一資格を得ることで、フィリピン人労働者の賃金の低下を防ぐという意図も読み取

れるが、同時に、看護師、介護士ともに3年〜4年の研修期間が設けられている点は、日本の出入国管理制度のひずみとして問題視されてきた研修生制度と類似したものになるのではないか、という懸念にもつながった（藤本 2007）。また、介護士「候補者」が、4年制大学卒である必要があるなど、予想以上に高いハードルが、とりわけ介護士に関しては設定された。看護師に関して言えば、英語圏でより条件のいい国に行くほうがよい、という意見が大きくなったことも事実である。もちろん、「出稼ぎ立国」として海外での雇用先が拡大することに関して政府が積極的であるわけだが、実際に海外で就労する労働者の立場から見れば、年間100万人近い人々が海外に働きに出て行く中で、「2年間で1,000人」という受け入れ枠はきわめて小さい。きわめて高く設定されたハードルと見比べてみれば、「出稼ぎ先としての日本」の魅力が、徐々に減じていくことも想像に難くない。

〈フィリピンでのEPA批准反対運動〉

　フィリピンにおいて日比EPAはむしろ「環境問題」の枠組みで議論されることが多かった。日比EPAにおける関税削減対象リストの中に、バーゼル条約（有害廃棄物の国境を越える移動及びその処分の規制に関するバーゼル条約）およびフィリピンの国内法でも禁止されている有害廃棄物が入れられていることによる。日比EPA下で有害廃棄物がフィリピンに持ち込まれる可能性が高まる、との懸念が早くからフィリピンの環境団体によって表明されていた[12]。

　2007年5月の中間選挙が実施され、その後7月に開会したフィリピン議会での日比EPA批准作業に際して、フィリピンの市民社会においてEPAの撤回、批准拒否を求める市民ネットワーク「Magkaisa-Junk-JPEPA Coalition（JPEPAの発効を阻止する連合）」が本格的な運動を展開し始めた。この反対運動ネットワークは、法律家、労働者団体、環境保護団体、研究者、看護師協会、農業セクター、工業セクターなどEPAによって悪影響を受けるとされた部門を代表する市民団体、NGO、政党などの連合体である[13]。2007年9月のフィリピン調査時には、上院での批准審議にあっては、フィリピン政府側の説明よりもこの反対運動側の説明のほうが的を射ている、との上院議員の感想も聞かれるなど、戦略的なロビー活動を展開していた。

第7章　フィリピン社会と海外フィリピン人　　229

　特筆すべきなのは、「人の移動」に関わるセクターとして、移住労働者アドボカシー・センター（Center for Migrant Advocacy）といった移住関連 NGO に加えてフィリピン看護師協会（Philippine Nurses Association）が、上記の反対運動に参加している点である。上述したように、フィリピン国内においては、海外雇用政策ないし海外フィリピン人労働者をめぐる問題を訴える NGO は多数存在するものの、その中で看護師が「海外フィリピン人労働者」セクターを代表することはほとんどなかった。上述したフィリピン政府の見解ではないが、「人権侵害を受ける海外フィリピン人労働者＝単純労働者」といった暗黙の了解があり、看護師セクターはむしろ、海外でも専門技能を活かせる層として一線を画していたとも言える。しかし今回、日比 EPA 反対の動きに看護師協会が加わっているのは、上述した厳しい日本側のハードルに対して、自分たちのプライドを示すものでもあるとも言える。

　「（研修期間中に）日本人看護師の下で、看護助手として働かせられることには耐えられない」「ほかにもっとよい二国間協定がある」といった協会のポジション・ペーパーには、海外で引く手あまたであるフィリピン人看護師の側からの、日本政府に対する強いプライドの誇示が見て取れる。看護師が「ダンピング」されることへの強い抵抗が、ここにあらわれている。

　同時にこの反対運動側の主張は、日比 EPA がきわめて不平等な条約であることを明らかにしている。有害廃棄物の流入も含め、関税削減も結果的にはフィリピン国内の農業生産や製造業に大きな影響を与えることになる。ここで日比 EPA の内容すべてを解説することはできないが、少なくとも「貿易自由化」の促進が、結果的には、ほぼ日本の言いなりに進められていることを、反対運動の主張は明らかにしている。中には日比 EPA を、戦時中の日本軍によるフィリピン占領に重ねる人もいる。こうした不平等協定が日比両政府と産業界の思惑の中で推進され、その中で「看護師・介護士」受け入れ問題が様々な形で利用されている——日本にとっては、「フィリピン・ショック」によってその他の協定内容がカムフラージュされ、フィリピンにとっては（少なくも受け入れ枠組みが発表されるまでは）、雇用機会の拡大、という名目として——という事実を、あらためて見極めておく必要がある。

　もちろん、人の移動をめぐって、フィリピンからの介護士そのものの意見が

230　第3部　ローカル・ナショナル・グローバルの交差するところ

出てきていないことには注意しなければならない。というのも、実際にはフィリピンから「介護士がやってくる」というよりも、日本が門戸を開けるのに合わせて、フィリピン人で日本に就労を希望する人がフィリピンでの介護士資格を取得し、すなわち「介護士になりにやってくる」のである。フィリピン国内では、介護士の資格はむしろカナダなど海外からの要請に合わせて資格化された経緯があり、実際にフィリピン国内の高齢者福祉施設などで働く介護士（ケアギバー）には介護士資格取得者はいないか、ほとんどが資格取得を目指し将来は海外での就労を目指す介護学生・看護学生の OJT（オン・ザ・ジョブ・トレーニング）で賄われている実情がある[14]。

　いずれにせよ、日比 EPA に対するフィリピン市民社会の側の反対、とりわけ看護師セクターの反対には、「労働者の尊厳を守れ」という、アピールが強い。環境汚染問題などその他様々な要因はほかにあったが、結果としてフィリピン上院での日比 EPA 批准作業は難航しており、この「看護師の尊厳が傷つけられる」というディスコースもまた、批准を妨げたことは間違いない。今回は受け入れ枠組み 2 年間で1,000人、というきわめて規模の小さい受け入れをめぐる問題ではあるものの、「移住労働者の権利・尊厳の確立」を求める市民社会の動きが、二国間の条約締結を妨げる力の一つになっていることは、重視すべきではないだろうか。

7-3　小括

　フィリピンの事例で見たように、海外移住労働者の権利保護は送り出し国にとって「ナショナルな」課題である。しかしそれは同時に、ナショナルな境界を越えて移動し就労する労働者の権利をどのような空間において確立し保護していけるのか、というトランスナショナルな課題でもある。しかしアジア域内の現状を見てみると、労働者受け入れ側の政府が、移住労働者の権利の確立や保護に向けて積極的な動きを見せているとは言いがたく、日本の興行ビザをめぐる変化のように、「権利保護＝入国の制限ないしは基準の厳格化」という傾向に制度が変更される可能性のほうがむしろ高いと言える。その中で、トランスナショナルな課題としての移住労働者の権利保護を主張し続ける主体とし

て、移住関連 NGO および移住労働者自身による組織の存在とその役割が期待
される。実際、アジア域内の移住労働者の問題について取り組む NGO の連合
体、CARAM-Asia は移住家事労働者のための「週に一度の休日キャンペーン」
をアジア域内で展開し、2007年11月にシンガポールで行われた ASEAN 総会に
アピールしている。

2007年1月にフィリピンのセブ島で開かれた ASEAN 首脳会議では「移住労
働者の権利擁護と向上に関する宣言」が採択されるなど、域内でのアジェンダ
として、移住労働者の権利問題がようやく多国間で取り上げられるようになっ
てきた。他方で国家関係にとって、移住労働者の処遇をめぐる問題は、まさに
「ナショナルな」利益同士がぶつかりあう場ともなりうる。1995年のコンテン
プラシオン事件の際にフィリピンとシンガポールの二国間関係が緊張したり、
アジア通貨危機直後にマレーシアが大量の未登録インドネシア人労働者を強制
送還するなど、域内の労働移動はそれぞれの国家・社会を密接に結びつけてい
ると同時に、国家間の複雑な取引も内在している。

他方で域内の移住関連 NGO のトランスナショナルなネットワークや連帯は
ますます活発化している。MFA や CARAM-Asia といった、多国間にまたがる
移住労働関連 NGO のネットワークが網羅する課題は、すでに受け入れ国対送
り出し国、という二国間関係の問題を超えた広がりを持ち、その立場から個別
の政府に働きかける、という戦略をとっている。

人の移動の活発化は、言うまでもなく経済のグローバル化に伴って加速化し
ており、たとえば民間斡旋業者のトランスナショナルな活動の活発化のよう
に、人身売買といった問題と隣り合わせの問題を生み出してきている。しかし
ながら、こうした問題の解決に取り組み、トランスナショナルに移動する労働
者が、そのトランスナショナルに移動する存在そのものとして権利を保障され
るような状況の確立を目指す運動もまた、トランスナショナルな基盤を必要と
しているのである。その意味で、移住労働者の権利確立という課題とそのため
の運動とは、グローバル化の再帰的な一つの諸相であると言える。

ナショナルな利害とトランスナショナルな課題とのせめぎ合いをどのように
問うていけるのか――とりわけ経済発展のペースとそれに伴う各国間格差の拡
大も急速なアジアにおいて、人の移動と国家の関係は、受け入れ―送り出しと

いう二項対立を超えて錯綜している。移住労働者の「権利」の確立と保護という課題は、きわめて複雑で困難な問題として存在し続けていると言える。しかし、フィリピンや、第4章で取り上げたシンガポールで見られたように域内における市民社会やそのトランスナショナルなネットワークは拡大しつつあり、ローカルな運動とトランスナショナルな課題が結びつく中で、運動そのものがトランスナショナルな性質を帯びてきている。アジア地域として取り組むべき大きな可能性を持つアジェンダでもあると言えるだろう。

注
1) 農村部における「バリックバヤン（balikbayan）」からの親族支援や寄付行為の具体的な事例については、長坂（2009）に詳しい。
2) 第6章参照。
3) バリックバヤンの村落社会における地位、出身社会との紐帯の構築の詳細な記述については、長坂（2009）の優れた研究がある。なお、以下の記述は小ヶ谷（2005b）をもとに大幅に加筆・修正したものである。
4) ここでの訳出は、木下（1999）を参考にしながら、CFOリーフレットより筆者が直接行った。
5) フィリピン政府は、海外でのコミュニティ活動や、特筆すべき貢献のあった「海外労働者」を対象に「現代の英雄賞（Bagong Bayani Award)」を設立し、毎年表彰を行っている。この表彰の管轄はフィリピン海外雇用庁（POEA）であるが、CFOでも、「大統領賞（Presidential Award）を設け、海外フィリピン人のフィリピンへの貢献を表彰している。
6) 「95年法」の制定過程や内容については、小ヶ谷（2003）を参照されたい。
7) 在外投票権を求める主張は、アキノ政権成立後在米フィリピン人を中心に、まず要求が生まれた、と言われている（Basch et al. eds. 1994: 227）。
8) 実際21日間で、9万5,000件の署名が集まった。また、『海外労働時報』は以下のようにも報じている。
「サウジアラビアのジェダ地域を中心に、『海外にいるフィリピン人を対象とした不在者投票制度の法制化を求める運動』が昨今高まっている。この運動の指導者は、早急な法制化を求めて、反対する政治家の落選運動等を展開している。最近では、政府を相手とする行政訴訟も辞さないと発表している。また、仮に2002年末までに、不在者投票制度の確立を求める議案が否決されるようなことがあれば、本国への送金額を大幅に減らすことも辞さないとまで主張し始めた。仮に送金額を減額されるような事態に陥ると、海外からの送金額は、少なくとも数百万ドル減少すると予想されている」（日本労働研究機構『海外労働時報』2002年12月ウェブ版 http://www.jil.go.jp/jil/kaigaitopic/2002_12/phillipP01.html）。
9) 在外投票法制定に向けた海外公聴会は、アブダビ（UAE）、ロサンゼルス、ニューヨーク、イタリア、香港、日本、などで開かれた。
10) ARBの導入は、日本におけるフィリピン人女性エンターティナーマリクリス・シオソンの不審死事件を受けて、やはり「労働者の権利保護」の名目で始まったことは、特筆すべきだろう。

第 7 章　フィリピン社会と海外フィリピン人　233

11)　枠組みの詳細については、外務省ウェブサイト http://www.mofa.go.jp/mofaj/area/
　　philippines/hapyou_0411.html を参照のこと。

12)　有害廃棄物と EPA の関係については、化学物質問題市民研究会 http://www.ne.jp/
　　asahi/kagaku/pico/basel/jpepa_master.html のサイトが詳しい。

13)　反対運動の詳細については http://junkjpepa.blogspot.com/ を参照のこと。

14)　2007年 8 月の筆者による調査による。

第8章　結論：ジェンダー化された「移動を生きる」人々

論を結ぶにあたって、各章での議論をもう一度振り返ってみたい。

序章で述べたように、本書は代表的な送り出し国であるフィリピンからの国際移動（海外就労）の事例を通して、「人の国際移動（migration）」と「社会移動（social mobility）」の二つの「移動」概念をジェンダーの視角も用いて批判的に検討することを主たる目的としてきた。

第1章では、まず「移動の女性化（feminization of migration）」と、今日の移民研究の課題を明らかにした。移動研究において「女性を可視化する」という1970年代の社会科学全般に共通するフェミニズムの視点を受けて始まった「国際移動と女性」研究は、その後、移民・移動の諸理論をジェンダーの視点から読み直し、さらには個別の実証研究を積み上げることで、「移動と女性」から、「国際移動とジェンダー」という視点へと深化を見せた。同時にそれは、人の移動のメカニズムを解明しようとするマクロな視座に加えて、移動する「主体」に着目する視点の、移民研究への導入でもあった。構造的な制約の中で、移動を経験し、その中で様々な選択を行い、複数の戦略の中を生き抜く移動主体の中でも、とりわけジェンダー規範による制約、そして移動後の職種もまた、再生産労働職を中心にきわめてジェンダー化され、それが理由で労働条件が相対的劣位に置かれている移住女性労働者たちのミクロな経験への着目がなされるようになってきている。

しかし、こうした既存の研究においても、時間軸の導入、すなわち、「移動」という経験そのものが、移住女性たちの社会的地位をどのように変化させているのか、という、いわば「社会移動（social mobility）」の視点は、欠落してきた。本書は、社会学の古典的な関心である「社会移動」研究においても、女性の社会的地位をどのように把握するか、という問いが立てられてきたことに

着目し、国際移動と社会移動の重なりとして、フィリピンからの女性の国際移動に着目していった。

　第2章では、フィリピン農村部における事例から、既婚女性とシングル女性、そして既婚男性の比較から、海外出稼ぎのジェンダー化された側面を明らかにし、また既婚女性が、ローカルなジェンダー規範を再解釈し、ともずれば自らの移動を「過小評価」するような傾向がある中で、シングル女性は、むしろ「親孝行な娘」や、あるいは適齢期での結婚や出産といった、ローカルなジェンダー規範と、いわば彼女たちにとっては「キャリア」化した海外出稼ぎの実践とを巧みなバランスの中で遂行している姿を浮き彫りにした。彼女たちの、家事労働者としての出稼ぎの長期化は、「家事労働者」としての職業上の移動性はないが、それが経済的な上昇移動によってバランスされるというよりも、他のライフコース・イベントや自己実現的動機との間で取引され、結果として長期化が、新しい形でのライフコース設計の可能性をもたらす。しかしそれは、必ずしもローカルなジェンダー規範と決別するものではなく、常にそれとのバランスの中で、徐々に出現してくるものである。

　第3章では、都市部の事例をもとに、職業移動としての海外就労がジェンダー間で大きく様相を異にしていることが明らかになった。フィリピンでの前職と海外での職種のつながりが強い男性に比べて、女性は前職にかかわらず、家事労働者などの典型的な「女性職」に海外で就くケースが圧倒的である。そこには、職業上の地位と経済的地位との間での「矛盾した移動」が見られる。加えて、世帯内のジェンダー役割に照らしても、フィリピンでの「男性役割」を海外就労を通して向上させる傾向のある男性に対して、女性の場合は、ジェンダー役割においても、「矛盾した移動」が経験される。また、こうした再生産労働職への女性労働者の海外送り出しは、フィリピン国内における社会的底辺層高齢者へのケアの担い手として、政策的に生み出され続けている。職業移動、世帯内地位の変化、そして国際移動、という複数のモビリティの非整合性が、とりわけ女性労働者に多く見られることが、明白となった。

　主として就労と世帯内地位の観点から、「国際移動」と「社会移動」のジェンダー化された諸相を見てきた第3章までの議論を踏まえて、第4章・第5章では、移動先における移住女性たちの様々な組織活動に注目した。代表的な家

第 8 章　結論　237

事労働者の受け入れ国である香港・シンガポールにおいては、それぞれの社会における政策的・文化的背景において、異なるタイプの組織活動が実践されていた。そこには、集合的達成と個人的達成という水準、そして、その志向性において、「移住家事労働者としての地位向上」を目指すものと、「家事労働者という地位からの脱却」を目指すものとにおいて、それぞれ異なる意味合いが見出された。また、個人的達成と集合的達成の循環として、移住家事労働者のボランティア活動に着目し、こうした組織活動のあり方が、第 1 部で論じてきた、ジェンダー化された「矛盾した移動」を、別な形で乗り越える新たなモビリティを生じさせていることを明らかにした。同時に第 4 章後半では、香港、シンガポールにおいて、それぞれ、上記のような第三のモビリティが、さらなる帰結を生んでいる点も論じた。香港においては、フィリピン人労働者の経験がインドネシア人労働者に伝達される中で、国際移動を通した「政治的社会化」が見られた。また、移住家事労働者の特質である雇用主女性との間の「女性—女性間」格差の問題を乗り越えるような「連帯」の、萌芽も確認された。「市民社会」の存在がきわめて限定的であったシンガポールにおいては、移住家事労働者の存在が、シンガポールの新しい「市民社会」形成にとっての大きな原動力となった。これらの事例は、移住家事労働者が国際移動を通して経験した新たなモビリティが、ホスト社会の社会変動につながる可能性を持っていることを示していると言える。

　国際結婚を通して日本で生活しているフィリピン女性の組織活動を取り上げた第 5 章では、「移民／移動の女性化」の文脈における移民女性の集合的活動、という関心の中に置きながら、香港やシンガポールとは異なる、日本におけるきわめてジェンダー化された形でのフィリピン女性の流入という文脈にどのように埋め込まれているのかに着目した。そこでは、日本社会におけるフィリピン女性に対する強いステレオタイプ、そして自らの子どもや夫の内部にあるフィリピン社会への誤解や蔑視も解こうとするダイナミズムがあった。日々の地域や家族、そしてメンバー間での日々の葛藤と交渉の中で、トランスナショナリズムへの志向をも持ちながら、在日フィリピン女性の組織活動は、個別具体的な事象と抽象的な課題の双方に応えるものである。国際婚外子の国籍確認裁判にも見られた、こうしたフィリピン女性とその子どもたちの運動は、

日本社会における「家族」規範に挑戦するものでもある。彼女たちが国際移動を通して経験した、社会運動を通した新たなモビリティの獲得が、ホスト社会の変容をもたらす、という点では、移住家事労働者のモビリティとの間に共通点が見られる。

　第6章、第7章では、再び送り出し社会としてのフィリピンに視点を戻し、海外雇用政策がジェンダー化されており、本書の出発点となる「移動の女性化」の潮流の中で、送り出し国家が、「労働者の権利保護」と「技能」という概念を巧みに接合させて、生き残り戦略を図っていることを明らかにした。そこには国家と市場、そして移動する女性たち自身がそれぞれに織りなす「グローバル・サーキット」の中で編成される再生産労働のグローバル化が見て取れる。第4章、第5章で取り上げた、国際移動を通した女性たちの新たなモビリティの獲得もまた、こうした「グローバル・サーキット」の一角をなしている。第7章での海外フィリピン人政策、またフィリピンにおける移住関連NGOもまた、「グローバル・サーキット」におけるアクターの一つに数えられる。

　このように、送り出し社会、受け入れ社会それぞれの文脈において、人々の移動は「ジェンダー化」されており、その中には、本書で見たような「国際移動」と「社会移動」の間の矛盾、ジェンダー間でのそれらのあらわれ方の矛盾が存在している。しかし同時に、「国際移動」を通して、こうした矛盾を乗り越える新しい「モビリティ」が獲得されていることも事実である。グローバル化の中で、「移動を強いられる」主体でも、あるいは、「合理的な計算」によって移動する主体でもなく、国家、市場、市民社会、といった複数のアクターが織りなす「グローバル・サーキット」の中で、「複数のモビリティを同時に生きる」主体こそが、本書が取り上げた「移動する女性・男性」の姿である。国民国家の枠内での単一のモビリティの基準では、こうした彼女たちの移動を理解することは不可能である。既存の「モビリティ」概念を脱構築し、「国際移動」と「社会移動」を対立概念とみなさない形で、新たな「モビリティ」概念を再構築する必要がある。そうしてはじめて、「移動を生きる」人々の現実に、より迫ることができるのではないだろうか。

参考文献

Abdul Rahman, Noor, Brenda S. A. Yeoh and Shirlena Huang, 2005, "'Dignity Overdue': Transnational Domestic Workers in Singapore", in Shirlena Huang, Brenda S.A. Yeoh and Noor Abdul Rahman eds., *Asian Women as Transnational Domestic Workers*, Singapore: Marshal Cavendish Academic, pp.233-261.

足立眞理子＋伊豫谷登士翁＋古田睦美 1999.11「討議：グローバリゼーションとジェンダー」『現代思想：特集 グローバリゼーション』Vol.27-12、青土社、59-77頁。

足立眞理子 2005「再生産領域のグローバル化と複数のグローバリゼーション（multiple globalizations）」『F-GENS ジャーナル』お茶の水女子大学21世紀 COE プログラム「ジェンダー研究のフロンティア」No.3、110-114頁。

―― 1999「グローバリゼーションとジェンダー――フェミニスト政治経済学に向けて」『アソシエ』1号、95-108頁。

―― 2008「再生産領域のグローバル化と世帯保持 householding」伊藤るり・足立眞理子編『国際移動と〈連鎖する〉ジェンダー』作品社。

秋山晴泉 2009『「越境する階層化」とポスト開発主義政府――フィリピンの移住労働者送り出し政策にみる政府の役割』一橋大学大学院社会学研究科修士論文（未刊行）。

Aguilar, Filipmeno V. Jr., 2007, "Political Transnationalism and the State's Reincorporation of Overseas Filipinos", in Virginia A. Miralao and Lorna P Makil eds., *Exploring Transnational Communities in the Philippines*, Quezon City: Philippine Migration Research Network and Philippine Social Science Council.

Alegado, Dean, 2003, "International labor migration, diaspora and the emergence of transnational Filipino communities," Tsuda, Mamoru ed., *Filipino Diaspora: Demography, Social Networks, Empowerment and Culture,* Quezon City: Philippine Social Science Council and UNESCO, pp.1-22.

Andall, Jaqueline, 2000, "Organizing Domestic Workers in Italy: The Challenge of Gender, Class and Ethnicity", in Floya Anthias and Gabriella Lazaridis eds., *Gender and Migration in Southern Europe: Women on the Move*, Oxford: Berg, pp.145-171.

Anderson, Bridget, 2000, *Doing the Dirty Work?: The Global Politics of Domestic Labour*, London: Zed Books.

Anthias, Floya, 2000, "Metaphors of Home: Gendering New Migrations to Southern Europe", in Floya Anthias and Gavriella Lazardis eds., *Gender and Migration in Southern Europe: Women on the Move*, Oxford: Berg Publication.

Anthias, Floya, and Gabriella Lazaridis eds., 2000, *Gender and Migration in Southern Europe: Women on the Move*, Oxford: Berg Publication.

Arnado, Janet M., 2003, *Mistresses & Maids: Inequality Among Third World Women Wage Earners*, Manila: De La Salle University Press.

安里和晃 2001「香港における出入国管理と外国人労働者政策――90年代の外国人家事労働者をめぐる処遇を中心に」梶田孝道編『国際移民の新動向と外国人政策の課題――各国における現状と取り組み』法務省委託研究報告書、9-27頁。

―― 2007「日比経済連携協定と外国人看護師・介護労働者の受け入れ」久場嬉子編著『介護・家事労働者の国際移動――エスニシティ・ジェンダー・ケア労働の交差』日本評論社。

Asian Migrant Centre（AMC）, Asia South Pacific Bureau for Adult Education and Migrant Forum in Asia, 2001, *Clearing a Hurried Path: Study on Education Programs for Migrant Workers in Six Asian countries.*

Asian Migrant Centre Ltd., 1998, *Asian Migrant Yearbook 1998: Migration Facts, Analysis and Issues in 1997*, Asian Migrant Centre Ltd.

—— and Migrant Forum in Asia, 1999, *Asian Migrant Yearbook 1999 : Migration Facts, Analysis and Issues in 1998*, Asian Migrant Centre Ltd.

—— 2000, *Asian Migrant Yearbook 2000: Migration Facts, Analysis and Issues in 1999*, Hong Kong: Asian Migrant Centre.

—— 2004, *Asian Migrant Yearbook 2002-2003: Migration Facts, Analysis and Issues in 2002-2003*, Hong Kong: Asian Migrant Centre.

Asian Migrant Centre, Asian Domestic Workers Union, Forum of Filipino Reintegration and Savings Groups, Indonesian Migrant Workers Union, Thai Women Association, 2001, *Baseline Research on Racial and Gender Discrimination Towards Filipino, Indonesian and Thai Domestic Helpers in Hong Kong*, Hong Kong: Asian Migrant Centre.

Asia Pacific Mission for Migrants (APMM), 2003, *Historical Development and Government Policies on Overseas Employment of Indonesia*, Hong Kong: APMM.

Asis, Maruja M. B., 1992, "The Overseas Employment Program Policy", in Graziano Battistella and Anthony Paganoni eds., *Philippine Labor Migration: Impact and Policy*, Scalabrini Migration Center.

—— 1995, "*Family* Ties in a World Without Borders", in *Philippine Sociological Review*, Vol.42, pp.16-26.

Ateneo Human Rights Center, 1995, *OCWs in Crisis: Protecting Filipino Migrant Workers*, Ateneo Human Rights Center.

——, 1999, *Filipino Migrant Workers in Singapore, Malaysia and Brunei: What They Need To Know... (and What They Have To Tell)*, Ateneo Human Rights Center.

バレスカス、マリア・ロザリオ・ピケロ 1994、津田守監訳、小森恵・宮脇摂・高畑幸訳『フィリピン女性エンターテイナーの世界』明石書店。(Ballescas, Maria Rosario Piquero 1993, Filipino Entertainers in Japan: An Introduction)

Basch, Linda, Nina Glick Schiller and Cristina Szanton Blanc eds., 1994, *Nations Unbound: Transnational Projects, Postcolonial Predicaments and Deterritorialized Nation-States*, Amsterdam: Gordon & Breach Science Publishers.

Battistella, Graziano, 1995, "Philippine Overseas Labour: From Export to Management", in *Asean Economic Bulletin – Special Focus: Labour Migration in Asia*, Vol.12, No.2, pp.257-273.

—— 1998, "The Migrant Workers and Overseas Filipinos Act of 1995 and Migration Management", in Benjamin V. Cariño ed., *Filipino Workers on the Move: Trends, Dilemmas and Policy Options*, Philippine Migration Research Network (PMRN), pp.81-113.

Battistella, Graziano and Anthony Paganoni eds., 1996, *Asian Women in Migration*, Quezon City: Scarabrini Migration Center.

Beltran, Ruby P. and Gloria F. Rodriguez eds., 1996, *Filipino Women Migrant Workers: At the Crossroads and Beyond Beijing*, Quezon City: Giraffe Books.

Bookman, Ann and Sandra Morgen, 1998, " 'Carry It On': Continuing the Discussion and the Struggle", in Ann Bookman and Sandra Morgan eds., *Women and Politics of Empowerment*, Philadelphia: Temple University Press, pp.314-321.

Boyd, Monica, 1989, "Family and Personal Networks in International Migration: Recent Development and New Agenda", in *International Migration Review*, Vol.23, No.3, pp.638-670.

Brettel, Caroline B. and James F. Hollifield eds., 2000, *Migration Theory: Talking Across Disciplines*, New York & London: Rutledge.

Brettel, Caroline, 2003, *Anthropology and Migration: Essays on Transnationalism, Ethnicity, and Identity*, Walnut Creek: Alta Mira Press.

Carino, Benjamin, V., 2007, "Initial Assessment of the Citizenship Retention and Reacquisition Act and the Absentee Voting Act: Policy Issues and Problems", in Virginia Miralao and Lorna P. Makil eds., *Exploring Transnational Communities in the Philippines*, Quezon City: Philippine Migration Research Network and Philippine Social Science Council.

Castles, Stephen and Mark J. Miller, 1993, *The Age of Migration: International Population Movements in the Modern World*, London: Macmillan.

Center for Migrant Advocacy Philippines, 2004, *FACT SHEET: Overseas Absentee Voting Law*.

Chang, Grace, 2000, *Disposable Domestics: Immigrant women workers in the global Economy*, Cambridge: Southend Press.

Chant, Sylvia and Sarah A. Radcliffe, 1992, "Migration and development: the importance of gender", in Sylvia Chant ed., *Gender and Migration in Developing Countries*, London: Belhaven Press.

── and C. McIlwaine, 1995, *Women of a lesser cost: Female labor, Foreign Exchange and Philippine Development*, Quezon City: Ateneo de Manila University Press.

Cheng, Shu-Ju Ada, 1996, "Migrant Women Domestic Workers in Hong Kong, Singapore And Taiwan: A Comparative Analysis", in Graziano Batistella and Anthony Paganoni eds., *Asian Women in Migration*, Quezon City: Scalabrini Migration Center, pp.109-122.

── 1999, "Labor Migration and International Sexual Labor: A Feminist Perspective", in Kelson Gregory A and Debra L. Delaet eds., *Gender and Immigration*, London: Macmillan, pp.38-58.

Chin, Christine B. N., 1998, *In Service and Servitude : Foreign Domestic Workers and the Malaysian "Modernity" Project*, New York: Columbia University Press.

Chong, Terence, 2005, "Civil Society in Singapore: Popular Discourses and Concepts", *Sojourn: Journal of Social Issues in Southeast Asia*, Singapore: Institute of Southeast Asian Studies, Vol.20, No.2, pp.273-301.

Cohen, Robin and Paul Kennedy, 2000, *Global Sociology*, Basingstoke: Palgrave Publishers. (山之内靖監訳、伊藤茂訳 2003『グローバル・ソシオロジー』Ⅰ・Ⅱ、平凡社)

Constable, Nicole, 1997, *Maid to Order in Hong Kong: Stories of Filipina Workers,* Ithaka: Cornell University Press.

── 2003, *Romance on a Global Stage: Pen Pals, Virtual Ethnography and "Mail Order" Marriages*, Berkeley: University of California Press.

Cruz, Victoria Paz and Anthony Paganoni eds., 1989, *Filipinas in Migration: Big Bills and Small Change*, Quezon City: Scalabrini Migration Center.

Dale, Angela, 1990, "Stratification over the Life-course: Gender Differences within the Household", in Geoff Payne and Pamela Abbott eds., *The Social Mobility of Women: Beyond Male Mobility Models*, London: The Falmer Press.

Dawson, Richard, Kenneth Prewitt and Karen Dawson, 1969, *Political Socialization: 2nd Edition*, Little Brown and Company. (加藤秀治郎・青木英実・中村昭雄・永山博之訳 1989『政治的社会化──市民形成と政治教育』芦書房)

Development Action for Women Network (DAWN) and KAIBIGAN ng OCWs Inc., 2000, *R.A. 8042: a Critical Assessment*, Manila: DAWN and KAIBIGAN ng OCWs Inc.

242 参考文献

Development Action for Women Network (DAWN), 2003, *Pains & Gains: A Study of Overseas Performing Artists in Japan-from Pre-Departure to Reintegration*, Manila: Development Action for Women Network. (DAWN-Japan 訳 2005『フィリピン女性エンターテイナーの夢と現実──マニラ、そして東京に生きる』明石書店)

Ehrenreich, Barbara and Arilie Rusell Hochschild eds., 2002, *Global Woman: Nannies, Maids, and Sex Workers in the New Economy*, New York: Metropolitan Books.

Enloe, Cynthia, 1989, *Bananas, Beaches & Bases: Making Feminist Sense of International Politics*, Berkeley: University of California Press.

Espiritu, Yen, Le, 2003, *Home Bound: Filipino American Lives Across Cultures, Communities and Countries*, Berkeley: University of California Press.

Ford, Michele, 2004, "Organizing the Unorganizable: Unions, NGOs, and Indonesian Migrant Labour", *International Migration*, Vol.42 (5), pp.99-118.

Fudge, Judy, 1997, "Little Victories and Big Defeats: The Rise and Fall of Collective Bargaining Rights for Domestic Workers in Ontario", in Abigail B. Bakan and Daiva Stastiulis eds., *Not One of the Family: Foreign Domestic Workers in Canada*, Tronto: University of Toronto Press.

藤本伸樹 2007「検証フィリピンからの看護師・介護福祉士の受け入れ」ヒューライツ大阪『国際人権ひろば』第73号 (http://www.hurights.or.jp/newsletter/J_NL/073/06.html)。

Gee, Joun and Eline Ho eds., 2006, *Dignity Overdue*, Singapore: Select Publishing.

Glen, Evelyn Nakano, 1986, *Issei, Nisei, Warbride: Three Generations of Japanese American Women in Domestic Service*, Philadelphia: Temple University Press.

──── 1992, "From Servitude to Service Work: Historical Continuities in the Racial Division of Paid Reproductive Labor", in *SIGN*, Autumn, 1-43.

ゴウ、リサ、鄭暎惠 1999『私という旅──ジェンダーとレイシズムを越えて』青土社。

Go, Stella P., 1998, "Towards the 21st Century: Whither Philippine Migration?" in Benjamin V. Cariño ed., *Filipino Workers on the Move: Trends, Dilemmas and Policy Options*, Philippine Migration Research Network (PMRN), pp.9-44.

──── 1999, "Country Report: Philippines", paper presented at Workshop on International Migration and Labour Markets in Asia, The Japan Institute of Labour (JIL), Tokyo, Japan, 28-29 January.

──── 2000, "Country Report: Philippines", paper presented at Workshop on International Migration and Labour Markets in Asia, Tokyo: The Japan Institute of Labour (JIL).

Goldring, Luin, 1998, "The Power of Status in Transnational Social Fields", in Michael Peter Smith and Luis Eduardo Guarnizo, eds., *Transnationalism from Below*, New Brunswick and London: Transaction Publishers, pp.165-195.

Gomez, James, 2002, "International Competition and Interaction", in Sigman, Consance, Tan Chong Kee, Tisa Ng and Leon Perera eds., *Building Social Space in Singapore: The Working Committee's Initiative in Civil Society Activism*, Singapore: Select Publishing.

Gonzalez, Joaquin L. III., 1998, *Philippine Labour Migration: Critical Dimensions of Public Policy*, Singapore: Institute of Southeast Asian Studies.

Guarnizo, Luis Eduardo and Michael Peter Smith, 1999, "The Localities of Transnationalism," in Michael Peter Smith and Luis Eduardo Guarnizo, eds., *Transnationalism from Below*, New Brunswick and London: Transaction Publishers, pp.3-34.

Gutierrez, Eric, 2007, "The Filipino Diaspora: Changing the Terms of Reference", in Filonenita Mongaya Hogsholm ed., *In De Olde Worlde: Views of Filipino Migrants in Europe*, Quezon

City: Philippine Migration Research Network (PMRN), pp.386–393.

International Migration Review, 2003 (Special Issue: Transnational Migration: International Perspectives, ed., By Peggy Levitt, Josh De Wind, and Steven Vertovec), Vol.XXXVII, No.3.

原純輔・盛山和夫 1999『社会階層——豊かさの中の不平等』東京大学出版会。

橋本摂子 2003「〈社会的地位〉のポリティクス——階層研究における "gender inequality" の射程」『社会学評論』54（1）、49–63頁。

Heinonen, Tuula, 1996, 'Negotiating Ideal Womanhood in Rural Philippine Households: Work and Survival', in Parvin Ghorayshi and Clarie Belanger eds., *Women, Work, and Gender Relations in Developing Countries: A Global Perspective*, Westport: Greenwood Press.

Heyzer, Noeleen et al. eds., 1994, *The Trade in Domestic Workers: Causes, Mechanisms and Consequences of International Migratio*n, Kuala Lumpur: Asian and Pacific Development Centre.

樋口直人 2000「対抗と協力——市政決定メカニズムのなかで」宮島喬編『外国人市民と政治参加』有信堂、20–38頁。

—— 2001「ブラジル・パラナ州における日系人労働者斡旋組織」『徳島大学社会科学研究』14号。

Hochschild, Arile Russel, 2001, "Global Care Chains and Emotional Surplus Labor", in Will Hutton and Anthony Giddens eds., *On the Edge: Living with Global Capitalism*, London: Vintage.

Hondagneu-Sotelo, Pierette, 1994, *Gendered Transition: Mexican Experiences of Immigration*, Berkeley: University of California Press.

—— 2003, "Gender and Immigration: A Retrospective and Introduction", in P. Hondagneu-Sotelo ed., *Gender and U.S. Immigration: Contemporary Trends*, Berkeley: University of Caligornia Press.

Hong Kong Special Administrative Region Home Affairs Bureau, 1999, *Your Guide to Services in Hong Kong (Mabuhay Edition; English version, 2nd ed.)*, Hong Kong: Home Affairs Bureau.

Huang, Shirlena and Brenda S. A. Yeoh, 1996, 'Ties That Bind: State Policy and Migrant Female Domestic Helpers in Singapore", *Geoforum*, 27: pp.479–493.

Hugo, Graeame, 2003, "Information, Exploitation and Empowerment: The Case of Indonesian Overseas Workers", *Asian and Pacific Migration Journal*, Vol.12, No.4, pp.439–466.

—— 2005, "Indonesian International Domestic Workers: Contemporary Development and Issues", in Shirlena Huang, Brenda S. A. Yeoh and Noor Abdul Rahman eds., *Asian Women as Transnational Domestic Workers*, Singapore: Marshal Cavendish Academic.

IBON Foundation Inc., 2000, *Facts & Figures,* Vol.23, No.5, 15 March, Manila: IBON Foundation Inc.

稲葉奈々子 2009「フィリピン人移住女性の軌跡：日本における底辺層の形成をめぐる問題」国際移動とジェンダー研究会編『アジアにおける再生産領域のグローバル化とジェンダー再配置』（科学研究費補助金基盤研究 A「アジアにおける再生産領域のグローバル化とジェンダー再配置」：研究代表者伊藤るり、研究成果報告書）：121–131頁。

International Labour Organization South-East Asia and the Pacific Multidisciplinary Advisory Team (ILO/SEAPAT) and International Catholic Migration Commission (ICMC) Regional Liaison Office in Manila, 1998, *A Situational Analysis of Reintegration Needs and Response Programmes for Returned Overseas Filipino Workers*, Manila.

244 参考文献

石井正子 2002『女性が語るフィリピンのムスリム社会——紛争・開発・社会的変容』明石書店。

石井由香 1995「国際結婚の現状——日本でよりよく生きるために」駒井洋編『定住化する外国人』明石書店、73-102頁。

—— 2001「シンガポールの外国人労働者・移民政策——1990年代の動向」梶田孝道編『国際移民の新動向と外国人政策の課題——各国における現状と取り組み』法務省委託研究報告書、29-43頁。

石山永一郎 1989『フィリピン出稼ぎ労働者——夢を追い日本に生きて』柘植書房。

伊藤るり 1992「『ジャパゆきさん』現象再考——80年代日本へのアジア女性流入」梶田孝道・伊豫谷登士翁編著『外国人労働者論——現状から理論へ』弘文堂。

—— 1996「もう一つの国際労働力移動——再生産労働の超国境的移転と日本の女性移住者」伊豫谷登士翁・杉原達編『日本社会と移民』明石書店、243-271頁。

—— 1998「国際移動とジェンダーの再編——フランスのマグレブ出身移民とその家族をめぐって」『思想』第886号、60-88頁。

—— 1999「フランスの移民統合と〈仲介する女性たち〉——社会=文化的仲介に関する予備的考察」立教大学大学院社会学研究科『社会学研究科論集』第6号、7-16頁。

—— 2002「脱領域化するシティズンシップとジェンダー規範——滞日フィリピン人女性の状況をめぐる試論」『「グローバル化とジェンダー規範」に関する研究報告書』お茶の水女子大学、35-46頁。

—— 2009「再生産労働の国際移転における越境的世帯保持、国家、女性移住者——入れ子型ヒエラルキーの弛緩とグローバル・サーキットとの関連で」国際移動とジェンダー研究会編『アジアにおける再生産領域のグローバル化とジェンダー再配置』（科学研究費補助金基盤研究A「アジアにおける再生産領域のグローバル化とジェンダー再配置」：研究代表者伊藤るり、研究成果報告書）3-15頁。

伊藤るり、小ヶ谷千穂、ブレンダ・テネグラ、稲葉奈々子 2008「いかにして〈ケア上手なフィリピン人〉は作られるか？——ケアギバーと再生産労働の『国際商品』化」伊藤るり・足立眞理子編著『国際移動と〈連鎖するジェンダー〉——再生産領域のグローバル化』作品社。

伊豫谷登士翁 2001a『グローバリゼーションと移民』有信堂。

—— 2001b「経済のグローバリゼーションとジェンダー」伊豫谷登士翁編著『経済のグローバリゼーションとジェンダー』明石書店。

JNATIP・お茶の水女子大学F-GENS編 2005『日本における人身売買の被害に関する調査研究報告書』（JNATIP・F-GENS）。

梶田孝道 1994『外国人労働者と日本』NHKブックス。

梶原景昭 1999「交差する域内相互イメージ」青木保・梶原景昭編『情報社会の文化1：情報化とアジア・イメージ』東京大学出版会、55-85頁。

笠間千浪 1996「滞日外国人女性と〈ジェンダー・バイアス〉——日本的受け入れの問題点」宮島喬・梶田孝道編『外国人労働者から市民へ——地域社会の視点と課題から』有斐閣。

—— 2002「ジェンダーから見た移民マイノリティの現在——ニューカマー外国人女性のカテゴリー化と象徴的支配」宮島喬・梶田孝道編『マイノリティと社会構造』東京大学出版会。

Kelson Gregory A. and Debra L. Delaet eds., 1999, *Gender & Immigration,* London: Macmillan Press.

菊地京子 1992「外国人労働者送り出し国の社会的メカニズム——フィリピンの場合」梶田

孝道・伊豫谷登士翁編著『外国人労働者論──現状から理論へ』弘文堂、169-201頁。

木下昭 1999「『国境を越える』国民国家──海外フィリピン人委員会の活動を事例として」『移民研究年報』第 6 号、65-76頁。

── 2009『エスニック学生組織に見る「祖国」──フィリピン系アメリカ人のナショナリズムと文化』不二出版。

Kofman, Elenore, 1999, "Female 'Birds of Passage' a Decade Later: Gender and Immigration in the European Union", in *International Migration Review*, Vol.33, No.1, pp.269-299.

KOTKIHO, n. d., *Foundational Training and Educational Solutions for Domestic Workers*.

桑山紀彦 1995『国際結婚とストレス──アジアからの花嫁と変容するニッポンの家族』明石書店。

京都 YWCA・APT 編 2001『人身売買と受入大国ニッポン──その実態と法的課題』明石書店。

邱淑雯 2003「移民女性における主体の構築──川崎市在住フィリピン人妻の社会参加」『応用社会学研究』立教大学社会学部、No.45、81-96頁。

Labour Department 1999, *A Concise Guide to the Employment Ordinance*, Hong Kong Labour Department.

Lan, Pei-Chia, 2006, *Global Cinderellas: Migrant Domestics and Newly Rich Employers in Taiwan*, Durham, NC: Duke University Press.

Lee, Jean, Katheleen Campbell and Audrey Chia, 1999, *The 3 Paradoxes: Working Women in Singapore*, Singapore: Association of Women for Action and Research (AWARE).

Lee, Terence, 2005, "Gestural Politics: Civic Society in 'New' Singapore", *Sojourn: Journal of Social Issues in Southeast Asia*, Singapore: Institute of Southeast Asian Studies, Vol.20, No.2, pp.132-154.

Leung, Benjamin K. P. Leung, 1996, *Perspectives on Hong Kong Society*, Hong Kong: Oxford University Press.

Levitt, Peggy and Nina Glick Shiller, 2008 "Conceptualizing Simultaneity: A Transnational Social Field Perspective on Society", in Alejandro Portes and Josh Dewind eds., *RETHINKING MIGRATION New Theoretical and Empirical Perspectives*, Oxford: Berghahn Books.

Lim, Lin Lean and Nana Oishi, 1996, "International Labor Migration of Asian Women: Distinctive Characteristics and Policy Concerns", in Graziano Batistella and Anthony Paganoni eds., *Asian Women in Migration*, Quezon City: Scalabrini Migration Center, pp.23-53.

Lyons, Lenore, 2005, "Transient Workers Count Too? The Intersection of Citizenship and Gender in Singapore's Civil Society", *Sojourn: Journal of Social Issues in Southeast Asia*, Singapore: Institute of Southeast Asian Studies, Vol.20, No.2, pp.208-248.

Massey, Douglas, Rafael Alarcón, Jorge Durand and Humberto González, 1987, *Return to Aztlan: The Social Process of International Migration from Western Mexico*, Berkeley: University of California Press.

松井やより 1996『女たちがつくるアジア』岩波書店。

Momsen, Janet Henshall, 1999, "Maids on the Move: Victim or Victor" in Momsen ed., *Gender, Migration and Domestic Service*, London: Routledge.

Morgan, Sandra and Ann Bookman, 1988, "Rethinking Women and Politics: An Introductory Essay", in Ann Bookman and Sandra Morgan eds., *Women and Politics of Empowerment*, Philadelphia: Temple University Press, pp.3-29.

Morocvasic, Mirjana, 1983 "Women in migration: beyond the reductionist outlook", in Pizaklea ed., *One Way Ticket: Migration and Female Labour*, London: Routledge.

—— 1984, *"Birds of Passage are also Women…"*, in *International Migration Review* (*Special Issue: Women in Migration*), Vol.18, No.4, pp.886-907.

—— 2003, *"Transnational mobility and gender: a view from post-war Europe"*, in Mirjana Morocvasic-Muller, Umut Erel, and Kyoko Shinozaki eds., *Crossing Borders and Shifting Boundaries: Vol.1. Gender on the Move*, (International Women's University 2000), Leske+Budrich, Opladen, pp.101-133.

村下博 1999a「1995年フィリピン移住労働者法（共和国法8042号）」『法学研究所紀要』第29号、大阪経済法科大学法学研究所、43-64頁。

—— 1999b「資料：フィリピン移住労働者送出法（共和国法8042号＝1995年移住労働者及び海外フィリピン人法』『法学論集』第45号、大阪経済法科大学、341-362頁。

—— 1999c『外国人労働者問題の政策と法』大阪経済法科大学出版部。

長坂格 2009『国境を越えるフィリピン村人の民族誌——トランスナショナリズムの人類学』明石書店。

中村尚司 2007「介護・家事労働者の送り出し国がかかえる問題」久場嬉子編著『介護・家事労働者の国際移動——エスニシティ・ジェンダー・ケア労働の交差』日本評論社。

中西徹 1998「貧困と慣習経済——マニラにおける1990年代の変容」絵所秀紀・山崎幸治編『開発と貧困——貧困の経済分析に向けて』研究双書 No.487、アジア経済研究所、203-234頁。

中野聡 2007『歴史経験としてのアメリカ帝国——米比関係史の群像』岩波書店。

日本労働研究機構編 1994『フィリピンの労働事情』（海外調査シリーズ39）労働政策研究・研修機構。

入管協会『出入国管理関係統計概要』各年。

越智方美 2007「フィリピンの『移民NGO』に関する考察——再統合プログラムを中心として」『F-GENS ジャーナル』No.7、245-252頁。

小笠原公子・小ヶ谷千穂・丹野清人・稲葉奈々子・樋口直人 2001「外国人居住者の権利と参加——外国人支援組織の可能性」NIRA・シティズンシップ研究会編著『多文化社会の選択——「シティズンシップ」の視点から』日本経済評論社、171-187頁。

小ヶ谷千穂 2000a「送り出し国フィリピンの課題——海外雇用政策の推移と『海外労働者の女性化』」梶田孝道編『人の国際移動と現代国家——移民環境の激変と各国の外国人政策の変化』法務省入国管理局報告書、149-169頁。

Ogaya, Chiho, 2000b, *"Gendered Migration and Supplementary Income: Mobilization of Gender Concepts in Rural Philippines"*, *Journal of Asian Women Studies*, Vol.9, pp.30-43.

小ヶ谷千穂 2001a「『移住労働者の女性化』のもう一つの現実——フィリピン農村部送り出し世帯の事例から」伊豫谷登士翁編著『経済のグローバリゼーションとジェンダー』明石書店。

—— 2001b「移住女性研究の展開と課題——アジアにおける移住女性研究のために」『Sociology Today』第11号、98-107頁。

—— 2001c「国際労働移動とジェンダー——アジアにおける移住家事労働者の組織活動をめぐって」梶田孝道編『国際化とアイデンティティ』ミネルヴァ書房。

—— ・小笠原公子・丹野清人・稲葉奈々子・樋口直人 2001「移住労働者のエンパワーメントに向けて——支援組織による取り組みを中心に」『茨城大学地域総合研究所年報』34号、33-57頁。

—— 2002a「ジェンダー化された海外出稼ぎと『矛盾した移動』経験——フィリピンの事例から」『年報社会学論集』第15号、189-200頁。

—— 2002b「女性移民（移住女性）」伊豫谷登士翁編『グローバリゼーション』作品社。

―― 2003「フィリピンの海外雇用政策――その推移と『海外労働者の女性化』を中心に」小井土彰宏編著『移民政策の国際比較』明石書店。

Ogaya, Chiho, 2004a, "Social discourse towards Filipina women migrants", *Feminist Review*, Issue 77, pp.180-182.

―― 2004b, "Filipino Domestic Workers and the Creation of New Subjectivities'", *Asia and Pacific Migration Journal*, pp.381-404.

小ヶ谷千穂 2005a「海外就労と女性のライフコース――フィリピン農村部の若年シングル女性と世帯内関係を手がかりに」『ジェンダー研究』第8号、99-111頁。

―― 2005b「トランスナショナリズムと送り出し国家――フィリピン政府の在外国民政策と『在外投票法』の成立から」『国際交流研究』第7号、フェリス女学院大学国際交流学部、117-137頁。

―― 2005c「介護労働者送り出しの現場から――フィリピンの現状とFTAをめぐって」『アジェンダ――未来への課題』第8号（2005年春号）、78-83頁。

Ogaya, Chiho, 2006a, "Towards an Analysis of Social Mobility of Transnational Migrant Women: The Case of Filipina Domestic Workers", in Anuja Agarwal ed., *Migrant Women and Work*, Delhi: Sage Publication.

小ヶ谷千穂 2006b「東南アジアにおける女性労働者の国際移動と人権――移住家事労働者の権利状況を中心に」立教大学平和・コミュニティ研究機構編『平和・コミュニティ研究』No.2、唯学書房、76-86頁。

―― 2007a「国際労働移動とジェンダー――フィリピンの事例から」宇田川妙子・中谷文美編『ジェンダー人類学を読む――地域別・テーマ別基本文献レヴュー』世界思想社、240-259頁。

―― 2007b「日比EPA（経済連携協定）と介護士・看護師受け入れ問題をめぐって――フィリピンから学ぶグローバリゼーションの負の側面」『福音と世界』11月号、新教出版。

―― 2007c「移住労働者とホスト社会が切り結ぶ『市民社会』――シンガポールにおける最近の動向から」佐久間孝正・林倬史編『移動するアジア――経済・開発・文化・ジェンダー』明石書店。

―― 2008「移住家事労働者における『被害誘発性／ヴァルネラビリティ』の構造と組織化の可能性――香港におけるインドネシア人家事労働者の事例」伊藤るり・足立眞理子編著『国際移動と連鎖するジェンダー――移動・再生産・グローバリゼーション』作品社。

―― 2009「再生産領域のグローバル化と送り出し社会――フィリピン国内のケアの担い手の布置について」国際移動とジェンダー研究会編『アジアにおける再生産領域のグローバル化とジェンダー再配置』（科学研究費補助金基盤研究A「アジアにおける再生産領域のグローバル化とジェンダー再配置」：研究代表者伊藤るり、研究成果報告書）16-29頁。

―― 2012「シンガポールで働くフィリピン人家事労働者」田村慶子編『シンガポールを知るための60章（第2版）』明石書店。

Oishi, Nana, 2005, *Women in Motion: Globalization, State Policies, And Labor Migration in Asia*, Stanford University Press.

大石奈々 2009「高齢者と移民政策――カナダにおける住み込みケア労働者プログラム（LCP）の事例から」国際移動とジェンダー研究会編『アジアにおける再生産領域のグローバル化とジェンダー再配置』（科学研究費補助金基盤研究A「アジアにおける再生産領域のグローバル化とジェンダー再配置」：研究代表者伊藤るり、研究成果報告書）187-198頁。

248 参考文献

Okamura, Jonathan Y., 1998, *Imaging the Filipino American Diaspora: Transnational Relations, Identities, and Communities*, New York: Garland Publishing.

大畑裕嗣 2005「グローバル化に対応する社会運動における国家と市民社会——東アジアからの視角」『社会学評論』56（2）400-416頁。

Opiniano, Jeremaiah, 2001, "Civil society groups express fears about the deregulation of Overseas employment", *Philippine Daily Inquirer*, June 8., htttp://www.inquirer.net/index.htm

Parawansa, Khofifah Indar, 2002, "Institution Building: An Effort to Improve Indonesian Women's Role and Status", in Kathryn Robinson and Sharon Bessel eds., *Women in Indonesia: Gender, Equity and Development*, Singapore: Institute of Southeast Asian Studies.

Parreñas, Rhacel Salazar, 2001, *Servants of Globalization: Women, Migration and Domestic Work*, Stanford: Stanford University Press.（小ヶ谷千穂抄訳「グローバリゼーションの使用人（サーバント）——ケア労働の国際的移転」『現代思想』2002年6月号、158-181頁）

—— 2005, *Children of Global Migration: Transnational Families and Gendered Woes*, Stanford: Stanford University Press.

—— 2008, *The Force of Domesticity: Filipina Migrants and Globalization,* New York: New York University Press.

Payne, Geoff and Pamela Abbott eds., 1990, *The Social Mobility of Women: Beyond Male Mobility Models*, London: The Falmer Press.

Perera, Lan and Tisa Ng, 2002, "Foreign Funding: Managing Conflicting Views", in Singam, Consance, Tan Chong Kee, Tisa Ng and Leon Perera eds., *Building Social Space in Singapore: The Working Committee's Initiative in Civil Society Activism*, Singapore: Select Publishing.

Pessar, Patricia R. 2003, "Engendering Migration Studies: The Case of New Immigration in the United States", in P. Hondagneu-Sotelo ed., *Gender and U.S. Immigration: Contemporary Trends*, Berkeley: University of California Press.

—— and Sarah J. Mahler, 2003, "Transnational Migration: Bringing Gender In", *International Migration Review*, Vol.37, No.3, pp.812-846.

Philippine Overseas Employment Administration（POEA）, 1997, *Annual Report.*

——, 2001, *Special feature: Prospects in the European Market*, http://pinoymigrant.dole.gov.ph/

Phizacklea, Annie, 2003, "Transnationalism, gender and global workers", in Mirjana Morocvasic-Muller, Umut Erel, and Kyoko Shinozaki eds., *Crossing Borders and Shifting Boundaries: Vol.1, Gender on the Move*, (International Women's University 2000), Leske+Budrich, Opladen.

Pinches, Michael, 2001, "Class and national identity: The case of Filipino migrant workers", in Jane Hutchison and Andrew Brown eds., *Organizing Labour in Globalising ASIA*, London and New York: Routledge, pp.187-213.

Pingol, Alicia T., 2001, *Remaking Masculinities: Identities, Power, and Gender Dynamics in Families with Migrant Wives and Househusbands*, Quezon City: UP Center of Women's Studies and Ford Foundation.

Portes Alejandro, Luis E. Guarnizo and Patricia Landolt, 1999, "The study of transnationalism: pitfalls and promise of an emergent research field", *Ethic and Racial Studies*, Vol.22, No.2, pp.217-237.

Quiminal, Cathterine, 2000, "The Associative Movements of African Women and New Forms of Citizenship", in Jane Freedman and Carriue Tarr eds., *Women, Immigration and Identities in France*, Oxford and New York: Berg, pp.39–56.

Roces, Mina, 1998, "Kapit sa Patalim: Victim and Agency in the Oral Narratives of Filipino Women Married to Australian Men in Central Queensland", in *Lila: Asia-Pacific Women's Studies Journal* (special issue: *Women and Migration*), Vol.7, pp.1–19.

定松文 2002「国際結婚にみる家族の問題──フィリピン人女性と日本人男性の結婚・離婚をめぐって」宮島喬・加納弘勝編『変容する日本社会と文化』(講座国際社会2) 東京大学出版会、41–68頁。

Saloma, Czarina A., 1999, "Imaging Migration: The Community in the Construction of Ideas on Female Overseas Employment", in Jeanne Frances I. Illo ed.,*Women and Gender Relations in the Philippines : Selected Readings in Women's Studies*, Vol.1, Women's Studies Association of the Philippines, pp.149–164.

Saskia Sassen-Koob, 1984, "Notes on the Incorporation of Third World Women into Wage- Labor Through Immigration and Off-Shore Production", in *International Migration Review*, Vol.18, No.4, pp.1144–1167.

Sassen, Saskia, 1988, *The Mobility of Labor and Capital:A Study in International Investment and Labor Flow*, Cambridge and New York: Cambridge University Press. (森田桐郎ほか訳 1992『労働と資本の国際移動──世界都市と移民労働者』岩波書店)

—— 1996, *Losing Control? Sovereignty in an Age of Globalization*, Columbia University Press. (伊豫谷登士翁訳 1999『グローバリゼーションの時代──国家主権のゆくえ』平凡社)

—— 1998, "Toward a Feminist Analytics of the Global Economy" in Sassen, *Globalizaton and its Discontents*, The New Press.

—— 1998, *Globalizaton and its Discontents*, The New Press. (田淵太一・原田太津男・尹春志訳 2004『グローバル空間の政治経済学──都市・移民・情報化』岩波書店)

—— 2002, "Global Cities and Survival Circuits", in Ehrenreich Barbara and Arlie Russell Hocschild eds., *Global Woman: Nannies, Maids, and Sex Workers in the New Economy*, New York: Metropolitan Books.

Sen, Amartya K., 1990, "Gender and Cooperative Conflicts", in I. Tinker ed., *Persistent Inequalities, Women and World Development*, New York: Oxford University Press.

重富真一編著 2001『アジアの国家とNGO──15カ国の比較研究』明石書店。

清水美知子 2004『〈女中〉イメージの家庭文化史』世界思想社。

篠崎香子 2003「『矛盾した階級移動』をめぐる3つの交渉の類型──在独フィリピン人移動家事労働者の事例から」『ジェンダー研究年報』第7号 (通巻24号)、31–52頁。

Sim, Amy and Vivienne Wee, 2004, "Labour Migration by Filipina Domestic Workers to Hong Kong: Conditions, Processes and Implications", A paper presented at International Workshop on "Contemporary Perspectives on Asian Transnational Domestic Workers", Asian Meta Centre for Population and Sustainable Development Analysis, 23–25 February, 2004.

Singam, Consance, Tan Chong Kee, Tisa Ng and Leon Perera eds., 2002, *Building Social Space in Singapore: The Working Committee's Initiative in Civil Society Activism*, Singapore: Select Publishing.

Singam, Consance and Tan Chong Kee 2002, "Available Spaces, Today and Tomorrow", in Sigman, Consance, Tan Chong Kee, Tisa Ng and Leon Perera eds., *Building Social Space in Singapore: The Working Committee's Initiative in Civil Society Activism*. Singapore: Select Publishing.

Smith, Robert, 2003, "Migrant Membership as an Instituted Process: Transnationalization, the State and the Extra-Territorial Conduct of Mexican Politics", *International Migration Re-*

view, Vol.37, No.2, pp.297-343.

宜元錫 2007「看護・介護分野の外国人受け入れ政策とその課題」川村千鶴子・宜元錫編著『異文化間介護と多文化共生——誰が介護を担うのか』明石書店。

Stivens, Maila, 1998, "Theorizing gender, power and modernity in affluent Asia", in Sen, Krishna and Maila Stivens eds., *Gender and Power in Affluent Asia*, Routledge.

Suzuki, Nobue, 2002, "Women Imagined, Women Imagine: Re/presentations of Filipinas in Japan since the 1980s", in Filomeno Aguilar Jr. ed., *Filipinos in Global Migrations: At Home in The World?*, Quezon City: Philippine Migration Research Network.

Tacoli, Cecilia 1996 "Migrating 'for the Sake of the family?': Gender, Life Course and Intra-Household Relations Among Filipino Migrants in Rome", *Philippine Sociological Review*, Vol.44, No.1-4, pp.12-32.

高畑幸 2001「シングルマザーとして生きる——『フィリピン女性エンターテイナー』のその後」鐘ヶ江晴彦編著『外国人労働者の人権と地域社会——日本の現状と市民の意識・活動』明石書店。

—— 2003a「在日フィリピン人の言語・文化継承活動」『国際移民の自存戦略とトランスナショナル・ネットワークの文化人類学的研究』（平成12年度～平成14年度科学研究費補助金〈基盤研究Ｂ2〉研究成果報告書：研究代表者庄司博史）国立民族学博物館、140-154頁。

—— 2003b「国際結婚と家族——在日フィリピン人による出産と子育ての相互扶助」石井由香編『移民の居住と生活』明石書店、255-291頁。

—— 2009「在日フィリピン人介護者——一足先にやってきた〈外国人介護労働者〉」『現代思想』Vol.37-2、青土社、106-118頁。

田巻松雄 2001「政治社会の連続性と変容——国家・中間層・市民社会」大阪市立大学経済研究所監修、中西徹・小玉徹・新津晃一編著『アジアの大都市4. マニラ』日本評論社、105-218頁。

田村慶子 2000『シンガポールの国家建設——ナショナリズム、エスニシティ、ジェンダー』明石書店。

—— 2004「シンガポールにおけるジェンダーの主流化とNGO——メリトクラシーの厚い壁」田村慶子・織田由紀子編著『東南アジアのNGOとジェンダー』明石書店、119-146頁。

タン、アルヴィン 2007「モバイル一現代異文化社会派演劇について」View Point、セゾン文化財団ニュースレター No.38、1-5頁。

田中弥生 2001「シンガポール——権威主義的福祉国家の巧みなNGOコントロール」重富真一編著『アジアの国家とNGO——15カ国の比較研究』明石書店、250-270頁。

太郎丸博 2002「社会階層論とミクロ・マクロ・リンク—John H. Goldthorpeの社会移動論と合理的選択論」『社会学評論』Vol.52、No.4、504-521頁。

Tenegra, Brenda, 2006, "Migrant Belongings, Organizing Spaces, and the Project of Visibility: Alliances of Foreign Domestic Workers in Hong Kong", サブプロジェクトＡ2「アジアにおける国際移動とジェンダー配置」『香港における再生産労働の国際移転とジェンダー配置』（F-Gens Publication Series 23）お茶の水女子大学、57-71頁。

寺田勇文 1991「海外に職を求めて——フィリピン人海外出稼ぎ労働の現在」中岡三益編『難民・移民・出稼ぎ——人々は国境を越えて移動する』東洋経済新報社、77-99頁。

Tienda, Marta and Karen Booth, 1991, "Gender, Migration and Social Change", *International Sociology*, Vol.6, No.1, pp.51-72.

Trager, Lilian, 1984, "Family Strategies and the Migration of Women: Migrants to Dagupan

City, Philippines', *International Migration Review*, Vol.18, No.4, pp.1264-1277.

—— 1988, *The City Connection: Migration and Family Interdependence in the Philippines*, Ann Arbor: The University of Michigan Press.

Truong, Than-Dam, 1996, "Gender, International Migration and Social Reproduction: Implications for Theory, Policy, Research and Networking", in International Peace Research Institute Meijigakuin University (PRIME) ed., *International Female Migration and Japan: Networking, Settlement and Human Rights*, Tokyo: International Peace Research Institute Meijigakuin University.

梅原弘光 1995「フィリピン農村の就業構造——中部ルソンの一米作農村における事例」水野広祐編『東南アジア農村の就業構造』アジア経済研究所研究双書 No.451、アジア経済研究所、79-110頁。

梅沢直樹 2001「『再生産労働』の越境化をめぐって」伊豫谷登士翁編著『経済のグローバリゼーションとジェンダー』明石書店。

Wee, Vivienne and Amy Sim, 2004, "Transnational Networks in Female Labour Migration", in Aris Ananta and Nurvidya Arifin eds., *International Migration in Southeast Asia*, Singapore: Institute of Southeast Asian Studies.

—— 2005, "Hong Kong as a Destination for Migrant Domestic Workers", in Shirlena Huang, Brenda S. A. Yeoh and Noor Abdul Rahman eds., *Asian Women as Transnational Domestic Workers*, Singapore: Marshal Cavendish Academic.

Williams, Catharina Purwani, 2007, *Maiden Voyages: Eastern Indonesian Women on the Move*, Singapore: Institute of Southeast Asian Studies.

Wolf, Diane Lauren, 1992, *Factory Daughters: Gender, Household Dynamics and Rural Industrialization in Java*, Berkeley: University of California Press.

Wong, Diana. 1996, "Foreign Domestic Workers in Singapore", in Graziano Batistella and Anthony Paganoni eds., *Asian Women in Migration*, Quezon City: Scalabrini Migration Center, pp.87-108.

Yeoh, Brenda and Shirlena Huang, 1999, "Singapore Women and Foreign Domestic Workers: Negotiating Domestic Work and Motherhood", in Momsen ed., *Gender, Migration and Domestic Service*, London: Routledge.

吉田容子監修・JNATIP編 2005『人身売買をなくすために——受入大国日本の課題』明石書店。

吉村真子 2000「国際労働力移動におけるアジア女性——アジアの出稼ぎ女性労働者」法政大学比較経済研究所・森廣正編『国際労働力移動のグローバル化——外国人定住と政策課題』法政大学出版局、321-344頁。

吉澤夏子 2007「他者との共存の可能性——グローバリゼーションとジェンダー」『社会学評論』57（4）。

Yuval-Devis, Nira, 1998, "Beyond Differences: Women, Empowerment and Coalition Politics", in Nickie Charles and Helen Hintjens, Gender eds., *Ethnicity and Political Ideologies*, London: Routledge, pp.146-189.

【ウェブサイト】

ABS-CBN News　http://www.abs-cbnnews.com

Commission on Election　http://www.comelec.gov.ph

Commission on Filipino Overseas　http://www.cfo.gov.ph

National Statistic Office（NSO）　http://www.census.gov.ph

Philippine Daily Inquirer　http://www.inquirer.net
Philippine Migrants Rights Watch　http://www.pmrw.org
Philippine Overseas Employment Administration（POEA）　http://www.poea.gov.ph
Philippine Star　http://www.philstar.com

あとがき

本書は、主に1998年から2005年までに筆者がフィリピン、香港、シンガポール、日本で行ってきた調査研究をもとに発表してきた論考を再構成したものである。

「移動の女性化」という1980年代半ばからのアジア域内の国際移動を特徴づけてきた現象を、特に送り出し社会側の視点からどのように考えることができるのか、またあわせて移動主体の側からどのように把握することができるのか、という問いを代表的な送り出し国であるフィリピンからの女性労働者の移動に注目して考察を行った。そこでは、職業移動と世帯内位置の変化という観点から、国際移動と社会移動というこれまで重ねて論じられることの少なかった論点が、とりわけ女性の国際移動を考える際に示唆を持つものであること、また移動先で女性たちが展開する様々な運動や組織活動が、移動する女性たちにとって複数のモビリティをもたらし、かつホスト社会や送り出し社会にとっても多くの含意を持ちうることがわかった。また、「再生産労働の国際分業」というコンテクストにおいて送り出し国家がどのような生き残り戦略をとっており、また「海外労働者を保護する」というディスコースがローカル・ナショナル・グローバルな水準で複雑に循環していることも明らかになった。

本来であればもっと早くに刊行すべき内容であるにもかかわらず、この時期になっての刊行となったことは、ひとえに自分が書いたものをまとめて世に出す、ということに対して向き合うことをためらい続けてきた筆者の怠惰によるものである。

この間、フィリピンからの海外就労は増加し続けるとともに、日本とフィリピンの間でも、「興行」ビザの厳格化、EPA による看護師・介護福祉士候補生の来日、そして、2015年にはついに国家戦略特区における「外国人家事支援人材」の導入が決定された。また、第 5 章で触れた JFC とその母親による国籍

確認裁判後、来日する JFC と母親たちが新たな搾取に直面するなど、取り組むべき課題も山積している。

　研究に取り組み始めてから本書がまとめられるまでに長い時間がかかったことには反省しながらも、現時点においてあらためて、「移動の女性化」というものが持つ多くの含意について、今一度問題意識に立ち返ることも重要なはずだ、と自分に言い聞かせながらまとめ作業に取り掛かった。しかし、過去に自分が書いたものを振り返るという作業の苦しさは想像を超えるものだった。そんなときには、複数の調査地やプロジェクトでお世話になった方々とともに過ごした時間を思い出すことを励みとした。それでもなお、本書は多くの限界を抱えており、多くの残された課題は、今後引き続き筆者にとっての宿題としたいと考えている。

　なお、各章の内容は以下の論文としてすでに発表されたものに大幅な加筆・再構成を加えた。

第 1 章

・「移住女性研究の展開と課題——アジアにおける移住女性研究のために」2001 年 3 月、お茶の水社会学研究会『Sociology Today』第 11 号、98-107 頁。

・「国際労働移動とジェンダー——フィリピンの事例から」宇田川妙子・中谷文美編『ジェンダー人類学を読む』2007 年、世界思想社、240-259 頁。

・「海外就労と女性のライフコース——フィリピン農村部の若年シングル女性と世帯内関係を手がかりに」『ジェンダー研究』（お茶の水女子大学ジェンダー研究センター年報）第 8 号、2005 年 3 月、99-111 頁。

・"Towards an Analysis of Social Mobility of Transnational Migrant Women: The Case of Filipina Domestic Workers" in Anuja Agarwal ed., *Migrant Women and Work*, Delhi: Sage Publication, May 2006, pp.117-135.

第 2 章

・「『移住労働者の女性化』」のもう一つの現実——フィリピン農村部送り出し世帯の事例から」伊豫谷登士翁編著『経済のグローバリゼーションとジェンダー』2001 年、明石書店、161-186 頁。

・「海外就労と女性のライフコース——フィリピン農村部の若年シングル女性と世帯内関

係を手がかりに」『ジェンダー研究』（お茶の水女子大学ジェンダー研究センター年報）第8号、2005年3月、99-111頁。

第3章

・「ジェンダー化された海外出稼ぎと『矛盾した移動』経験——フィリピンの事例から」関東社会学会『年報社会学論集』第15号、2002年、189-200頁。

・"Social discourse towards Filipina women migrants", August 2004, *Feminist Review*, Issue 77, pp.180-182.

第4章

・「国際労働移動とジェンダー——アジアにおける移住家事労働者の組織活動をめぐって」梶田孝道編『国際化とアイデンティティ』2001年、ミネルヴァ書房、121-147頁。

・"Filipino Domestic Workers and the Creation of New Subjectivities'" 2004, *Asia and Pacific Migration Journal*, Vol.13, No.3, pp.381-404.

・「移住家事労働者における「被害誘発性／ヴァルネラビリティ」の構造と組織化の可能性——香港におけるインドネシア人家事労働者の事例」伊藤るり・足立眞理子編著『国際移動と＜連鎖するジェンダー＞——移動・再生産・グローバリゼーション』（ジェンダー研究のフロンティア2）2008年、作品社、93-113頁。

・「移住労働者とホスト社会が切り結ぶ「市民社会」——シンガポールにおける最近の動向から」佐久間孝正・林倬史編『移動するアジア——経営・開発・文化・ジェンダー』2007年、明石書店、170-193頁。

第5章

・「滞日フィリピン女性の社会活動の多層性——日本における『移民／移動の女性化』のコンテクストからの一考察」、平成13‐15年度科学研究費補助金（基盤研究C）「現代日本社会における国際移民とジェンダー関係の再編に関する研究」（研究代表者　お茶の水女子大学教授伊藤るり）研究成果報告書、2004年3月、29-52頁。

・「女性の国際移動と越境する「家族」——グローバル化の文脈において」金井淑子編『ファミリー・トラブル』2006年11月、明石書店、283-300頁。

第6章

・「フィリピンの海外雇用政策——その推移と『海外労働者の女性化』を中心に」小井土彰宏編著『移民政策の国際比較』2003年、明石書店、313-356頁。

・「再生産労働のグローバル化の新たな展開——フィリピンから見る『技能化』傾向から

の考察」『社会学評論』60巻3号、2009年12月、364-378頁。

第7章

・「フィリピン人ディアスポラ——曖昧な"ニューヒーロー／ヒロイン"たちと国家」駒井洋監修、首藤もと子編著『東南・南アジアのディアスポラ』2010年12月、明石書店、48-67頁。

・「アジアにおける移住労働者の権利構築の持つ意味——トランスナショナル・ナショナル・ローカル」『EUとアジアの人の移動における人権レジームの構築の調査研究』(科学研究費補助金基盤研究A海外学術調査研究成果報告書：研究代表者宮島喬)2008年3月、153-176頁。

　また、上記の論文はすべて、科学研究費による助成を受けて実現しているものである。

　本書のもとになった調査研究においては修士論文時の調査から、本当にたくさんの調査地の方々にお世話になった。「育て」られた、と言ったほうが適切かもしれない。とりわけフィリピン調査では、1998年からお世話になっているヌエバ・エシハ州ギンバ・バニタンでのホストマザーであり、調査協力者であったYoly Madriagaさん、2000年からマニラ首都圏マリキナ市マランダイ地区で娘のようになにくれとなく筆者を支えてくれたLuming Martinezさんには、それぞれフィリピンでの「お母さん」として、まさに調査地で「育てて」もらった。Madriaga家、Martinez家の子どもたちとは年齢が近いこともあり、きょうだいのように付き合いながら、今では筆者の学生たちもフィリピン訪問時に彼らと交流するなど、関係が続いていることに深く感謝したい。また、こうした大切な人たちとの関係を築くきっかけをくれた、PRRM（Philippine Rural Reconstruction Movement）およびKAKAMPI（当時）のみなさんにも感謝したい。また、フィリピン留学中からNGO活動家として筆者を「育てて」くれている、DAWN（Development Action for Women Network）のCarmelita Nuquiさんにも、お礼を言いたい。みなさんがいなければ、本当に今の私はいないと思っている。

　香港、シンガポール、日本そしてフィリピンで、貴重な時間を割いて話を聞かせてくれたフィリピン、インドネシアの移住家事労働者とその支援者や家族

のみなさんにも、一人ひとりお名前を挙げることはできないが、本当に感謝している。みなさんが活動にそそぐエネルギーに、私自身が大いに力づけられた。

　本書の刊行にあたっては、大学院時代からの指導教員のお一人である伊豫谷登士翁先生（一橋大学名誉教授）に背中を押していただいた。先生の励ましがなかったら、本書をまとめることに踏み切ることが、いまだできずにいたと思う。大学院進学時に、送り出し社会側からの国際移動研究をしてみたいという私に、「面白いじゃない」と声をかけていただいたことは、私にとって大きな転機となった。

　また大学院を出てから現在にいたるまでの筆者の研究活動を、「国際移動とジェンダー」という分野の先駆者として常に導いてくださっている伊藤るり先生（一橋大学）および「国際移動とジェンダー IMAGE」研究会のみなさんにも感謝したい。研究会での議論が本書にどこまで取り入れられているかははなはだ自信がないのだが、近接分野の研究仲間として、IMAGE 研の存在はとても大きいものである。

　また、学部時代から大学院にいたるまでご指導いただいた故梶田孝道先生には、いまだふがいない筆者の研究状況を、それでも今もどこかから厳しく気にかけていただいているのではないかと勝手に思っている。学部の卒業論文でフィリピンを取り上げることにしたのも、先生のご助言からである。学部・大学院の梶田ゼミの同僚や諸先輩にも、たいへん鍛えていただいた。また、宮島喬先生（お茶の水女子大学名誉教授）にも移住家事労働者のイシューについて、ワークショップや研究会で折に触れて発表する機会をいただいた。フィリピン研究の分野では津田守先生（名古屋外国語大学）、横山正樹先生（フェリス女学院大学）にたいへんお世話になった。

　2005年から10年間勤務した横浜国立大学教育人間科学部国際共生社会課程・人間文化課程、および現在の勤務先であるフェリス女学院大学文学部の学生・同僚にも感謝したい。特に受講生やゼミ生たちと過ごした濃密な時間や、同僚たちがくれた多くの助言は、フィリピンでの調査とはまた別な形で、私を「育てて」くれたと思っている。

　なお、本書は日本学術振興会研究成果公開促進費による助成を受けている。

本書の出版を引き受けてくださった有信堂高文社の髙橋明義社長には、申請時から刊行にいたるまで様々なアドバイスと励ましをいただき、常に作業が遅れがちな筆者に辛抱強くお付き合いいただいた。心より感謝したい。尊敬する諸先輩たちと同じ出版社から本書を刊行することができた、という幸せもあらためてかみしめている。

　最後に、心と体にいつも栄養を与え続けてくれている家族と友人たちにも、この場を借りて感謝したい。

　　2015年10月　　横浜にて

小ヶ谷　千穂

索 引

ア 行

アーティスト・レコードブック（Artist Record Book: ARB） 176
アキノ政権 210
アジア NIES 19
斡旋業者 79, 106
アドボカシー活動 110
アラブ首長国連邦（UAE） 174
石井正子 25
移住関連 NGO（migrant NGOs） 218
移住女性 11
移住女性労働者（Migrant Women Workers） 12
移住労働者と海外フィリピン人に関する95年法（共和国法第8042号）（The Migrant Workers and Overseas Filipino Act of 1995: RA8042） 129
移動の女性化（feminization of migration） 11
移民研究（migraton sutudies） 4
移民女性 12
移民ネットワーク論 11
インドネシア人家事労働者 84
ヴァルネラビリティ 102
ヴィクトリア・パーク 114
英語 158
エスニシティ 11
エンターテイナー 62, 143
エンパワーメント 22
送り出し社会 5
送り出し世帯 31
親孝行な娘 38

カ 行

海外雇用政策 179
海外出稼ぎ 33
海外フィリピン人（Overseas Filipino） 204
海外フィリピン人委員会（Commission on Filipino Overseas: CFO） 178
海外フィリピン人労働者（Overseas Filipino Workers: OFWs） 61, 171
海外労働者の女性化（feminization of overseas migrant workers） 5, 62, 171
階級 11
外国人雇用税（Levy） 111, 124
介護士（caregivers） 195
海上（sea-based）労働者 62
家事労働者 11, 19
家族再結合 146
家族の一員 79
キミナル、C.（Cathterine Quiminal） 149
キャリア 51
共同貯蓄 93
協力的競合（cooperative conflict） 70
グレン、E. N.（Evelyn Nakano Glenn） 14
グローバリゼーション 3
契約労働者 179
現代の英雄（Bagong Bayani = New Heroes） 181, 208
権利保障 79
興行 145
構造的アプローチ 11
国際婚外子 165
国際労働移動研究 11
国籍留保および再取得法（Citizenship Retention and Re-acquisition Act〈RA9225〉）（いわゆる「二重国籍法（Dual Citizenship Law）」） 215
国連移住労働者とその家族の権利条約（1990 UN Convention on the Protection of the Rights of All Migrant Workers and Members of Their Families） 191
婚姻上の地位 60
コンステーブル、N.（Nicole Constable） 18
コンテンプラシオン、フロール 129
コンテンプラシオン事件 129, 171

サ 行

在外投票法（Overseas Absetee Voting Act） 214
再国家／国民化（renationalization） 217
再雇用者（rehires） 172
サウジアラビア 174
再生産労働（reproductive work） 3
再生産労働の国際分業 20
最低賃金（Minimum Allowable Wage） 79

再統合（reintegration） 91
サイドライン 37
在日フィリピン女性 142
在米フィリピン人 206
サッセン、S.（Saskia Sassen） 14
ジェンダー 11
ジェンダー規範 36
市民社会（civil society） 123
市民社会（Civic society） 126
社会移動（social mobility） 4
「ジャパゆき」 69
主体（agency） 11
女性の国際移動 11
シンガポール 20, 174
シンガポール人的資源省（Ministry of Manpower: MOM） 130
シングル女性 34
シングルマザー 71
スキル・トレーニング 22, 128
頭脳流出（brain drain） 194
すべての移住労働者とその家族の権利保護に関する条約（The International Convention on the Protection of the Rights of All Migrant Workers and Members of their Families） 103
住み込み家事労働 78
政治的社会化（political socialization） 112
生存の女性化（feminization of survival） 197
「世帯戦略」アプローチ 27
世帯（household） 17
世帯内関係 27
送金 49, 179
組織化 79

タ 行

胎児認知 165
多国籍企業 14
脱国家化（denationalization） 217
治安維持法 122
チャント、S.（Sylvia Chant） 31
中部ルソン地方ヌエバ・エシハ（Nueva Ecija）州 32
ディアスポラ 206
ディスエンパワー（disempower） 103
低賃金（underpayment）問題 117

トゥレーガー、L.（Lilian Trager） 36
トライシクル 39
トランスナショナリズム（transnationalism） 59, 216

ナ 行

2週間ルール 81, 109
日比経済連携協定（Economic Partnership Agreement: JPEPA） 194

ハ 行

バッシュ、L.（Linda Basch） 59
バラバガン、サラ 187
バランガイ 32
パレーニャス、R.（Rhacel Salazar Parreñas） 20
非市民（non-citizen） 123
ピンチェス、M.（Michael Pinches） 60
ファン、シャリナ（Shirlena Huang） 20
フィリピン 4
フィリピン移住労働者権利ウォッチ（Philippine Migrant Rights Watch: PMRW） 219
フィリピン海外労働者福祉庁（Overseas Workers Welfare Administration: OWWA） 129, 174
フィリピン人家事労働者 18
複数のモビリティ 5
ブレッドウィナー 36
ベチューン・ハウス（Bethune House Migrant Women's Refuge） 84
ボイド、M.（Monica Boyd） 15
ホスト社会 156
ホックシールド 18
ボランティア 96
香港 18
香港の労働法（Employment Ordinance） 113
ホンダグニュ・ソテロ（Pierrtte Hondagneu-Sotelo） 16

マ 行

マニラ首都圏部マリキナ市 60
マリクリス・シオソン事件 177
マルクス主義政府転覆事件 128
マルコス 210
矛盾した階級移動（contradictory class mo-

bility)	23
モロクワシチ、M.（Mirjana Morocvasic）	11

ヤ 行

輸出加工区	14
ヨー、ブレンダ（Brenda Yeoh）	20

ラ 行

ライフコース	41
陸上労働者（land-based）	172
連帯	80
労働組合	79
労働雇用省（Department of Labour and Employment: DOLE）	174
労働者保護	199, 219

A・B・C・…

Anderson	81
Asia and Pacific Mission for Migrants（APMM）	115
Asian Domestic Workers' Union（ADWU）	116
Asian Migrant Centre（AMC）	90
Asian Migrant Coordination Board（AMCB）	91
Associasi Tenaga Kerja Indonesia di Hong Kong/ Association of Indonesian Migrant Workers（ATKI）	106
Association of Women for Action and Research（行動と研究のための女性協会）（AWARE）	135
Bagong Bayani Award（現代のヒーロー賞）	130
Balikbayan	162
Civic Society	126
Civil Society	126
Commission for Migrants and Itinerants（CMI）	130

Filipino Migrant Workers' Union（FMWU）	91
Filipino On-Going Development Program（FILODEP）	95
Filipino Overseas Workers of Singapore（FOWS）	129
HKCTU（香港職工会連盟。Hong Kong Confederation of Trade Union）	116
Humanitarian Organization for Migration Economics（HOME）	130
Indonesian Migrant Workers Union（IMWU）	91
JFC（ジャパニーズ・フィリピーノ・チルドレン：日比国際児）	148
Koalisi Organisasi Tenaga Kerja Indonesia/ The Hong Kong Coalition of Indonesian Migrant Workers Organizations（KOTKIHO）	106
Migrante International	100
Mission for Filipino Migrant Workers（MFMW）	90, 96
OB（Out-of Bound）マーカー	126
Overseas Performing Artist: OPA（海外パフォーミング・アーティスト）	168
Perusahaan jasa Tenaga Kerja Indonesia（PJTKI）	107
Philippine Overseas Employment Administration: POEA（フィリピン海外雇用庁）	172
Technical Education and Skills Development Authority: TESDA（技術教育・技能開発庁）	177
The Working Committee（TWC）	123
The Working Committee 2（後に Transient Workers Count Too）（TWC 2）	123
United Filipinos in Hong Kong（Uni-Fil HK）	90

著者紹介

小ヶ谷　千穂（おがや　ちほ）

1974年北海道生まれ
1997年一橋大学社会学部卒業。
2003年一橋大学大学院社会学研究科博士後期課程単位取得退学。
　日本学術振興会特別研究員、横浜国立大学教育人間科学部准教授を経て、
現在フェリス女学院大学文学部教授。

主要業績

『国際社会学』（宮島喬・佐藤成基との共編）2015年、有斐閣。

"When Mobile Motherhoods and Mobile Childhoods Converge: The Case of Filipino Youth and Their Transmigrant Mothers in Toronto, Canada" in Nagasaka Itaru and Asuncion Fresnoza-Flot eds., *Mobile Childhoods in Filipino Transnational Families: Migrant Children with Similar Roots in Different Routes*, 2015, Palgrave Macmillan.

「『外国籍住民』から見る日本──国際社会学からのアプローチ」横浜国立大学留学生センター編『国際日本学入門──トランスナショナルへの12章』成文社、2009年。

「国際労働移動とジェンダー──フィリピンの事例から」宇田川妙子・中谷文美編『ジェンダー人類学を読む』世界思想社、2007年。

「フィリピンの海外雇用政策──その推移と『海外労働者の女性化』を中心に」小井土彰宏編著『移民政策の国際比較』明石書店、2003年。

「『移住労働者の女性化』のもう一つの現実──フィリピン農村部送り出し世帯の事例から」伊豫谷登士翁編著『経済のグローバリゼーションとジェンダー』明石書店、2001年、など。

移動を生きる──フィリピン移住女性と複数のモビリティ

2016年1月7日　　初　版　第1刷発行　　　　　　　　〔検印省略〕

著者ⓒ小ヶ谷　千穂／発行者　髙橋　明義　　　　　　亜細亜印刷／プロケード

東京都文京区本郷1-8-1　振替　00160-8-141750
　　　　　　〒113-0033　TEL（03）3813-4511
　　　　　　　　　　　FAX（03）3813-4514
　　　　　　http://www.yushindo.co.jp
　　　　　　ISBN978-4-8420-6586-1

発　行　所
株式会社　有信堂高文社

Printed in Japan

20世紀社会学理論の検証	北川隆吉 編	四三〇〇円
移動という経験——日本における「移民」研究の課題	宮島喬 編	三八〇〇円
移動から場所を問う——現代移民研究の課題	伊豫谷登士翁編	三八〇〇円
現代アフリカ社会と国際関係——国際社会学の地平	小倉充夫編	三五〇〇円
ディアスポラのパレスチナ人——「故郷（ワタン）」とナショナル・アイデンティティ	錦田愛子 著	五六〇〇円
女が先に移り住むとき——在米インド人看護師のトランスナショナルな生活世界	S・M・ジョージ著 伊藤るり監訳	三〇〇〇円
エスニシティと都市〔新版〕	広田康生著	四六〇〇円
大都市東京の社会学——コミュニティから全体構造へ	和田清美 著	六二〇〇円
「永続的ソジョナー」中国人のアイデンティティ——中国からの日本留学生にみる国際移民システム	坪谷美欧子著	五六〇〇円
アメリカとグアム——植民地主義、レイシズム、先住民	長島怜央著	六〇〇〇円
ペロニズム・権威主義と従属——ラテンアメリカの政治外交研究	松下洋 著	四五〇〇円
人の移動と近代化——「日本社会」を読み換える	中村牧子 著	三三〇〇円

★表示価格は本体価格（税別）

有信堂刊